AF394485

RAYONNEMENTS

DE LA VIE

SPIRITUELLE

— ❧ —

SCIENCE ET MORALE DE LA PHILOSOPHIE SPIRITE

— ❧ —

COMMUNICATIONS DES ESPRITS

ORTENUES PAR

Mme W. KRELL.

— ❧ —

> Maintenant donc, ces trois ver-
> tus demeurent, la foi, l'espérance
> et la charité, mais la plus grande
> est la charité.
> *(St-Paul, 1 ép. aux Corinthiens.*
> *ch. 13.)*
>
> Si je venais à vous en parlant
> des langues inconnues, si je ne
> vous faisais pas entendre par la
> révélation, par la connaissance,
> par la prophétie ou par l'instruc-
> tion ce que je vous dirais, à quoi
> vous serais-je utile?
> *(St-Paul, aux Corinthiens. 1 ép.*
> *ch. 14.)*

BORDEAUX 1876.

———

Réserve de tous droits.

RAYONNEMENTS

DE LA VIE

SPIRITUELLE

PRÉFACE.

La publication de ces communications dictées par les Esprits, a pour but de démontrer le spiritisme dans sa mission essentiellement moralisante.

Elles ont toujours été obtenues spontanément à l'exception de deux ou trois répondant à des demandes adressées aux Esprits.

Elles ont été obtenues soit pendant le sommeil médianimique provoqué chez le médium par les Esprits seuls, soit à l'aide de sa faculté d'écrivain semi-mécanique.

Elles sont destinées à prouver que le spiritisme n'est pas, comme on le croit généralement le fait d'un écart de l'imagination, d'une exaltation ou d'une faiblesse mentale, mais une doctrine sérieuse, simple et vraie, s'appuyant sur des faits produits par des lois naturelles.

Elles prouvent qu'il n'est pas, comme beaucoup le craignent, l'œuvre de l'esprit du mal, mais au contraire, une manifestation éclatante de la bonté de Dieu et l'accomplissement de la promesse faite par le Christ à l'humanité représentée par ses apôtres, lorsqu'il leur annonça pour l'avenir le règne de la vérité.

En nous donnant leur pensée, les protecteurs invisibles qui nous entourent nous ont toujours recommandé de la répandre et de propager nos croyances; aussi, en publiant ces communications, nous ne faisons que leur obéir; aujourd'hui comme toujours, nous ne sommes pas autre chose que leur instrument et nous nous conformons à leur désir, simplement et docilement.

La tâche imposée au spirite et au médium est, nous le croyons, de faire participer tous ses frères aux révélations qui lui sont faites, par conséquent, rien autre chose que de rendre ce qui lui est donné, en enseignant ce qu'il sait et croit être bon, juste et vrai, en montrant la simplicité, la pureté, la grandeur de la doctrine spirite, sa mission éminemment consolatrice et son travail constant en vue du progrès général.

Cet ouvrage, auquel nous n'avons été que ce qu'est la plume dans la main de l'écrivain, a pour but de constater une fois de plus l'immortalité de l'âme et son individualité, l'objet des incarnations successives de l'esprit, son progrès continuel qu'il n'accomplit que par le travail

sur lui-même, l'étude et le dévouement à tous , l'existence et la nécessité de la loi de solidarité qui unit la Création entière, et la certitude
de l'avènement de la fraternité universelle auquel chacun doit concourir.

Nous avons divisé cet ouvrage en trois parties, d'abord afin d'en
faciliter la lecture et ensuite pour que chacun y puise, sans recherche
fatiguante, suivant les tendances de son esprit ou les aspirations de son
âme.

Avant de terminer, nous avons encore à remplir un devoir bien doux,
c'est celui de remercier nos amis incarnés, qui, pendant le cours des
séances appropriées à l'obtention de cet ouvrage, nous ont si puissam-
ment et si fraternellement aidé en y apportant le concours dévoué de
leurs fluides, de leurs volontés et de leur affection.

Puissions-nous, grâce à nos guides, avoir accompli une œuvre
utile: faire aimer et apprécier comme elle doit l'être notre doctrine
spirite en montrant principalement sa partie morale, son côté purement spirituel, en quelque sorte son âme.

Puisse ce livre mis par les esprits à la portée de tous, faire comprendre que la fraternité, que l'amour mutuel est la source de tout
progrès et de tout bonheur !

W. K.

Bordeaux, le 1er mai 1875.

PRÉFACE DE L'ESPRIT BERNARD

Nous apportons ce livre à l'humanité, nous le lui apportons pour qu'il lui soit un remède efficace à ses douleurs, pour qu'il lui soit un soutien de plus au milieu du voyage difficile qui est la vie terrestre. Nous le lui donnons, nous le lui dédions afin qu'il l'aide à soulever les nuages qui lui cachent la seconde vie.

Nous voulons qu'elle y trouve, cette humanité, cette enfant petite encore, les germes de cette croyance qui la fera heureuse ; il faut qu'elle grandisse à l'ombre du drapeau qui annonce la paix, la vérité ! Il faut qu'elle apprenne, qu'elle sache, et nous voulons la lancer sur cette voie délicieuse de l'étude d'elle-même, de son origine, de ses transformations, des crises qu'elle a dû passer ; nous voulons qu'elle réfléchisse à ce qu'elle peut et à ce qu'elle doit faire, nous voulons qu'elle arrive à se conduire sagement en s'appuyant sur sa conscience, sur ses devoirs, sur ses droits, sur sa foi !

Nous voulons la délivrer à tout jamais de l'esclavage du préjugé, des barrières de l'ignorance ; nous voulons qu'elle se connaisse bien dans sa vie passée, dans sa vie présente, dans sa vie éternelle !

Nous voulons qu'elle nous suive dans les routes de la pensée qui sont infinies, nous voulons qu'elle jouisse de ce bonheur complet, partage des êtres qui se possèdent eux-mêmes, qui se libèrent par le développement de leur partie intellectuelle.

Nous voulons qu'elle fasse la conquête, conquête rayonnante de ce royaume de l'idéal qui n'est pas autre que celui du vrai.

Nous, ses aînés dans la vie spirituelle, nous sommes liés à elle par les liens si doux et si forts de la solidarité, aussi, nous ne faisons que remplir un devoir en venant lui apporter les fruits de notre expérience, les conseils de l'affection, la protection fraternelle et lui indiquer le point d'appui solide auquel elle doit s'attacher pendant la lutte qu'elle soutient tout en gravissant la haute montagne du progrès !

Nous venons tâcher de la transformer afin qu'elle se perfectionne ! Va-t-elle nous comprendre ?... Va-t-elle, cette fois mieux que les autres, saisir cette occasion de remonter à la source du beau et du bien ?... — Pas encore, pas en masse ! Mais pourtant, ce travail comme les autres accomplis déjà depuis qu'il nous a été permis de communquer facilement avec les hommes, ce travail, dis-je, sera compris de quelques-uns.

Les âmes franches, non encore spirites, réfléchiront et se prépareront l'avenir ; les spirites, je l'espère, y puiseront un plus grand dévouement, et ils se plairont à répandre cette consolante pensée : que le bonheur parfait est accessible à tous, que les épreuves ne sont autre chose qu'un mode de perfectionnement, que de migration en migration l'esprit arrive à son but d'absolu dévouement et de travail incessant ; ils travailleront, j'en suis certain, avec plus d'activité et de foi.

La forme des communications importe moins que l'esprit qui est tout. Cette forme, souvent la même, tient d'abord à ce qu'une seule grande et même pensée a été le but de cet ouvrage ; elle tient aussi à la disposition des facultés de l'instrument qui a servi. Ceux qui ont étudié les phénomènes psychologiques savent qu'on tire de chaque instrument un son qui lui est particulier. Mais à chaque page et pour ainsi dire à chacune des lignes de ces pages, le lecteur pourra retrouver notre ardent amour pour nos frères incarnés, notre désir de les rendre heureux et l'expression d'un sentiment unique, du sentiment qui donne la vie aux Esprits et aux univers : l'amour universel venant de Dieu !

BERNARD.

Bordeaux, le 1er mai 1875.

DÉDICACE

Amis, voici venir la frileuse hirondelle
Charmant prophète ailé, porté par les zéphirs,
Escortant les beaux jours et la rose nouvelle,
Recherchant son vieux nid et ses chers souvenirs !

Aux premières clartés du rayon qui s'éveille
Courant vers le matin pour essuyer ses pleurs,
Bourdonnant, butinant, voici la jeune abeille
Puisant tous les parfuns aux calices des fleurs !

Voici le gai soleil qui dissipe la neige,
Fait naître l'abondance et la prospérité ;
Voici les rayons d'or et leur divin cortège
De lumière, de vie et de félicité !

Lecteur, dans ta maison fais place à l'hirondelle,
Que l'abeille chez toi s'abrite aux jours mauvais ;
L'une est le souvenir pur, constant et fidèle,
Et l'autre est le travail, précurseur de la paix !

Oh ! Laisse les rayons envahir ta demeure,
Laisse autour du foyer pénétrer la clarté,
Laisse le grand amour t'emporter à toute heure
A travers les splendeurs de l'immortalité ! ! !

A. DE MUSSET.

Bordeaux, le 1er mai 1875.

INTRODUCTION

Toutes les voies sont bonnes pour aller à la vérité que tous les hommes sont destinés à connaître; qu'elle soit enseignée par l'un ou par l'autre, elle porte toujours avec elle son divin cachet.

L'esprit que vous appelez Christ, que quelques-uns dans leur ardent fanatisme nomment Dieu, et dont quelques autres mettent l'existence en doute, cet esprit a été à *différentes* reprises un de ces missionnaires zélés, un de ces êtres dont le pur dévouement devait imprimer sur votre terre une trace ineffaçable.

De quelque nom qu'il se soit appelé dans ses différentes incarnations, sa doctrine toujours la même est une preuve évidente de son identité.

Spirites, c'est à l'Esprit de Vérité, comme il se nomme aujourd'hui, que doivent s'adresser vos hommages, à cet esprit toujours grand, quelque position qu'il ait occupée; à cet esprit parfait qui durant ses vies mortelles ne dévia jamais du chemin de la vertu. A cet esprit portant, dans ses moindres actes, dans ses plus simples paroles, l'initiation la plus grande à la charité et au progrès. A cet esprit si dévoué à la terre, qu'une série d'incarnations en a été la preuve. A cet esprit, qui, insensiblement vous mène à la vie spirituelle, objet de tous vos désirs!

Hommes, l'Esprit de Vérité s'est incarné pour vous, non pas une, mais plusieurs fois!

Spirites, l'Esprit de Vérité vous a légué sa tâche, il vous a fait dépositaires de sa pensée, et aujourd'hui, comprenant bien l'utilité de l'épreuve, il vous allège le fardeau de la douleur par cette doctrine, qui enlevant vos âmes loin de tout ce qui rampe, les pousse irrésistiblement vers cette liberté individuelle et spirituelle partage des esprits parfaits.

Vous êtes assez forts, assez grands, pour n'avoir plus besoin d'être attirés par les fictions qui sont une poésie. Que toutes les légendes s'effacent pour vous, et que seule subsiste cette incontestable vérité : c'est qu'il existe un esprit assez parfait pour sauver un monde, assez dévoué pour le transformer, assez près de Dieu pour le perfectionner !

Que cet esprit l'enveloppe sans cesse des rayons de la pensée, que chaque intelligence supérieure est un de ceux qui l'aident dans sa tâche, mais que Lui-même vient de temps à autre, dans une incarnation qui n'est pas sans douleur, donner à cette terre, objet de son amour, une impulsion plus grande vers son perfectionnement.

Appelez cet esprit comme vous voudrez suivant les incarnations qu'il a subies, c'est toujours Lui que vous trouverez au sommet de la sagesse ; toujours Lui que vous trouverez vous indiquant par sa doctrine, le chemin de la vérité et du bonheur !

MÉLANCHTHON.

PARTIE SCIENTIFIQUE

Certains savants de cette époque en s'appuyant sur les données anciennes et en multipliant par leur travail les recherches et les découvertes en sont arrivés à établir l'origine matérielle de l'homme. Vous, spirites, vous voulez aller encore plus loin, et vous vous demandez si déjà l'animal votre ancêtre par la matière, l'animal, ce pauvre frère cadet, qui vit auprès de vous sur la terre, ne posséderait pas aussi cette parcelle intelligente de l'être que vous appelez : Ame.

Grave et difficile question dont nous allons, puisque vous le désirez, chercher la solution. Je vous donnerai mon avis actuel, qui pourra paraître contradictoire à certaines opinions passées, mais il importe peu, l'urgent, le nécessaire, c'est de dire la vérité quand on croit la connaitre. Vouloir sonder certains mystères c'est une profanation, diront les orthodoxes, non, mes amis, il n'y a pas mystère, mais livre ouvert à celui qui veut se donner la peine d'y lire; il n'y a pas profanation, mais devoir pour l'homme studieux et humble qui écoute les paroles du Maître : « cherchez et vous trouverez ».

Quels sont les éléments essentiels qui constituent l'âme? La mémoire, l'intelligence, la volonté.

Certains animaux ne vous donnent-ils pas tous les jours des preuves incontestables d'intelligence, de mémoire, de volonté? Vous êtes forcés de me répondre : oui. Cependant, je ne conclus pas immédiatement à ceci : que les animaux possèdent une âme absolument semblable à la vôtre, mais ils doivent en posséder le principe, et ce que vous nommez instinct n'est autre chose que le commencement de la vie d'une Ame destinée à devenir Esprit, de même que les incarnations animales précèdent les incarnations humaines, vérité que la science démontre aujourd'hui,

Vous savez tous que l'animal possède à différents degrés la faculté d'aimer et surtout l'attachement maternel, premier atôme de l'amour parfait; puisque aimer et souffrir se tiennent liés indissolublement tant que l'amour n'est pas un sentiment entièrement pur, pourquoi Dieu, justice inflexible et bonté infinie, aurait-il créé des êtres devant souffrir sans but et sans qu'il leur soit ouvert comme à ses autres créatures le grand avenir de progrès et de bonheur? C'est que la souffrance est le moteur indispensable à l'ascension vers la vie spirituelle. Il est certain que l'animal souffre même dans cette intime et intellectuelle partie de son être que j'appellerai son âme; on a vu des chiens mourir de chagrin, le cas n'est pas rare... Si vous le pouvez, visitez un champ de bataille suivez le cheval cherchant son cavalier et le retrouvant parmi les cadavres, écoutez le hennissement qui suit cette reconnaissance, et dites-moi s'il n'y a pas là un véritable cri de douleur?.....

Cette manière d'avancer par la douleur est une preuve de son progrès et par conséquent la preuve certaine de la présence en cet être d'une étincelle spirituelle.

Nous voici maintenant, mes amis, dans la situation de l'enfant qui veut passer le ruisseau sur une planche. Il fait un pas, la planche vacille et il recule tout effrayé! Heureusement pour la satisfaction de son désir, l'attrait de la nouveauté, la soif de l'inconnu, l'entraînent à de nouvelles tentatives presque toujours couronnées par la réussite.

Après ce que je viens de vous dire vos esprits sont en travail et vous avez une question à m'adresser..... L'animal a-t-il une personnalité?.....

Je passe le premier sur le pont tremblant et je réponds catégoriquement : Oui.

Oui, car en lui accordant la souffrance sans l'individualité, il faudrait mettre en doute, ce qui est impossible, la justice et

la bonté de Dieu. Individualité et par conséquent responsabilité.

Individualité, puisqu'il aime, souffre et se souvient, et qu'il
ne lui faudra plus de bien nombreuses étapes pour arriver au
libre arbitre.

Responsabilité, car quelques uns d'entre eux commencent
déjà la vie passionnée. Qu'est-ce que la haine, la méchanceté,
la vengeance, la gourmandise, l'entêtement dont ils font
preuve, sinon les premiers anneaux de la longue chaîne des
passions.

Cette individualité, cette responsabilité, ces souffrances qui
ne sont point observées chez l'animal à ses premières incarnations, ni chez la plante d'aucune espèce sont toujours rela-
tives, bien entendu, et plus elles sont grandes, plus est étendue
la parcelle intelligente de l'être.

Avant de terminer cette causerie, je veux répondre aux
deux observations qui se pressent dans vos cerveaux et arrivent à vos lèvres.

Malgré le progrès, dites-vous, l'espèce ne change pas, l'animal de telle espèce est aujourd'hui comme autrefois, il ne fait
rien de plus, rien de mieux, et sera de même dans des
siècles ?.....

Ces moules, ces formes qui vous semblent rester les mêmes,
sont cependant modifiés au fùr et à mesure qu'un monde progresse, car tout subit les mêmes lois ascensionnelles. De même
que votre périsprit s'éthérise après avoir été presque matériel
à ses premiers âges, de même toutes les familles minérales, végétales, animales, subissent des changements inappréciables à
des observations qui n'ont que la durée d'une existence. En
second lieu, ces moules resteraient-ils absolument les mêmes
que cela n'empêcherait aucunement le progrès de l'étincelle
spirituelle qui vient les animer, car cette étincelle ne fait
que passer par ces formes, elle les quitte pour en reprendre

d'autres en même temps qu'elle monte, se développant sans cesse jusqu'à ce qu'elle arrive à pouvoir former un être spirituel.

Votre seconde observation est je crois ainsi formulée : tout en reconnaissant à certains animaux une somme d'intelligence et de bonté plus grande qu'à certaines races d'hommes sauvages et arriérés, nous remarquons cependant que la sensibilité est plus développée chez les derniers que chez les premiers?

Ceci pourrait servir de preuve à la supériorité de l'espèce humaine sur l'espèce animale, mais ce n'est point une règle absolue, car la différence de sensibilité n'est pas énorme entre l'un et l'autre, entre l'homme arriéré et l'animal avancé. En effet, vous verrez le sauvage supporter sans plainte des tortures pendant lesquelles vous perdriez le sentiment , vous le verrez trainer jusqu'à sa hutte ses membres fracturés, absolument comme vous voyez le chien blessé rentrer à sa niche pour mourir et le cheval au contraire rester sur place. Vous entendrez le chien hurler de douleur, le cheval jamais ; et si nous cherchons dans les animaux qui ne figurent pas parmi les intelligents, je vous demande si la pauvre mouche ne souffre pas, quoiqu'on n'entende pas sa plainte , lorsqu'elle fuit le petit bourreau, l'enfant cruel qui vient de lui arracher les ailes? Peut-on se rendre un compte exact du degré de sensibilité? Jusqu'à un certain point, oui, d'une manière absolue, non, je ne crois pas. Du reste, il faut établir aussi en faveur du sauvage qu'il est pendant ses premières incarnations humaines dans un état transitoire, une sorte d'essai de la forme pendant lequel il lutte péniblement contre la brutalité et les habitudes animales de l'ancienne forme qu'il quitte. Ceci m'amène à vous dire qu'il y a moins loin de l'animal à l'homme que de la plante à l'animal que vous verrez cependant se réunir par des points intermédiaires qui ne sont pas encore l'un et ne sont déjà plus l'autre. Ces points de jonction entre les espèces minérales, végétales, animales et humaines sont, à mon avis, la preuve la plus évidente du progrès, la preuve de l'enchaînement admirable des œuvres du Créateur.

NOVEMBRE-73.

D. Le principe intelligent est-il divisé à son origine et se réunit-il par la suite pour former un être complet ?...

R. Le principe intelligent se développe avec l'être, et il est *un* à son origine, *un* pendant son développement, *un* toujours! C'est une étincelle qui va grandissant pour devenir lumière et enfin soleil. Ce qui nous occupe aujourd'hui c'est de connaitre le moment où cette étincelle parait et transforme l'être matériel en être intelligent? Tant que l'être pendant ses premières pérégrinations dans la forme animale ne possède encore que la vie latente, le mouvement, tant que, atome, molécule, vibrion, paraissant et disparaissant en quelques courts instants, il ne sert encore qu'à la transformation de la matière, tant qu'il n'a pas conscience de sa vie, on doit admettre qu'il ne possède pas encore en lui l'instinct qui devient plus tard intelligence, âme, esprit. Ces êtres sans nom, sans forme précise, impalpables et presque invisibles qui peuplent la matière fluidique et la matière compacte sont l'état intermédiaire entre la vitalité végétale et la vie animale qui commence.

Selon moi, cette divine étincelle éclaire la matière dès qu'il y a chez l'être le sentiment de la conservation de sa vie. A partir de là, il est quelqu'un, il ne sait pas encore, mais il sent en lui cette chose indéfinissable qui est la vie !

Ce sentiment est tout instinctif encore, car l'animal comprenant à peine la vie ne craint pas la mort, ne connaissant pas le danger le fuit rarement, la mort le prend sans soufrance, pour ainsi dire, et le transporte à une autre forme. C'est le point intermédiaire entre l'instinct et l'intelligence; de ce premier état au second c'est-à-dire à l'intelligence, il a bien entendu tout les degrés par lesquels l'être est obligé de passer pour arriver du moins au plus.

Quand l'instinct devient pour l'être l'intelligence de la conservation de sa vie, il y a crainte de la mort et souffrance, l'animal défend sa vie par tous les moyens, attaque de l'ennemi, prévision du danger, ruse pour l'éviter; il s'aime et il se disputera à la mort tant que ses forces le lui permettront. Il y a déjà mémoire, raisonnement et volonté dans sa lutte contre la loi fatale qui l'enveloppe sans qu'il puisse s'y soustraire. Ne pourrait-on pas ajouter qu'il y a aussi intuition de souffrances précédentes, cette crainte innée de la mort n'est-elle pas le résultat d'une espèce de souvenir de luttes antérieures ?.. Qui sait ?... Je crois qu'à ce moment l'étincelle intelligente est bien près de s'illuminer pour une transformation plus importante encore, je crois que le moment n'est pas loin où cette intelligence pourra s'appeler, disons le mot : Ame ! Alors cette créature ne va plus seulement défendre sa vie, mais chercher à la conserver, travailler pour la prolonger; encore quelques passages et elle va conquérir la possession d'elle-même, elle va arriver au libre arbitre. De là y a-t-il bien du chemin à faire pour comprendre le devoir de conserver la vie, la nécessité de l'épreuve et le but imposé à la créature par le Créateur ?...

Aller plus loin serait sortir des limites que nous nous sommes imposées, mais je vous le répète en terminant, l'œuvre de Dieu est admirable d'ordre, d'enchaînement, d'harmonie, de simplicité, l'orgueil humain paraît à peine quand on contemple cette grandeur ! Aussi, quoique l'homme se révolte à cette pensée, il n'en est pas moins vrai qu'en étudiant attentivement le monde qu'il habite, son origine est facile à établir,

Roi de la Création par la loi du progrès, l'homme comprendra plus tard le lien de solidarité qui l'unit à tous les êtres dont il est entouré ; à cette époque de fraternité, il ne s'intitulera plus maître et roi, mais père et protecteur des êtres inférieurs qui commencent la vie qu'il finit !

Georges CUVIER.

DÉCEMBRE 1873

Avant de commencer l'étude sur les fluides dont vous parlez absolument comme vous formeriez le projet d'aller suivre un cours de mathématiques, je dois vous avertir que cette étude est compliquée, difficile, aride ; je dois vous prévenir que nous n'irons pas très loin dans ces pays encore inexplorés. Commençons toujours néanmoins, car ces sombres arcanes sont destinées à être éclairées par la science, avançons aussi loin que possible dans ce domaine de l'esprit.

Qu'est-ce que le fluide ?... C'est en parlant d'une manière générale cet océan qui contient l'univers entier et dans lequel les mondes puisent leur vie, *physique* et *morale*.

C'est pour le côté physique, ce principe insaisissable, invisible, essentiel à la vie de chaque créature ; c'est l'éther dans lequel se balancent les mondes et qui les contient ; c'est la vie *universelle*.

C'est pour le côté moral, le sentiment, la pensée et les infinités qu'elle embrasse ; c'est l'azur, l'idéal dans lequel se meuvent les créatures spirituelles, je le répète, c'est cet océan infini qui contient la vie pour *tout*.

Je vais diviser cette étude en deux parties : les fluides *matériels* et les fluides *spirituels* ; et pour être mieux compris je vais me servir d'une comparaison. Comparaison n'est pas raison. allez-vous vous écrier de suite ?... C'est vrai, et mieux vaudrait une bonne raison qu'une foule de belles comparaisons, mais, n'êtes-vous pas des enfants pour nous et n'apprendrez-vous pas bien plus vite à lire avec un alphabet illustré ?... Donc, aux enfants les images ! Je vous prends par la main et je vous emmène avec moi sur les bords enchantés et splendides de la Méditerranée ! Le ciel est bleu, pur, sans nuage ; le soleil, vie, lumière et chaleur, plonge ses rayons dans les ondes ! Ce soleil qui est le sommet, le but, le tout, la vie, je le compare à Dieu dominant les Univers ! Regardons !

L'oiseau au corps délicat, aérien, l'oiseau porté sur ses ailes rapides, l'oiseau depuis la microscopique hirondelle, jusqu'au gigantesque albatros, va, vient, monte et descend de l'onde à l'azur ; voilà les Esprits s'élevant plus ou moins haut, portés sur les ailes spirituelles plus ou moins légères suivant leur degré d'avancement. Voilà la vie dans ce que je nomme la partie *spirituelle* des fluides.

Regardons encore, nous n'avons pas fini. Dans les flots qui sont à la surface nous voyons pénétrer abondamment les rayons bienfaisants, la lumière, la chaleur ! Ces ondes sont brillantes, éclairées, transparentes ! Plus bas elles sont tièdes encore, éclairées encore ; plus bas elles sont froides, plus bas elles sont tout-à-fait obscures ; au fond s'agitent des êtres rampants qui vivent sans lumière, sans chaleur. Voilà la vie dans la partie *matérielle* des fluides.

A l'esprit avancé les fluides spirituels, comme à l'oiseau l'espace dans lequel il s'élève plus ou moins haut ! Au pauvre être arriéré qui n'a pas encore senti vibrer en lui les cordes idéales des aspirations hautes les fluides matériels comme au mollusque le fond de la mer !

Etablissez une échelle de proportion plus vaste, et vous trouverez, pour l'univers entier, toujours la même marche ascendante de la matière au fluide et du fluide à l'esprit.

De même que l'oiseau est conformé pour vivre dans l'espace, l'habitant des mondes supérieurs est doué d'une organisation qui lui permet la vie dans les fluides plus ou moins spiritualisés.

Puisqu'il faut toujours faire l'application de ce que l'on professe ; je crois pouvoir vous dire que sans placer la terre, dans mon océan fluidique, au rang des oiseaux, je ne la vois pas non plus au niveau des mollusques ; à César ce qui est à César.

Je nomme donc fluide *Universel*, ce principe de vie physique et morale qui enveloppe la création toute entière.

DÉCEMBRE 1873

J'ai dit l'autre jour fluide universel contenant la vie, j'ajoute ce soir source de *toute chose*.

Le fluide spirituel, nous l'avons compris, pénètre le fluide matériel comme l'air pénètre l'eau, et, mes pauvres amis, tout est relatif toujours, car ce que vous appelez spirituel, des êtres plus purs que vous le nommeront matériel ; aussi, dans le cours de notre étude, ne nous égarons pas à la recherche d'une expression, évitons de marcher sur la pointe des choses, souvenons-nous que la lettre tue, et cherchons l'esprit.

Voici donc ma manière de voir, c'est le résultat des études qu'il m'a été possible de faire pendant ma vie d'esprit, je ne vous dis point d'en faire un dogme, au contraire, je vous recommande de chercher en vous et autour de vous, de réfléchir, d'étudier et de ne croire comme moi, que lorsque vous serez convaincus que j'ai raison.

Je ne vois dans le fluide spirituel approprié à la terre que le dégagement, l'éthérisation du fluide matériel ; et dans le fluide matériel, que la transformation de la matière elle-même. De la boue la plus compacte en montant degré à degré on arrive à l'air pur ; partant de même du fluide tellement épais qu'il pourrait s'appeler matière, nous arrivons au fluide tellement pur qu'il pourrait se nommer esprit.

Pour la terre le fluide matériel et le fluide spirituel sont absolument nécessaires l'un à l'autre et indispensables l'un et l'autre pour le maintien de la loi d'harmonie. Ils sont tellement amalgamés, si je puis me servir de cette expression, qu'on ne saurait établir une limite exacte à la fin de l'un et au commencement de l'autre ; car, ce n'est point ici qu'on peut trouver la matière seule ou l'esprit seul.

Matière, esprit, pôle négatif et pôle positif, marchant au même but et dont les chocs produisent l'étincelle,

DÉCEMBRE 1873

Nous en arrivons, mes amis, à nous demander : Qu'est-ce que la matière?... La première page de la Bible va nous répondre : « Et Dieu fit de rien la matière ! »

Rien !... Qu'est-ce que c'est que rien ?...

Les intelligences voilées qui ont écrit ces mots ont fait là un aveu d'ignorance, puisque rien n'existe pas. Pour vous, pour nous, ce rien, c'est *tout*, car c'est le fluide universel, ce principe de création formé par la divinité.

Ce rien, cette chose invisible. impalpable dont sortit un monde, n'est pour nous que du fluide condensé.

En matérialisant ce fluide par un acte de sa volonté, la main puissante du Créateur a établi pour lui, au même instant, la loi du progrès. Loi et droit, car l'intelligence *infinie*, la volonté *parfaite*, la vie *éternelle*, ordonne que *tout* vive, que *tout* progresse, que *tout* se perfectionne et s'élève vers son principe, vers sa source, vers Elle enfin ! Matière, instinct, intelligence, esprit, tout remonte et revient au Créateur, l'un finit son ascension, l'autre la commence, voilà la différence ; une certaine quantité de siècles les séparent, c'est tout !

Quelle est donc la pensée qui puisse mettre au cœur de la créature plus d'amour pour le Créateur que la contemplation de cette vie d'utilité et de travail commencée à la molécule pour arriver à l'intelligence ?...

Qu'y a-t-il de plus infiniment juste et bon que ce Dieu aimant *toute* sa création du même amour et ne créant que pour le plus grand bonheur de la créature quelle qu'elle soit ?

Qu'est-ce qui peut conduire l'homme au bonheur par l'amour sinon la croyance à cette confraternité universelle ?

A la mort des êtres organiques la matière, objectez-vous, reste inerte et retourne à la matière ?... Erreur, car ne pouvant pas suivre le travail des transformations qui s'opèrent sans cesse, vous ne voyez pas qu'à chacune d'elles l'être dépouille un peu de matérialité et gagne du côté fluidique. Comme preuve à l'appui, je vous dirai que du cadavre humain se dégage plus de matière fluidique que ne s'en dégage du cadavre animal. Moins de matière plus de fluide, plus d'intelligence ou plus d'instinct ; c'est la loi du progrès. Pour moi et pour bien des Esprits qui ont cherché comme moi, la matière s'intelligente, la matière monte, fluide d'abord, esprit ensuite.

Il faut la matière, dites-vous encore, qui donc doute de la nécessité des formes par lesquelles toute création doit passer ? Mais est-ce bien toujours la même matière, ou bien plutôt n'est-elle pas sans cesse renouvelée, poussée par la loi immuable du progrès et de la Création incessante ?

Voyez, amis, comme ce sujet est vaste et nous entraînerait bien vite hors des limites qui nous sont imposées encore, mais que nous franchirons quand nous aurons conquis par le travail notre entière liberté.

Ce n'est malheureusement point sur la terre, ce séjour de l'attente perpétuelle et du doute constant, que l'on peut arriver encore à comprendre l'harmonie indescriptible de la Création, cette vie universelle qui émane du principe même de l'amour, cette union intime de l'esprit et de la matière, ce renouvellement, cette transformation de chaque instant, cette éternelle fécondation résultat de la volonté du Créateur.

J'ai tenu néanmoins à vous donner une idée de ce que chaque jour je vous entends nommer, sans que vous sachiez bien au juste ce qui vous occupe. Je vous ai donné là une notion générale de ce qu'on appelle les fluides, il resterait maintenant à vous faire comprendre la meilleure manière de les appliquer.

Tous les jours, je vois sur la terre faire des essais qui ne sont souvent infructueux que parce qu'on ne sait pas employer les forces qu'on possède et qui peuvent devenir nuisibles quand elles sont mal dirigées ; je veux parler du magnétisme médical et de la médiumnité *guérissante*. C'est, à l'époque où vous vivez, la meilleure manière et presque la seule encore de faire l'application des fluides. Occupons-nous donc de celle-là et voyons ce qu'il faut pour mieux faire, pour bien faire et pour arriver un jour à faire parfaitement.

Et d'abord, qu'est-ce que le magnétisme médical et qu'est-ce que la médiumnité guérissante ?

Le magnétisme médical est la faculté d'agir sur les forces occultes qui nous entourent et que vous désignez sous le nom de fluides, la possibilité de gouverner ces fluides et de les approprier suivant le cas ou la maladie.

La médiumnité guérissante est le moyen matériel dont sé servent les Esprits lorsqu'ils veulent diriger sur un incarné les fluides doués de propriétés curatives.

C'est la médiumnité guérissante que je vois rechercher de plus en plus, que je vais tâcher de vous expliquer et c'est aux médiums guérisseurs que je vais m'adresser.

Je veux d'abord vous expliquer aussi bien que je pourrai comment nous nous servons d'un médium et comment avec son concours nous opérons la manipulation des fluides.

Notre première opération est de disposer le médium suivant

l'acte que nous voulons accomplir de concert avec lui. Pour cela, nous l'enveloppons de fluide vital pour agir sur sa nature physique et de fluide spirituel pour agir sur sa nature intellectuelle. Pour me faire mieux comprendre, je vais encore me servir d'une comparaison.

Lorsque vous abordez quelqu'un et que vous voulez lui plaire, l'attirer à vous, vous enveloppez votre visage des fluides spirituels que nous nommerons, si vous le voulez bien, amabilité, affabilité, bonté ; si c'est l'effet contraire que vous voulez produire, vous l'envelopperez nécessairement de fluides opposés à ceux que je viens de citer, par conséquent : sévérité, froideur, quelquefois dureté. Ces fluides purement spirituels en eux-mêmes doivent subir une matérialisation afin de communiquer au visage les expressions différentes qui doivent être rendues et ressenties au dehors. Eh bien, c'est ainsi que nous préparons le médium qui doit nous servir, et, suivant l'organisme, auprès de certains nous apportons des fluides doux, calmants, auprès des autres nous en apportons de vifs, d'excitants. Le médium subit ces différentes influences à peu près inconsciemment, de même que vous ne vous apercevez pas de tout ce qui se passe sur votre visage réflétant vos pensées et vos sentiments.

La seconde opération est ce que j'appelle l'*humanisation*, la *matérialisation*, si vous le voulez, des fluides que nous accumulons d'abord autour du médium, et nous servant de lui comme d'un alambic, nous faisons passer ces fluides par son organisme, que nous en saturons jusqu'à ce qu'ils soient assez matérialisés pour agir sur la matière ; puis nous les attirons de nouveau les faisant passer par le cerveau où nous leur communiquons la partie spirituelle qui leur est indispensable pour être efficace et qui est proportionnée à l'avancement du malade. Nous obtenons cette combinaison par un acte de volonté qui peut s'appeler prière et qui a pour résultat de joindre aux fluides matérialisés et rendus curatifs, une partie de fluides purs ou moralisants, absolument nécessaires, je le répète, à leur efficacité.

Quand nous avons communiqué aux fluides leur partie spirituelle, ils retournent dans le corps du médium par lequel ils repassent lorsqu'ils doivent agir immédiatement et directement sur le malade.

Le médium peut, s'il ne se sert pas de ses mains comme conducteurs se servir de sa volonté qui fait alors les fonctions de réflecteur, faisant rayonner sur le malade, au lieu de lumière et de chaleur, soulagement ou guérison. C'est ici surtout que nous l'aidons dans la direction des fluides, afin d'obtenir par eux le résultat désiré; c'est alors que nous nous occupons du médium autant que du malade, modérant ou excitant le premier, aidant le second à recevoir l'action magnétique.

Le médium guérisseur étant presque toujours ignorant en matière médicale, c'est nous qui nous chargeons de communiquer aux fluides qu'il renvoie les propriétés curatives; en cela, nous n'avons pas grand peine puisque nous n'avons qu'à combiner d'une certaine façon pour obtenir le remède; j'ajouterai pourtant que nous préférons nous servir d'un médium qui peut nous aider, non-seulement de sa volonté, mais de son savoir; cela nous rend le travail plus facile et ajoute une force de plus par la confiance du médium en lui-même et par l'unité de pensée qui s'établit entre l'Esprit dirigeant et lui. Aussi, un médecin qui offrirait une organisation physique malléable et propre à la matérialisation des fluides serait un médium parfait, et je crois pouvoir assurer que dans une proportion de cinquante fois sur cent, il lui suffirait de s'approcher de son malade pour le soulager ou le guérir.

Après le travail de matérialisation qui s'est opéré dans le corps du médium, nous lui venons toujours en aide fortifiant, réparant son organisme.

DECEMBRE-73

Sortons un peu du sujet même et effleurons d'une manière générale le fait de la *médiumnité* qui est toujours, dans la médiumnité guerissante aussi, une *séparation* plus ou moins grande du périsprit d'avec le corps.

Il y a trois séparations du périsprit, la séparation *simple* qui est le sommeil, la séparation *extrême* qui est la médiumnité et la séparation *totale* qui est la mort.

Occupons-nous de la seconde séparation et disons de suite que le mot *extrême* dont j'ai dû me servir pour rendre ma pensée, mais qui la rend d'une manière insuffisante, ne peut-être pris dans le sens absolu, car les effets produits sont toujours différents et *l'extrême* de cette séparation n'est pas toujours semblable, tant s'en faut, les limites sont plus ou moins étendues et nous pourrions, abusant de nos forces et franchissant ces limites, tuer certains médiums pour obtenir par une séparation trop grande pour leur organisme, des effets, des résultats, que nous obtiendrions facilement avec d'autres sans aller jusqu'à l'extrémité des limites imposées.

Pour toute manifestation nous avons besoin d'un canal humain, c'est-à-dire d'un médium; mais dans la médiumnité guérissante la présence du médium près du malade n'est pas toujours absolument nécessaire, car il nous suffit de matérialiser une certaine quantité de fluides que nous mettons en réserve pour nous en servir quand nous voulons, et que nous transportons où nous les trouvons nécessaires. Je m'explique : lorsque nous avons humanisé une certaine quantité de fluides, c'est-à-dire lorsque nous les avons rendus propres à impressionner la matière et que nous ne devons pas nous en servir immédiatement, nous les laissons habituellement dans le milieu où vient de s'opérer ce travail, et là nous les reprenons lorsqu'il le faut, fût-ce au fond de cet Océan où les fluides sont presque matériels par eux-mêmes. Ceci vous explique pourquoi l'arrivée du médium suffit souvent au soulagement du malade ; c'est, vous l'avez compris, qu'il est presque toujours enveloppé de fluides prêts à servir, qu'il arrive entouré de cette atmosphère fluidique dont le malade ressent immédiatement l'influence.

Il y a un cas très rare, dont je ne devrais pas vous parler peut-être, que je ne ferai qu'effleurer, et encore est-ce parce que ces quelques mots vous faisant réfléchir, vous conduiront plus tard à d'autres études qui pourront avoir leur utilité. C'est lorsque, d'une façon tout-à-fait exceptionnelle, nous agissons directement, c'est à-dire sans nous servir d'un médium. Ce cas, je vous le répète, est exceptionnel, néanmoins, voici comment nous arrivons à matérialiser nous-mêmes les fluides : nous nous servons de notre propre *périsprit* que, dans le fluide universel, nous impreignons de fluides humains, et nous nous en servons comme nous le ferions d'un médium. Mais, vous comprendrez sans peine que ce travail est pénible pour nous et que certaines organisations spirituelles ne s'y prêteraient pas.

JANVIER 1873

Après cette digression, qui n'est pas complétement inutile pour vos projets d'étude sur les fluides, je reprends mon sujet.

L'organisation physique aide beaucoup au développement de la médiumnité guérissante qui est en germe chez tous les incarnés, puisqu'elle est une propriété humaine ; ceci m'amène naturellement à vous parler des qualités physiques et des vertus morales qui doivent faciliter et développer cette médiumnité.

Un corps spongieux, si je puis employer cette expression,

sera le plus propre à l'absorption et à la saturation des fluides. Il les attirera et les renverra facilement les faisant en quelque sorte rayonner autour de lui.

Un corps moins pénétrable sera un médium moins bon, cela se comprend sans explication. D'autrefois ce qui s'oppose à l'exercice de cette faculté, c'est une nature inflammable ou si impressionnable qu'il faudrait sans cesse modifier les fluides, ou bien ajouter ce qui pourrait être enlevé par une tension d'esprit trop grande ou une ardeur violente, à l'équilibre de l'organisme.

Un corps délicat, débile presque, sera plus malléable et plus facilement imprégné, mais il est à craindre que ce travail de matérialisation le fatigue, car tout instrument s'use et si on le force il peut même s'altérer gravement. Aussi, je n'irai pas plus loin sans donner à celui qui pratique la médiumnité guérissante le conseil de se dégager *immédiatement* dès qu'il a soigné; il le doit, car il vient de faire l'office de pompe foulante et aspirante. S'il ne se sent pas assez fort pour réagir contre la mauvaise influence par la volonté, il doit le faire par des passes.

Le médium *doit* agir ainsi, non-seulement pour lui-même, mais pour ceux auxquels il est appelé à donner le soulagement et auxquels par suite d'une négligence il ne doit pas manquer.

Ici se présente aussi tout naturellement une recommandation quant au temps de la magnétisation. Sa durée, plus ou moins longue, doit être décidée par les guides qui auront apprécié le tempérament du malade et la force du médium. Mais, règle générale, sitôt que le médium ressent cette espèce de lassitude habituelle à tous, il doit suspendre immédiatement et reprendre, si cela est nécessaire, même plusieurs fois. Cette précaution n'est guère utile que dans un cas dangereux et pressant, mais, là *surtout*, le médium doit avoir soin de se dégager à chaque suspension.

Le médium n'étant qu'instrument ne communique pas aux fluides un malaise qu'il ressent ou une maladie de son corps. Il ne faudrait pas non plus qu'il se crût mauvais instrument s'il ne réussissait pas dans son entreprise de guérison; il y a des épreuves qui ne se terminent qu'à la mort et contre lesquelles toutes les tentatives sont inutiles. Il y a aussi des tempéraments de malades qui ne sont pas en harmonie avec celui du médium. Je m'explique : Si l'organisme du malade est plus matériel que spirituel, un médium apte à rendre les fluides très matérialisés réussira, un autre fera moins. Si c'est précisément le contraire, si le malade possède une organisation ou le spirituel domine le matériel, le premier médium n'obtiendra pas grand chose et pourtant il n'en sera pas moins bon. Aussi, comprenez-le bien, le médium guérisseur doit être tout-à-fait détaché des satisfactions personnelles que lui procureraient des succès et être prêt au même dévouement, ne se jamais décourager même s'il ne réussit pas au gré de ses désirs.

Lorsque l'homme poussé par le progrès se sera perfectionné il aura plus d'action sur la matière et il pourra demander à cette faculté, encore rare aujourd'hui, des résultats plus décisifs, il en arrivera certainement aussi à la généraliser, car elle est, par la loi de charité, la propriété de tous.

J'en suis arrivé à la fin de ce travail ou plutôt de ce résumé de ce programme de travail à venir et je vais le terminer par quelques conseils que j'adresse à ceux d'entre vous qui veulent soulager les maux de l'humanité.

L'emploi de la faculté guérissante est dans la vie d'un incarné un acte très grave, qu'il ne doit jamais accomplir à la légère et sans avoir imploré l'assistance d'un guide sûr et dévoué. Étant donc appelé à rendre de grands et réels services il doit, autant que possible, avoir dépouillé lui-même tout sentiment égoïste. Plus il sera spiritualisé, plus il aura de puissance ; plus il sera dévoué, mieux il guérira. Aussi il ne doit jamais essayer de soigner s'il est animé de quelque mauvais sentiment, ou bien, il doit auparavant faire acte de volonté sur lui-même et s'en débarrasser momentanément.

Il faut au médium guérisseur une volonté énergique, persévérante, un complet oubli de soi, un ardent désir de faire le bien. Il lui faut une foi profonde en la divinité qu'il doit implorer avant de se servir de sa faculté et remercier après.

Puisque je parle à des spirites convaincus et désireux de bien faire, je dis que bienheureux est celui qui exerce cette faculté, faculté qui peut, qui doit augmenter de puissance avec le nombre des existences; mais je dis aussi qu'il ne saurait trop faire pour la développer, et développer en lui la pratique du bien, car, en acceptant ce devoir, cette mission devrais-je dire, il accepte aussi une certaine responsabilité et presque toujours une vie de dévouement. Aucun sacrifice ne doit lui sembler trop grand et dans son cœur ouvert à tous, toutes les souffrances doivent trouver un écho !

Si le médium se perfectionne, ou si, missionnaire d'en haut, il arrive sur terre avec des qualités acquises, si son but est le saint et grand amour fraternel, il peut être certain que des Esprits puissants et supérieurs lui viendront en aide, que des Esprits avancés le soutiendront, qu'il avancera sa tâche et obtiendra de bons résultats.

L'exercice de la médiumnité guérissante n'est pas une faveur, mais généralement le prix d'un acquit de dévouement et de travail, c'est vous dire que tous ceux qui déjà se sont dévoués peuvent posséder cette faculté et la développer; mais un jour viendra où tous les hommes auront acquis la possibilité de soulager. La terre alors aura dépouillé son manteau de glace l'Egoïsme; la terre, aujourd'hui séjour de travail dur, sera une retraite calme et bénie où viendront habiter ceux qui auront mérité une existence de repos, de paix et de fraternité !

Dans un champ de blé, parmi les épis balancés par la brise, il en est toujours qui les premiers mûrissent, il en est qui déjà sont dorés tandis que d'autres sont verts, d'autres à peine encore en épis ! La terre est ce champ où les Esprits sont à différents degrés de germination, de croissance, de maturité. Amis, félicitez-vous, ceux qui aujourd'hui déjà se destinent au dévouement à la cause humaine peuvent se compter parmi les épis qui mûrissent. Réjouissez-vous donc, mais souvenez-vous que tous les épis jauniront à leur tour !

La terre est féconde, la rosée abondante, le soleil resplendissant et vivifiant pour tous, tous seront source de vie ! Seulement les épis mûris les premiers seront récoltés les premiers et ils auront déjà servis à ensemencer d'autres champs quand on récoltera les derniers murs !

Nous conseillons donc aux médiums en général, aux médiums guérisseurs en particulier d'accepter avec joie et en remerciant Dieu, leur mission de dévouement.

Toute médiumnité est un apostolat et pour remplir absolument son mandat l'incarné qui la possède doit se mettre complètement au-dessus des faiblesses de l'existence, il doit sans cesse épurer sa pensée et travailler à s'améliorer, il doit compatir à tous les maux et « passer en faisant le bien » !

Dr VIGNEAU.

DECEMBRE-74

Je prends dans le jardin fluidique une des plus belles fleurs, et je vous engage à venir avec moi étudier ses parfums. Cette fleur, c'est la Volonté.

La Volonté, fluide spirituel dont les effets sont multiples et pour mieux dire infinis ! La Volonté, agent principal, puissant quoique inconnu dans ces manifestations que le vulgaire appelle miracles, que les esprits forts appellent absurdités, que les fanatiques de la déesse Ignorance appellent sacriléges !

Ce sujet serait inépuisable, aussi quand nous vous en aurons dit ce que vous pouvez en comprendre, nous n'aurons fait, hélas, que commencer à peine l'ébauche du grand travail qui vous restera à faire dans la vie spirituelle.

La Volonté est une condensation, *plus*, une concentration de fluides *spirituels*. C'est au spirituel, en me servant d'une de vos comparaisons, ce que la vapeur est au matériel.

C'est une force, plus qu'une force, c'est une puissance. Avec elle on arrive à tout, c'est l'électricité de la force, rien n'est impossible à celui qui sait la diriger.

Je ne parle pas ici de la force brutale, car nous étudions la question des fluides. Matériellement parlant, le fort dominera toujours le faible, mais le moment est venu de chercher les moyens d'établir la suprématie de l'esprit sur la matière.

La Volonté est un *composé*, comme je vous l'ai dit plus haut, c'est donc une *combinaison;* mais l'Esprit bon qui veut le bien combinera autrement que l'Esprit arriéré qui veut le mal, cependant, dans l'un et l'autre cas, le même degré de *concentration* est nécessaire.

Combinaison de fluides spirituels qui tantôt se nomment intelligence, bonté, énergie, force, amour et forment un résultat : supériorité, et qui tantôt se nomment, au contraire,

abrutissement, méchanceté, résultat : infériorité et par conséquent le mal.

Ainsi, en abordant cette question, nous nous promettons de
pousser nos investigations assez loin, sinon dans cette première étude au moins dans une seconde, pour vous convaincre
des effets qu'elle peut produire.

C'est déjà, mais ce sera bien davantage, une étude et une
science que la direction de ce fluide qui peut, mal conduit,
causer de graves désordres, et c'est pour vous mettre à même
de vous en servir avec fruit que je suis allé un peu partout
essayer de l'étudier de sa base à ce qu'il m'a été permis de
considérer comme son sommet.

Comme tout ce qui progresse, la Volonté est grossière et
pour ainsi dire matière à sa base et cette base est bien profonde ; mais en s'élevant, elle arrive si loin que mon œil n'a
pu la suivre, car il m'aurait fallu les ailes du pur Esprit !

JANVIER-74

La Volonté comme toute force, comme toute puissance,
peut être dirigée vers le bien ou vers le mal suivant que la
pensée est bonne ou mauvaise. Vous l'avez vue souvent sur
terre, vous la voyez tous les jours servir au mal, — et pour
vous donner un exemple frappant, voyez la Compagnie de
Jésus. Depuis son origine jusqu'aujourd'hui quel a été son
but ?... Dominer ! — Dominer le monde, en faire sa chose, son
esclave, son marchepied.

Par les résultats obtenus jusqu'à ce jour, jugez vous-mêmes
de la puissance de cette concentration de fluides, de cette collectivité de pensées dirigées vers un but. Le voile a été tenu
abaissé sur l'intelligence d'un monde, les plus grandes pensées ont été étouffées, les hautes aspirations courbées, le vol

audacieux de la découverte a été limité, les ailes de la science coupées ou rognées, le progrès enchaîné !

Voilà les résultats que vous avez journellement sous les yeux ; la cause, je vous la démontre.

Mais je ne vous aurai point montré la plaie sans vous apporter en même temps le baume qui la guérira.

Il est temps qu'une autre concentration de fluides vienne faire à la première résistance ! Il est temps que l'intelligence, la science, la libre-pensée, le travail, viennent combattre avec avantage l'ignorance, l'abrutissement, l'ineptie. Il est temps que le dévouement remplace l'esprit de domination, il est temps que la vérité renverse le mensonge et que celui-ci à son tour se tienne courbé devant elle. ·

Il est temps que délivrées enfin, toutes les grandes pensées s'épanouissent aux rayons du grand soleil !

A nous le drapeau, chercheurs mes amis, à nous la science aux mille sentiers ! à nous aujourd'hui encore la lampe du mineur jusqu'au jour où nous travaillerons à la face du monde sous le ciel bleu du Créateur !

Ce qu'une volonté mal dirigée a obtenu, une volonté bien conduite obtiendra à plus forte raison, et c'est pour vous mettre en main le fil conducteur qui doit vous empêcher de vous perdre que nous avons entrepris cette étude. Étude qui ne vous servira que peu, ô mes chers élèves, mais que j'entreprends pour poser les bases de celle qui la suivra et que mettront à profit ceux qui viendront après vous ! A ceux-là, il sera peut-être donné de connaître la juste direction de cette force qui doit vaincre à tout jamais ce qui tient l'humanité enchaînée loin du progrès : l'égoïsme, l'hypocrisie, l'ambition !

JANVIER 1874.

Jusqu'aujourd'hui toute relation d'un monde à un autre a paru impossible, cependant voici le moment pour la terre où ce rapprochement doit s'opérer.

On commence à comprendre l'habitation de ces mondes par des humanités; des savants ont approfondi ce sujet et clairement démontré que leur existence est vraisemblable, nous venons, nous, vous affirmer qu'elle est *réelle*.

Ces relations de monde à monde ont une sérieuse raison d'être, pour le progrès des uns, pour la moralité des autres, afin d'établir la loi générale de solidarité qui unit les œuvres du Créateur !

L'existence de ces mondes est une vérité admise aujourd'hui en général; chacun sait que ces myriades d'étoiles ne sont point, comme la foule ignorante le croyait autrefois, des lumières suspendues par Dieu dans l'espace pour embellir les nuits des heureux habitants de la terre, mais des soleils donnant vie et lumière à des familles de mondes identiques au votre.

Ceci posé en principe, l'habitation de ces mondes n'est plus une hypothèse, mais devient une réalité et, pour le chercheur, une source d'études intéressantes.

Un des premiers moyens dont il faut se servir pour créer les relations dont je parlais tout à l'heure, c'est de mettre en rapport sinon direct, au moins aussi intime que possible les habitants de ces différents globes.

Voilà le résultat que je cherche à obtenir en entraînant à ma suite le médium dans d'autres sphères. Je prépare le travail à faire pour l'avenir, je l'habitue peu à peu à vivre dans un milieu qui n'est pas le sien, ayant soin cependant d'envelopper constamment son périsprit que je dégage, du fluide vital propre à sa nature. Le but de ces voyages n'est point de satisfaire une curiosité vaine et inutile, mais de développer chez les incarnés de la terre le désir et la volonté de bien faire en leur montrant les effets qui sont obtenus ailleurs, à quel degré de perfectionnement se trouvent des sphères pareilles à la leur au moment de leur formation.

Le contrôle de ces communications paraît tout d'abord impossible, mais lorsque différents médiums, n'ayant sur terre aucune relation, se seront rencontrés sur différents points de l'espace et en rapporteront les mêmes idées après en avoir fait les mêmes descriptions, on sera bien forcé de se rendre à l'évidence.

Il faut toujours envisager les questions d'étude au point de vue de l'avenir, car le présent passe avec la rapidité de l'éclair et ce qui ne paraît pas nécessaire à apprendre aujourd'hui sera très utile à savoir demain.

C'est toujours en nous conformant à cette pensée que nous vous ferons travailler, vous nous suivrez avec patience et vous verrez que nous réservons à votre persévérance des joies inattendues. Un jour vous serez heureux d'avoir appris tout cela.

JANVIER-74

Nous comparerons à présent les effets obtenus et ceux à obtenir. Je suis certain que vous voudrez alors avec enthousiasme accélérer votre marche vers le but imposé par le Créateur pour trouver le bonheur et la paix !

A côté de la terre, séjour de punition et de larmes, se trouvent des mondes habités par des esprits avancés et qui se destinent à aller un jour porter sur les différents globes la parole de vérité et de vie.

Ces mondes sont appelés par nous *séminaires* parce que là se forment les Esprits qui doivent aller en mission répandre la bonne nouvelle.

Nous arrivons d'un de ces mondes, (Le médium était resté longtemps sans rien dire) et ce voyage vous explique le silence du médium.

Nous voyons sur la terre la plus grande partie de la volonté appliquée à faire le mal. La volonté dirigée au bien forme l'exception, aussi le résultat est facile à constater et c'est ce que vous pouvez faire quand cela vous plait, je ne m'y arrête-rai donc point, pressé que je suis de vous conduire dans un autre milieu. Montons donc les degrés qui nous en séparent et comparons. D'abord, mes amis, avec l'intelligence déve-loppée, avec la science acquise plus de place pour l'orgueil, avec le mérite réel placé comme il doit l'être, à la tête, plus d'ambition. Ces deux rongeurs détruits la plante vivace et belle se montre dans toute sa splendeur ! Ici se confirme l'axiôme : « Vouloir c'est pouvoir. » La barrière qui limite vos puissances est renversée.

Ici bientôt sont faites les expériences, car les tâtonnements sont finis ; ici les commençants ne se désespèrent pas, car la vie prolongée suivant leur volonté leur permet d'achever leur tâche. Ici se puisent les étincelles de génie qui jaillissent jusqu'à la terre et devant lesquelles vous êtes tous en admira-tion ! Ici rien d'impossible, car les forces sont conduites, amé-nagées, distribuées avec sagesse et prudence.

L'apogée de la science terrestre est ici la propriété de l'enfance ! Votre agriculture, votre industrie avec tous les secrets de la mécanique, de la vapeur, de l'électricité, sont à ce monde ce que serait à votre époque l'agriculture et l'in-dustrie des quatorzième et quinzième siècles. Ce qui vous parait phénoménal, inexplicable encore : le magnétisme, la médiumnité, sont ici livre ouvert. Le plus vulgaire habitant est meilleur médium que les meilleurs parmi vous.

Les maladies sont à peu près neutralisées par la volonté et la science des fluides, la mort n'est plus rien qu'un passage assez doux d'un état à un autre, la séparation, cette cruelle épreuve de la terre se trouve détruite par la vue de l'esprit, la médiumnité.

JANVIER-74

Qu'arrive-t-il lorsque la vapeur est insuffisante? La machine ne marche pas. — Lorsque la vapeur est mal dirigée?... La machine marche mal. — Lorsque la vapeur est trop comprimée?... La chaudière éclate et la machine désorganisée cause de graves désordres.

Votre monde est une machine où l'on ne sait pas encore se servir de la vapeur, et celui où je vous ai conduits en pensée est une machine dirigée par des ingénieurs de première classe.

La réunion, la concentration de toute cette puissance de volonté dirigée vers le bien a attiré dans le monde que nous contemplons une partie supérieure de fluides spirituels très purs, aussi l'air qu'on y respire est en quelque sorte saturé de cette quintessence de fluides moraux qui sont le milieu des Esprits avancés.

Ici plus de grands et de petits, plus de maîtres et plus d'esclaves soumis à leurs caprices, plus de riches vivant aux dépens des plus pauvres. Le gouvernement libre et fort dans toute sa splendeur, dirigé par la justice, soutenu par la confraternité de pensées, par la supériorité d'intelligence et de moralité de la plupart des esprits qui l'habitent.

Ici l'esprit incarné dans une position qui semble inférieure, accepte volontiers cette position momentanée, heureux de contribuer par tous les moyens au développement de la science et du progrès, il sait que son travail qui fait vivre le penseur n'est qu'un échange, et que ce dernier n'apprend que pour instruire le travailleur. Le travailleur de ce monde est le corps mis au service de l'esprit, aussi tout s'enchaîne et se coordonne avec une admirable harmonie et de là sort le vrai et saint travail intellectuel, le grand progrès moral et la future liberté des mondes?

De là vous arrivent ces chaudes effluves sous formes de grandes pensées, timides rayons qui essaient de se faire jour par la voix de quelques esprits inspirés! De là vous arrivent, croyez-le bien, ces sublimes maximes qui se résument en celle-ci : « *Aimez-vous les uns les autres !* »

Oui, aimez-vous, unissez-vous, là est votre *force* , votre *puissance* , là se trouve votre avenir! Aimez-vous si vous voulez trouver le secret du magnétisme, de la puissance des fluides, de la direction de la volonté! Aimez-vous, car sans cela il est impossible de vous donner à conduire une force qui peut tuer. Aimez-vous, soyez frères, faites à la cause unique le sacrifice de votre personnalité, car ce degré monté dans l'échelle morale vous donnera la faculté d'attirer à vous les fluides dirigeants. Dans les sphères dont je vous parle on n'a pas d'autre moyen d'action, avec la réelle fraternité on accomplit tout !

Soyez courageux et commencez la tâche, spirites, mes frères, prêchez de parole et d'exemple, soyez les initiateurs au règne calme et puissant de la Volonté; elle amènera après elle sa grande sœur Liberté et son brillant cortège de sciences et de vertus morales !

FÉVRIER-74

Puisque les promenades que je vous fais faire ne vous dé-
plaisent pas, retournons jeter un nouveau coup-d'œil sur la
terre promise.

Les esprits qui ont le bonheur d'y être incarnés y arrivant
avec un acquit considérable, ne perdent plus une ou plusieurs
existences à la recherche d'une vérité, d'une science ou à
l'acquisition d'une vertu. Ainsi que vous distinguez la chaleur du soleil de celle d'un foyer, ils distinguent sans hésitation ce qui est le juste, le vrai de ce qui paraît l'être, sans
avoir à passer comme les pauvres *terriens* par des années de
recherches difficiles, d'études arides, de doutes pénibles. Ils
ont en eux le degré suffisant de lumière qui les empêche de
s'égarer, chacune de leurs existences, puisqu'ils n'ont plus rien
à réparer, est un pas certain qu'ils font dans la grande voie du
progrès. Savants dès leur naissance, leur travail est une découverte perpétuelle, découverte sans le rude labeur de la
pioche, car ils n'ont qu'à puiser à la mine.

Ayant en eux la lumière, ils ont le rayonnement ; leur esprit est un réflecteur, pourrais-je dire, et en apprenant eux-
mêmes ils instruisent autour d'eux. Ils renvoient la lumière,
foyer du bien, ils réchauffent et éclairent tout ce qui les
approche.

Vie de doux travail que le succès suit sans cesse ! Vie spirituelle de vertu, de fraternité, de paix ! Vie de préparation
au grand dévouement de l'esprit protecteur ! Première escale
de la grande traversée qui conduit au port, notre patrie à
tous !

Le corps de ces incarnés quoique semblable de forme est
différent du vôtre, en ce sens que dégagé de la lourde matérialité de la terre, il est à peu près fluidique et commence à
avoir une certaine diaphanéité.

D'une nature plus délicate, leur nourriture se compose en partie de fluides appropriés qu'ils respirent ou aspirent par les pores.

Leur vie est courte relativement à la vôtre, mais comme ils ne sont arrêtés ni par le trouble de l'enfance, ni par les passions de la jeunesse, ni par les maladies de la vieillesse, elle suffit à l'œuvre entreprise.

Leur pensée se transporte au gré de leur volonté d'un endroit à un autre et *impressionne*, si éloigné d'eux que soit ce second point. Quelques-uns même, des plus avancés, parviennent à s'envoler ainsi d'un monde à un autre.

C'est une vaste et pacifique république où il n'est plus question de guerres. Procès, chicane, sont deux mots qui n'ont pas d'équivalent dans la langue de ce globe, car on ne vient là que pour s'instruire et non pour s'enrichir.

Les passions sont dirigées vers le bien et non vers le mal, puisqu'il n'y a plus d'ambition, de haine, de jalousie, d'avarice, de paresse, etc., etc., leur vie se passe à leurs travaux.

MARS-74

« Tu aimeras le Seigneur, ton Dieu, par dessus toute chose » et ton prochain comme toi-même ! »

Telle est la loi qui régit tous les mondes, tel est le commandement suprême que sur la terre on observe si mal. Pauvres humains qui, si petits, osez quelquefois vous demander si Dieu existe ! Pauvres créatures à peine visibles et qui pourtant ne cherchez qu'à vous nuire, à vous détruire, à vous écraser les unes les autres !

Cette loi sublime de solidarité, de fraternité, d'amour est strictement observée sur le monde que nous étudions.

Il n'y a qu'une religion de vérité, de paix, d'amour! Il n'y a qu'une église, c'est le temple auguste de la Science et de la Charité, et lorsque tous y sont réunis une seule âme s'élève vers la divinité dans la plus sainte des prières, la pratique des hautes vertus!

Là se trouve lumière pour celui qui, peu avancé relativement, cherche à monter; affection, fraternité pour celui qui a besoin d'être aimé! Là le faible trouve un appui, le coupable (s'il en existe) une main amie, douce et ferme qui le remet dans la voie du devoir! Là toutes les âmes réunies, comme les cordes d'un même instrument vibrent à l'unisson, et font monter vers Dieu l'harmonieuse prière qui s'appelle : Amour.

La religion n'est point, comme sur la terre, considérée comme un frein, c'est la joie intime, le plaisir, le repos de l'âme.

Ils sentent Dieu partout! Dans toutes ses œuvres, ils entrevoient la puissance infinie; ils comprennent la bonté parfaite! Ils *aiment* Dieu, leur prière est toujours un remerciement! Aussi leurs croyances n'ont pas ces grossières erreurs qui font de Dieu un maître implacable et irrité, ils lui donnent le nom qui fait aimer: Dieu, c'est le Père. Dieu, c'est le Créateur qui ne détruit jamais! Dieu, c'est la force protectrice et conservatrice! Ils aiment Dieu en aimant ses œuvres et en concourant à leur perfectionnement!

Point de code pénal, point de lois répressives, seulement quelques lois préservatrices, et encore les livres qui les contiennent sont-ils souvent poudreux!

Heureux les incarnés de ce monde, car ils y sont à la suite d'existences bien et saintement remplies!

Amis, quand vous verrez passer sous vos yeux un homme que probablement la triste humanité traitera de fou, un homme qui apportera avec lui des idées généreuses, des idéalités, des utopies comme on dit sur terre, un homme qui sacrifiera vie, bonheur, fortune pour l'agrandissement de la pensée, pour le bien-être, le soulagement, le bonheur de tous, souvenez-vous que cet homme exempt d'égoïsme, d'orgueil, d'ambition est un missionnaire venu des hautes régions. Respectez-le, et, si vous le pouvez, aidez-le dans son entreprise; car il faut que la terre arrive un jour au même degré que notre monde modèle, et pour cela il faut que tous ceux qui comprennent, travaillent.

Amis, souvenez-vous toujours que le bonheur est la récompense de la vertu acquise ; aussi, sans hésiter, n'ayant en vue que le bien général, marchez, élevant vos âmes vers Dieu et inclinant vos pensées vers vos frères moins instruits et par conséquent plus malheureux que vous !

MARS-74

Nous allons passer en revue un monde absolument opposé à celui que nous quittons. Après la lumière et les joies d'une nature presque perfectionnée, voici l'atmosphère sombre et la boue, mais il faut tout voir pour comparer et juger.

Pour vous faciliter le travail j'ai amené le médium dans ce nouveau monde, voici le résumé de ses observations : Une terre froide et noire. — Une espèce de demi-jour. — Point de végétation. — Une fange dans laquelle rampent des êtres qui ressemblent plus à des animaux qu'à des hommes, ils ont les pieds et les mains palmés; point d'intelligence dans leur regard. — Point de lois, point de religion, la vie animale avec ses instincts les plus grossiers.

Plus loin sur des montagnes une faible végétation composée de quelques mousses et d'arbustes chétifs et mal venus. — Une population à peu près aussi sauvage que la première, obéissant cependant à un chef qui leur est supérieur en force et en intelligence. Cet être est une femme! C'est un esprit ayant habité votre terre et condamné à l'affreuse existence actuelle pour des crimes commis. Quelques souvenirs, fugitifs comme des éclairs traversent quelquefois cette intelligence voilée.

Le périsprit du médium a été suffisamment tangibilisé pour que cette pauvre créature puisse l'apercevoir un moment, elle l'a pris pour un bon génie, une divinité, quelque chose d'idéal dont le souvenir lui restera toujours ; ce sera, dans cette pauvre existence, un rayon d'où résultera une espèce de culte, germe d'une future croyance.

Sur un autre point, un village avec des cabanes de forme ronde. Les habitants, toujours affreux, obéissent à un chef qui ne leur est supérieur que par la force et la cruauté. Les mœurs sont épouvantables et le médium ne peut continuer à les constater tellement ce qu'il voit est horrible et dégoûtant. Les habitants s'entredévorent tout vivants et le chef vit souvent de ses sujets mêmes. Leur nourriture se compose habituellement de gros poissons, qu'ils mangent sans préparation aucune et tels qu'ils les ont sortis de l'eau, ou de mousses, espèce de plante chétive qui pousse au flanc des montagnes.

Une sorte de ville où le médium peut enfin constater un atôme de civilisation et de progrès! — Un commencement de religion s'annonçant par des sacrifices humains. — Un commencement de science prouvée par quelques signes hiéroglyphiques, tracés par un incarné plus intelligent et constatant des observations climatériques, des classifications de saisons, etc... Cet esprit, comme l'autre, est aussi un ancien habitant de la terre, subissant une peine. — Un commencement de commerce, d'industrie, car les habitants sont armés de lances qu'ils ont dû rapporter de lointaines excursions. — Le médium voit une mer, sillonnée de petits navires bien informes, bien grossiers, bien primitifs, mais qui prouvent que les incarnés commencent cette vie de travail, de recherches imposée par Dieu à toute créature.

De l'autre côté de cet océan, sur un autre hémisphère, se trouve une ville ; les habitants sont moins affreux que ceux vus précédemment, en outre, ils sont pour la plupart à peu près vêtus. Dans les environs de cette ville le médium voit des arbres, mais presque sans branches, les feuilles sont à la cime et sortent du tronc même de l'arbre. A l'étonnement du médium il est répondu qu'il n'est pas besoin d'ombrage où les rayons ne pénètrent pas, en effet, l'atmosphère épaisse ressemble pendant la saison d'été, à la vôtre pendant les jours de brouillard et de neige. — Le médium est effrayé par quelques animaux, les uns peuvent être comparés au caïman les autres au bison. — Les habitants chassent à la fronde.

C'est de cette ville que sortent les lances aperçues de l'autre côté de la mer, elles sont en métal brun bronzé. — Le Dieu adoré ici est le feu. — Le médium voit un temple où le feu brûle sans cesse, il est alimenté en partie avec du bois, en partie avec une pierre spongieuse et oléagineuse.

Il y a des lois et le médium pourrait assister à une exécution, mais il la juge sans doute trop cruelle car il refuse de s'approcher. Il remarque aussi des manuscrits couverts des mêmes signes que ceux qu'il avait vus précédemment dans une autre partie de ce monde.

En résumé : abrutissement, barbarie, cruauté sous toutes les formes, vices hideux passés à l'état des mœurs, passions monstrueuses, lois arbitraires et tyranniques, religion absolue et barbare, travail pénible et grossier, vie de souffrance, intelligence à peine en germe, voilà l'état actuel de ce monde qui est cependant appelé comme toutes les œuvres du Créateur à la plus haute perfection !

JUIN-74

Après le rapide coup-d'œil jeté sur ce monde, vous comprenez que l'étincelle divine que vous nommez âme et qui plus tard devient esprit, passe par tous les degrés de la création ; que cet être, à partir du jour où il a reçu la vie, continue à monter ; à présent donc que ces diverses transformations ne sont plus pour vous un mystère, revenons, je vous prie, au sujet de notre étude.

Sortons des fluides matériels pour entrer à pleines voiles dans la région spirituelle, et prenons l'âme au moment où dégagée en quelque sorte des langes de l'enfance, elle commence à comprendre ce qu'elle est.

Prenons-là au moment où, sortie des incarnations forcées, elle a devant elle la route large du libre arbitre ; c'est maintenant une intelligence et il lui faut *vouloir*. Par combien d'épreuves lui faudra-t-il encore passer avant d'arriver à connaître les forces qui l'environnent, et par combien d'autres encore avant d'être en état de se servir de ces forces, de commander à ces puissances ?...

Lorsque, par des études longues et sérieuses, par des tentatives réitérées et souvent douloureuses, l'âme aura acquis la science, l'expérience et l'habitude de la bonté, le moment sera venu pour elle de faire mouvoir les fluides qui s'appellent volonté. Il est donc nécessaire que l'homme ait dépouillé toute matérialité et même, s'il se peut, toute attraction vers la matière ; il faut que l'homme à qui la foudre sera confiée soit assez sage, assez prudent pour n'en pas faire un jeu, assez bon pour n'en pas faire un mal, assez éclairé pour savoir en tirer un grand bien pour tous !

L'étude que je voudrais, au moins, vous faire commencer ne sera, ne pourra être applicable que dans l'avenir, car la terre entière doit être modifiée, renouvelée, améliorée pour mettre la volonté à son service !

Il y a des mondes où l'acte de la volonté suffit à l'accomplissement du désir, vous n'en êtes pas encore là, mais puisque les forces commencent à se faire jour et à percer malgré les entraves de la matière absolue, il est bon, dis-je, que vous les connaissiez et que vous sachiez un peu vous tenir sur ce pont tremblant. — Il est bon que vous puissiez en certain cas vous répondre à vous-même, il est bon puisque vous êtes quelquefois appelés à donner soulagement ou éclaircissement, que vous soyez vous-mêmes éclairés et fortifiés.

SEPTEMBRE-74

« Quand vous voudrez être agréables à Dieu, réunissez-vous et priez ! » Ainsi parlait le Maître.

Et vous, amis, vous avez compris sans doute que cette reunion demandée n'était pas seulement la réunion des corps, mais avant tout la réunion des pensées, la réunion des fluides.

De ce faisceau doit sortir la puissante pensée qui monte jusqu'à Dieu ! Ceci doit vous amener aussi à observer que dans tous les actes importants de votre vie, si vous pouvez parvenir à rassembler plusieurs volontés sœurs partant d'un même point et se dirigeant vers le même but, les obstacles seront renversés certainement et plus facilement par cette puissance.

Du jour où l'homme sera assez fort pour maîtriser et diriger *à son gré* cette puissance inconnue et presque infinie, il aura vaincu la douleur physique, il aura guéri la plaie morale qui s'appelle ignorance, et il aura fait des passions qui le terrassent aujourd'hui autant de moteurs puissants destinés à lui faciliter son travail.

Vous connaissez la volonté par le magnétisme, c'est ce que j'appellerai la volonté matérielle et brutale en quelque sorte. Nous laisserons cette partie qui est élémentaire, car il ne s'agit ici ni de tables à soulever ni de masses à faire mouvoir, il s'agit, non de bouleversement, mais de calme et pacifique influence spirituelle.

Veuillez remarquer que plus haut je me suis servi de ces mots : « à son gré » et veuillez faire avec moi cette observation, c'est que pour qu'il soit permis à certains hommes de diriger « à leur gré » les forces dont je parle, il faut absolument qu'ils aient beaucoup progressé, car une passion mauvaise ne doit en quoi que ce soit influencer les actes de cette volonté. Ceci dit, il est entendu que nous parlons d'hommes parvenus au point culminant de ce qui est regardé sur terre comme la perfection, car il faut bien comprendre et admettre que les forces spirituelles sont bien autrement subtiles et par conséquent bien autrement difficiles et dangereuses à manier que les forces matérielles.

Prenons donc l'âme au moment où dégagée des grossières passions terrestres, elle est appelée à devenir un instrument de progrès et de travail dans le vaste champ de la liberté conquise pied-à-pied par le perfectionnement.

DÉCEMBRE 74

Pour vous aider à comprendre, établissons d'abord deux sortes de volonté : la volonté *faculté* et la volonté *fluide*.

La volonté faculté est inhérente à tout être qui est une âme ou un commencement d'âme, puisqu'elle est une des parties qui la constituent.

La volonté faculté est plus ou moins développée vers le bien suivant que l'âme est plus ou moins avancée en moralité.

La volonté faculté peut être modifiée dans une existence, presque annulée dans une autre ou fortifiée considérablement dans une troisième.

Voici à peu près comme j'entends l'origine et le développement de cette force *motrice* et presque *créatrice*.

D'abord volonté absolue et égoïste dirigeant l'être pour sa conservation, plus tard son bien-être.

Volonté intelligente le conduisant ensuite à son instruction ; volonté moralisante forçant ce même être à s'améliorer coûte que coûte, le forçant à accepter épreuves sur épreuves jusqu'à ce qu'il soit devenu complétement bon.

Ici j'arrête la volonté faculté et je commence à la nommer volonté puissance ou volonté fluide, comme vous aimerez mieux, c'est-à-dire cette force qui peut, comme l'électricité et la vapeur, être instantanément décuplée et produire des effets appelés aujourd'hui phénomènes et qui ne sont pourtant que le résultat de lois naturelles combinées et dirigées.

Volonté puissance, car elle va laisser l'être complétement de côté et travailler à la grande œuvre, à la sublime merveille, au perfectionnement général.

A partir de ce moment l'être ayant passé par toutes les chrysalides matérielles, intellectuelles et morales, va devenir entre les mains du Créateur un instrument de progrès, et comme il va travailler, le Créateur lui donne la puissance, la volonté non-seulement de bien faire, c'est chose acquise, mais de conduire, d'entraîner et en quelque sorte de forcer à bien faire par le seul ascendant de sa volonté.

Parmi votre humanité quelques-uns commencent à aborder ce point de la vie de l'esprit, pour ceux-là l'heure va bientôt sonner où la volonté faculté se transformera en puissance ; devenus suffisamment intelligents et bons, Dieu va leur confier l'étincelle, le rayon qui donne à tous la vie ! Ces quelques-uns en amèneront d'autres, et ce sera une époque dans la vie de votre humanité.

Comme la faculté, la puissance se développera petit à petit et degré à degré, les résultats satisfaisants ne s'obtiendront que progressivement. C'est pour vous prémunir contre tout découragement et toute faiblesse que nous commençons maintenant déjà la tâche de l'avenir, car vous savez que Dieu ne fait rien d'inutile et s'il permet que vous soyez aujourd'hui déjà enveloppés de lumière, c'est que vous avez besoin d'être éclairés et que le moment est venu pour vous d'observer attentivement tous les actes de votre vie.

Pénétrez-vous donc bien de l'importance de nos instructions et venez avec confiance apporter vos sueurs dans le vaste champ que nous vous aidons à défricher.

DÉCEMBRE-74

D. — « Un être mauvais peut-il suffisamment agir sur les fluides pour nuire à son semblable par le seul fait de sa volonté propre? »

R. — Oui et non. Oui. en ce qui concerne le désir de faire le mal; non, en ce qui concerne le pouvoir de le faire à son gré.

Oui, car son désir, sa volonté agissent sur les fluides et les font mouvoir; non, car l'être mauvais n'a pas la liberté, la clairvoyance, la puissance nécessaires pour la diriger à coup sûr.

L'esprit arriéré dont il est question dans la demande que vous faites n'a pas le droit d'agir, à son gré, sur les fluides, il ne possède pas la puissance; cependant cet esprit peut, par suite d'études et d'essais, avoir acquis une connaissance assez grande de ces fluides qui peuvent encore être classés parmi ceux que nous appelons matériels. Dans ce cas, mettant sa volonté au service de ses passions, il essaiera de nuire à son semblable et il réussira quelquefois, soit en agissant sur le cerveau de son ennemi entassant autour de lui les pensées mauvaises, soit en fatiguant son organisme par des combinaisons malsaines avec la partie matérielle des fluides qui entourent l'individu.

Les cas d'obsession le prouvent, mais ils sont assez rares pour que j'établisse en règle générale que les désirs mauvais d'un être ne sont que par exception suivis d'effet.

Vouloir, oui, l'esprit mauvais peut toujours vouloir le mal, mais pouvoir le faire est plus rare; tandis que l'esprit avancé possédant la volonté puissance peut toujours, lorsqu'il veut; son désir est *toujours* suivi d'effet.

Considérez-donc l'esprit qui, par sa volonté, dirige sur son semblable les fluides mauvais, comme instrument poussé par une force dont il n'a pas conscience, ou comme un être désobéissant.

Ainsi l'esprit peut nuire par son désir, car le désir amène de mauvais fluides, et ces fluides deviendraient nuisibles, s'ils ne rencontraient sur leur passage des barrières neutralisantes. Ces barrières sont tantôt des fluides spirituels propriété acquise de l'être attaqué, l'enveloppant d'un manteau fluidique impénétrable; tantôt une protection spirituelle émanant d'esprits supérieurs à l'être et placés près de lui par la prévoyante bonté du Créateur comme protecteurs et gardiens.

Ces forces fluidiques sont contenues par des lois immuables, comme les lois de la nature. Les esprits qui veulent enfreindre ces lois subissent la peine de leur désobéissance, absolument comme les hommes qui n'écoutant que leurs passions veulent se soustraire aux lois générales établies pour maintenir l'harmonie.

Un esprit qui se venge, en martyrisant un incarné par une obsession douloureuse, se met en dehors de la grande loi d'amour et de pardon ; il désobéit au Créateur qui aime et pardonne sans cesse, il manie les fluides qui se nomment haine et les combinant avec les fluides habituels de sa victime, il en fait un être souffrant pendant toute ou partie de son existence.

J'insiste, pour que vous voyiez en toute chose la divine justice, sur les barrières spirituelles résultant de la moralité, de la supériorité ; ou barrières de protection et d'amour fraternel, placées autour d'êtres faibles et non condamnés à l'épreuve épouvantable de l'obsession, etc.

Il résulte de ceci que, quand je dis volonté *puissance*, j'accorde à ce mot toutes les qualités inhérentes, et entrant complétement dans la sphère spirituelle, je me rapproche en quelque sorte de la divinité dont la puissance infinie ne peut exister qu'appuyée sur la bonté, la justice, la vérité infinie, l'amour sans fin et sans bornes !

JANVIER 75

Le maître qui s'adresse à des élèves intelligents se sert de tous les moyens pour donner une leçon.

Je ne voudrais pas vous comparer à une misérable monnaie que vous trouvez cependant parfaite lorsqu'elle a passé par les mains du dernier ouvrier ; mais puisque, pour en arriver là, elle a subi tant de modifications, elle a été soumise à tant de préparations, pourquoi vous étonner des innombrables phases par lesquelles l'esprit est obligé de passer ?...

Comparons donc les existences terrestres et leurs nombreuses épreuves, aux manipulations que fait subir à la monnaie la main de l'ouvrier.

La dernière de toutes et la plus décisive est celle qui lui assigne sa valeur. C'est à cette dernière que je compare l'épreuve définitive par laquelle l'esprit doit passer et sortir en vainqueur.

Comme vous voyez, tout chemin mène à Rome.

J'ai trouvé l'esprit du médium bourré d'une idée fixe, ne pouvant la dissiper complétement, je m'en suis servi. (Le médium avait visité dans la journée les ateliers de l'hôtel de la monnaie.)

Eh bien, oui, il faut que votre esprit sorte portant l'empreinte de cette faculté puissante qui s'appelle Volonté! Vous avez passé au creuset, au laminoir, au lavage; vous êtes blanchis, polis, mais point encore marqués. C'est pour vous aider dans cette dernière épreuve que je viens à vous, car vous savez que l'esprit n'est libre et maître que lorsqu'il est arrivé à ce point d'avancement qui le lance à jamais sur la voie du progrès moral!

Vous allez m'objecter que, lorsque vous avez essayé de vouloir comme je l'entends, le succès n'a pas souvent couronné vos efforts, mais je vous répondrai que l'accomplissement d'une œuvre, d'un travail, n'est point l'affaire d'un jour et qu'une de vos existences peut à peine compter pour un jour dans votre vie d'esprit!

Il ne s'agit pas seulement de dire : « Je veux! » Non! vouloir est un acte spirituel et se servir de sa volonté ou plutôt de *la volonté*, c'est imprimer aux fluides, en prenant du plus bas pour arriver au plus haut, la direction que l'esprit veut leur donner; Vouloir, c'est concentrer sur un point les fluides propres à l'œuvre entreprise, c'est les concentrer et les diriger avec calme, avec persévérance, avec énergie, avec foi! Vouloir est un acte solennel, fait avec l'assurance d'être dans le vrai, avec la certitude de bien faire et en attirant à soi d'une

manière aussi complète que possible les fluides les plus près
du Créateur !

L'acte de la volonté est plus qu'une prière, c'est presque un
engagement passé avec Dieu !

FÉVRIER-75

« Le Maître fit venir deux de ses serviteurs et leur remit à
» chacun dix talents. L'un des serviteurs enfouit son trésor,
» l'autre le prêta à plus malheureux que lui et tout en aidant
» son semblable fit fructifier les dix talents et pût en rendre
» trente. »

Lorsque l'esprit avancé au point de pouvoir puiser dans le
trésor fluidique du Créateur, au lieu de répandre l'abondance
et la prospérité morale, cache soigneusement le prêt qui lui
est fait, il est un serviteur infidèle, il manque à l'engagement
passé avec le Créateur le jour où il lui a été permis de se
servir des forces qui peuvent tout accomplir.

Ainsi, le jour où l'esprit avancé en intelligence comme en
moralité, peut à son gré répandre les bons sentiments et
effacer les mauvais; le jour où agissant au nom du Créateur
et délégué par lui, il peut changer la nature des fluides épais
et créer autour d'un être une atmosphère pure et spirituelle;
le jour où il peut après quelques efforts écarter le voile obscurcissant une pensée; prendre dans l'océan divin ce qu'il lui
faut d'éloquence et de science pour amener à la vérité une
nation, un monde; ce jour-là cet esprit devient comptable et
responsable aux yeux de Dieu, mais aussi s'appuyant sur Lui,
travaillant et réussissant en Son nom, il rapporte la paix, la
force, soutiens divins qui ne lui manquent jamais !

Oui, l'esprit dont il est question a le pouvoir sur tous les
fluides; apportant avec lui la quintessence des fluides spiri-

tuels, il en plonge les rayons dans le milieu bourbeux des fluides matériels, et l'on voit avec l'œil de l'esprit cette masse s'éclairer. On voit les incarnés ou les esprits sur lesquels il agit changer petit à petit leur manière de voir, s'écarter de leur ligne habituelle de conduite et entrer péniblement d'abord, puis facilement et avec joie dans la route du progrès.

Ce que cet esprit fait sur une vaste échelle, vous devez commencer à l'accomplir petit à petit autour de vous, dans votre sphère d'action. Vous avez charge d'âme et avec votre volonté vous verrez, relativement bien entendu, se faire des merveilles.

Il le faut, vous le devez ; le jour où vous aurez compris votre tâche vous saurez monter et vous spiritualiser assez pour revenir ici-bas sûrs d'un succès ! Dieu, votre vie, votre bonheur, votre but ne manque jamais à l'esprit assez dévoué pour ne se plus compter ! Instruments de progrès vous êtes, vous devez vous développer et vous perfectionner chaque jour !

Lorsque vous serez en état de vous servir de la volonté puissance, vous ne vous inquiéterez pas du résultat, vous vous offrirez à Dieu pour servir à son œuvre d'harmonie et de perfectionnement, vous reviendrez saturés des fluides nécessaires à votre entreprise, rayonnants, lumineux ; puis calmes, doux et forts, vous accomplirez la tâche ! Aujourd'hui, c'est petit à petit qu'il faut développer votre volonté, car il faut travailler avant de jouir. Humblement toujours et pleins de confiance en Dieu, vous amènerez dans la voie de vérité et de bien tous les êtres soumis à votre contact. Vous leur ferez sentir votre influence spirituelle et pas à pas, jour par jour, vous arriverez à la réalisation de vos espérances, entraînant vers le progrès tous ceux qui vous environnent.

Vous appliquerez doucement, sagement, avec persévérance

et surtout avec intelligence les fluides dont vous pouvez disposer, ne dépassant jamais vos pouvoirs par un excès de zèle, mais distribuant la nourriture spirituelle suivant les organisations.

FÉVRIER-75

« Allez, enseignez les nations et baptisez-les au nom du
» Créateur! »

Le Créateur en vous envoyant remplir une existence vous a dit : « Le progrès est d'accès difficile et je vous mets en
» avant, vous, vaillants et forts, afin que vous ouvriez le
» chemin et que vous prépariez la voie ! »

« Vous aurez à combattre pied à pied le préjugé, l'igno-
» rance, la haine aveugle, l'absolutisme; vous aurez à lutter
» avec le passé, mais je vous donnerai les moyens de sortir
» victorieux de l'épreuve en vous mettant à même de com-
» prendre la valeur de l'idée que vous êtes chargés d'implanter
» sur la terre : — Progrès ! »

« Vous êtes, vous devez être mes apôtres, par conséquent
» vous aussi vous serez conduits sur la montagne et vous en
» reviendrez transformés après avoir été témoins de la trans-
» figuration. »

Ces beautés, ces merveilles dont les apôtres jouirent sur la montagne ne les avez-vous pas, et le spiritisme n'est-il pas la transfiguration du catholicisme?...

Le spiritisme est un perfectionnement relatif, c'est la religion de la vérité, la philosophie la meilleure et tout ce que peut en ce moment supporter l'humanité terrestre.

Tachez d'apprécier à sa juste valeur, cette page de la vie du Christ ! « Il se montra tel, dit la Bible, que les préférés
» qu'il avait emmenés avec lui tombèrent, furent éblouis et

» transformés à tel point, qu'ils ne voulaient plus quitter la
» montagne où un si grand bonheur leur avait été accordé ! »

Amis, vous en êtes là ! Pour rien au monde vous ne voudriez descendre la montagne que vous avez gravie et pourtant le moment solennel de la transfiguration ne saurait
durer toujours ! Le cœur des apôtres revint fort et dévoué, il
faut qu'à leur exemple, après la contemplation du rayon de
lumière descendu jusqu'à vous, après notre présence, nos
instructions, nos encouragements, il faut, dis-je, que vos âmes
rentrent dans la vie prêtes au combat, fortes contre tout,
même contre la victoire.

La transfiguration symbolise pour moi le moment où l'esprit comprenant enfin l'étendue de sa mission se revêt de
l'armure fluidique que j'ai nommée Volonté.

Volonté dans toute sa plénitude, Volonté agissant tantôt sur
les sens, tantôt sur l'esprit ! Volonté puissance renouvelant un
monde, renversant sur ses pas les absurdités, les abus du
passé, se nommant tantôt réformation, tantôt philosophie,
tantôt science. Volonté puissance, se servant pour les intelligences enfant de la force magnétique et transformant la barbarie en civilisation. Volonté, depuis le génie forçant les
intelligences à se courber, transformant à son tour la civilisation en progrès, et le progrès en perfection, jusqu'à
l'humble philanthrope, travaillant modestement mais avec
foi, sans relâche et comme la fourmi apportant grain par
grain !

Transfiguration ! moment béni dans la vie de l'esprit où la
vérité illumine, où le bonheur est entrevu, où le dévouement
est à jamais accepté !

Quand, après cette transfiguration la terre et ses agitations
vous laisseront presque indifférents, quand pour vous il n'y
aura plus sacrifice à préférer à vous mêmes l'humanité, quand
vous verrez en tout être une âme à conduire à Dieu, vous

pourrez vous servir avec autorité de cette volonté qui sera vôtre ; vous pourrez projeter avec intensité les fluides, disant au nom du Créateur : « Marche, je te baptise, tu entres dès maintenant dans le chemin que je suis ! »

Vous ne comptez déjà plus, j'espère, avec le qu'en dira-t-on, avec le jugement des hommes et même avec leur mauvais vouloir? Commencez donc déjà l'essai de cette vie de dévouement; planez, montez, transfigurez-vous vous-mêmes, élevez-vous par la force de la Volonté jusqu'au Créateur au nom duquel vous portez la parole.

JULES.

FÉVRIER-75

« Que la paix soit avec vous ! »

Les bons sentiments attirent la paix, la pratique de la charité attire l'amour, la sincérité attire la vérité, la foi attire la force, la confiance attire l'espoir !

En répandant ma pensée sur la terre d'une manière générale, je donne un rayon à ceux qui en ont le plus besoin ! J'illumine les âmes qui doivent servir de phare et de foyer !

A vous, à vous, mes enfants, la foi virile, éclairée, la foi et les œuvres ! A vous, la vérité bien comprise, la lettre et l'esprit ! A vous, ce que la doctrine chrétienne renferme de saint, de pur, de vrai ; à vous, la pratique de cette charité miséricordieuse et universelle ! A vous, la fraternité pressant sur son cœur l'humanité entière, relevant par sa volonté et sa force tout ce qui est faible et courbé, soutenant tout ce qui tombe sans s'arrêter aux faiblesses, aux petitesses, à tout ce qui sent la terre ! A vous, cette foi qui est une grande force, cette foi qui fait les prodiges, qui transporte les montagnes, cette foi qui donne le pouvoir de guérir au physique et au moral !

Comprenez bien, étudiez, cherchez, devenez bons et vous pourrez tout, vous aurez le secret de cet homme qui s'est appelé Christ, de cet homme comme vous, ayant passé comme vous par toutes les phases de la matérialité et qui n'a été autre chose qu'un être possédant assez d'amour pour vous faire vivre tous de la vie éternelle !

Allez, travaillez, que rien ne vous arrête, que votre volonté dompte la matière ! Plus d'orgueil, plus d'amour de soi, une seule pensée, un seul désir : la perfection !

Vous aurez tout ! Les preuves de la vérité, le pouvoir de la Volonté, la force qui pousse vers Dieu !

Je vous laisse la paix, gardez-la ! Elle vous restera toujours avec la pratique de la charité !

L'ESPRIT DE VÉRITÉ.

4

FÉVRIER-75

Veuillez enregistrer cette communication donnée par notre maître à tous et confirmant, sanctionnant en quelque sorte les travaux que nous venons de faire.

La traînée lumineuse de cet esprit m'a attiré jusqu'à vous, car cette traînée est pour nous comme pour vous la suprême lumière !

Je vous ai souvent entendus et notamment ces jours derniers parler d'obsessions. Je ne suis ni médecin, ni prêtre, mais je crois qu'avec la Volonté acquise par les moyens que je vous ai indiqués, avec la Volonté perfectionnée grâce au perfectionnement de l'être, avec la Volonté centuplée par la moralité de l'esprit et devenue force irrésistible, on deviendrait maître de ces maladies morales que vous nommez obsessions. Un jour viendra où, sauf les accidents matériels inévitables, on pourra fermer les maisons d'aliénés !

Si je vous mène aujourd'hui sur ce terrain, c'est que j'ai vu vos esprits cherchant à approfondir cette cause de souffrance et qu'à la suite de ces recherches j'ai constaté une fatigue.

Cette fatigue m'a conduit moi-même à une étude, et je vous donne le conseil, si un cas semblable se représente, de vous couvrir d'une espèce de cuirasse fluidique impénétrable qui se nommera Volonté et qui vous évitera fatigue et souffrance. De cette façon vous pourrez sonder la plaie sans crainte; mais il faudra vous en couvrir avant de marcher à l'ennemi, si je puis m'exprimer ainsi, et non lorsque l'ennemi vous aura déjà porté quelques atteintes.

Je termine ici la première partie de cette étude, vous exhor-

tant à bien vous pénétrer des enseignements qu'elle contient.
Elle est un des premiers jalons sur le chemin de ce bonheur
immense et éternel qui est la possession de l'esprit parfait!

JULES.

Communication de l'esprit Bernard, en réponse à un article d'un spirite Allemand, inséré dans le journal *Die Spiritich-Rationalistische Reitschrits* (mois de mai 1873).

Il est impossible d'admettre la chute des Anges, et leur retour aux migrations terrestres ; ce serait nier à tout jamais le progrès, ce serait nier la justice divine, même en admettant que des esprits orgueilleux aient voulu se comparer à la Divinité.

De deux choses l'une, ou ces esprits étaient arrivés à la perfection, et ils étaient alors exempts d'orgueil, ou c'étaient des esprits avancés sans doute, mais non parfaits, et ne pouvant s'appeler anges, puisque ce mot est pour la terre le point de comparaison, de compréhension de la perfection.

Dans le premier cas, leur chute était impossible, et dans le second, si chute il y avait eu, la punition aurait été non-seulement disproportionnée à la faute, mais atroce et ne pouvant avoir été infligée par le Dieu essentiellement et infiniment juste et bon.

Il y a, il est vrai, sur terre beaucoup d'esprits venus des mondes plus avancés ; il y a des initiateurs apportant l'étincelle des sciences des mondes savants ; il y a des esprits dévoués et bons apportant des mondes heureux les premières notions du vrai bonheur ; il y a des esprits missionnaires apportant des mondes de travail les germes du progrès ; il y a enfin les Messies qui apportent des mondes supérieurs quelques rayons de la perfection !

Sortir de l'un de ces mondes pour venir sur la terre, ou sur un autre monde peu avancé, c'est presque toujours une mission, mais aussi quelquefois une punition !

Néanmoins comme l'esprit lancé dans la voie du progrès ne

rétrograde jamais, cette punition tout en étant une souffrance méritée et acceptée par lui, ne retarde pas son avancement, car son passage est une traînée lumineuse qui éclaire autour de lui et attire les esprits qui l'environnent vers la patrie à laquelle il retourne.

L'espérance qui est le soutien de l'âme, et la confiance en la justice divine qui est la garantie de son travail ne sauraient plus exister, s'il était possible que l'esprit arrivé à atteindre presque la perfection pût encore faillir au point de perdre tout son acquit et retomber de l'azur, des régions éthérées, du parfait bonheur aux boues infectes et immondes de l'animalité !

Dieu veut que chaque partie de son œuvre infinie et infinissable marche en progressant ; c'est ce qui explique dans les mondes peu avancés la présence d'esprits instructeurs, initiateurs, missionnaires. Voilà pourquoi, à chaque crise, à chaque époque de transition, un esprit type, un modèle, un rédempteur se dévoue à la plus sublime des missions, aux plus grands des travaux celui de sauver un monde !

Dans la présence sur terre d'esprits sortis de mondes plus avancés, vous trouverez aussi la raison de ces souvenirs ineffaçables que l'esprit incarné essaie de traduire en langage humain.

Cette traduction devient tradition, puis légende jusqu'au moment où la vérité se faisant jour, chaque fait se trouve expliqué et reprend sa véritable origine.

On a dit : Dieu émet un seul fluide qui, après des transformations innombrables, doit arriver à l'état d'esprit pur, c'est ainsi que vous nommez sur terre le plus haut degré de perfection qu'il vous est donné de comprendre.

Nous croyons et nous enseignons que rien, *rien*, n'est exclu. du progrès! Nous croyons le Créateur, bonté et puissance infinies, capable d'avoir conçu une pensée d'une profondeur infinie et d'exécuter une œuvre d'une étendue sans bornes! Oui, tout vit, tout revit, tout progresse et tout devient parfait!

Tout, nous l'avons dit déjà, depuis le grain de sable enlevé par l'ouragan, du désert qui est la mort dans la nature, et qui vient s'ajouter atôme par atôme pour former le minéral, jusqu'à l'esprit éminent que vous appelez *supérieur*!

La première période de la vie d'un monde, ce que j'appellerai son enfance, c'est la matérialisation du fluide primitif; la deuxième qui est la jeunesse, c'est l'apparition du fluide spirituel ; la troisième, virilité, qui est le développement de ce fluide spirituel; la quatrième que je ne nommerai pas vieillesse, mais maturité, c'est la disparition successive de cette matérialité et la domination progressive de la spiritualité.

Les êtres faisant partie d'un monde possèdent les qualités intellectuelles appropriées à l'état spirituel de leur lieu de séjour. Donc, si en parlant des êtres habitant la terre à ses époques primitives, nous avons dit : « Leur raison était encore fermée, » c'est qu'à ce moment les fluides matériels, encore prédominants, ne permettaient pas aux hommes une intelligence développée, une raison supérieure. Le corps très-matériel dominait l'esprit encore faible et s'essayant à l'humanité.

La terre, création divine et par conséquent fluidique dès son principe, a subi comme tous les mondes, sa période de crises, de transformations pendant lesquelles les différents fluides se sont dégagés les uns des autres, la partie spirituelle de la partie matérielle et de ces deux parties ensuite une foule de subdivisions.

Au fur et à mesure que le monde s'améliore et s'intelligente la partie matérielle diminue au profit de la partie spirituelle.

Voilà pourquoi nous avons dit : « Les fluides n'étaient pas meilleurs qu'aujourd'hui, tant s'en faut. »

Aujourd'hui, malgré les crises dont vous ne pouvez prévoir encore l'issue, aujourd'hui, dis-je, l'esprit commence à dominer la matière, la pensée montre sa puissance ; aussi, vous le voyez, la matière se dégrossit, elle commence à entrer dans cette voie, où cédant la place à la spiritualité, elle ira peu à peu se transformant pour arriver à s'effacer.

Il y a une loi générale et universelle, contre laquelle rien ne peut lutter et devant laquelle tout s'incline, car cette loi est la confirmation de la Divinité et la neutralisation de ce que vous appelez *mal*.

Cette loi s'appelle progrès, et plus tard perfection.

Cette loi explique le mal qui n'est qu'un état transitoire pendant l'ébauche encore informe de la transformation de l'esprit, mais qui est forcément la conséquence de cette imperfection, de cette grossièreté.

La douleur est l'instrument nécessaire pour modeler l'œuvre et la rendre irréprochable. C'est le ciseau du sculpteur qui, d'abord pour dégrossir le bloc, est obligé de le faire entrer avec un maillet, mais qui, lorsque la statue devient délicate et s'achève, laisse là les instruments grossiers, pour se servir de limes de plus en plus fines, jusqu'au jour ou il arrive à la polir avec ses doigts.

Le bloc cependant n'était point une matière mauvaise, il n'était qu'informe, et il n'a fallu que le dégager de ce qui nuisait à la délicatesse de l'œuvre entreprise. Ainsi l'esprit en s'améliorant rejette la matière et est limé par la douleur jusqu'au jour où il est devenu parfait.

Nous résumons en quelques mots : La grande loi générale

qui est la vie des mondes, leur force, leur harmonie, est une marche toujours ascendante, elle se nomme : *Progrès*. Une déchéance, une décadence serait un trouble dans la création, un cataclysme aussi grand que la déviation d'un soleil où la chute d'une planète. Dieu, amour et perfection, n'a pas créé le mal.

Il y aurait un cours d'études à faire sur le sujet qui est en question. Nous n'avons fait que donner une esquisse de notre manière de voir, mais nous sommes disposés toujours à répondre aux objections qui seraient faites et à expliquer ce qui, dans nos paroles, n'aurait pas été compris.

Nous sommes-là pour donner à flots la vérité que nous avons cherchée et, avec l'aide de Dieu, qui nous donne force et volonté, trouvée !

BERNARD.

MAI-74.

Toute chose, même la plus petite, a son utilité et son but, donc, aucune circonstance, si minime qu'elle soit, ne doit être mise de côté par vous.

Vous êtes à l'enfance, à la très-petite enfance d'une doctrine qui doit être tout à la fois religion et science. Vous mettez en terre la petite graine qui doit devenir l'arbre gigantesque couvrant l'univers de ses rameaux.

Ce n'est donc qu'à force de patiente étude, qu'après un long travail, que vous pourrez démontrer ce que vous aurez bien compris.

Pourquoi, allez-vous me dire, vous qui voyez un peu plus clair que nous, ne nous aidez-vous pas, ne nous poussez-vous pas davantage? Pourquoi nous laissez-vous constamment nous heurter le front aux difficultés? Pourquoi cela?

Parce que comme le Christ son fondateur, votre doctrine doit passer son humanité. Parce qu'il faut que lentement elle s'assimile les idées actuelles pour parvenir à les remplacer complètement. Parce qu'il faut qu'elle perfectionne, non en éblouissant, mais en éclairant ; parce qu'il faut qu'elle réchauffe et qu'elle donne la vie, mais qu'il ne faut pas qu'elle brûle. Parce qu'il faut que la partie morale précède la partie scientifique et que les faits, les phénomènes n'arriveront jamais à être parfaitement saisis par l'esprit humain qu'après l'œuvre de perfectionnement. Parce qu'enfin, mes enfants, vous êtes là pour travailler !.... Nous ne pouvons donc, nous autres, que soutenir constamment vos forces, en relevant votre foi qui chancelle, en vous montrant toujours la fin, le but certain, indiscutable, prouvé par la création toute entière. Ce but, c'est pour vous le progrès sans arrêt, jusqu'à la perfection, cet idéal que vous nommez déjà, mais que vous ne comprenez pas encore !

Le progrès lent, sage, acquis, je pourrais presque dire acheté parcelle par parcelle, le progrès s'établissant et s'affermissant par cette lenteur même que vous déplorez, le progrès, source intarissable d'espoir !

Vous vous plaignez très-souvent de l'opposition que trouvent vos idées chez les esprits incarnés qui vous environnent, mais vous ne savez pas que pour ouvrir le regard spirituel à la sainte lumière de la vérité, il faut une combinaison de fluides matériels et spirituels qui ne s'obtient que par une moralité relative.

Vous verrez bien, de temps à autre, quelques esprits accepter votre doctrine avec un enthousiasme trop grand pour qu'il se maintienne ; telles vous pouvez voir aussi certaines fleurs trop hâtives briller le matin et se faner le soir !

Vous verrez arriver avec joie des esprits étincelants, miroitants, pourrais-je dire, qui paraîtront devoir vous aider dans vos travaux. Météores brillants, mais qui n'auront hélas, à votre douloureux étonnement que la durée d'un météore !

Votre doctrine aura beaucoup d'admirateurs et peu de pratiquants, car vous ignorez peut-être que pour faire un bon spirite, il faut un esprit transformé par la souffrance et devenu bon par les épreuves ! Il faut un esprit capable de tous les dévouements et de tous les sacrifices ! Il faut un esprit prêt à copier le grand modèle Christ, le premier spirite.

Nous disons donc qu'il faut des esprits aussi bons que studieux, ce qui n'est pas peu dire, parce qu'alors seulement, nous trouvons tous les éléments nécessaires à la combinaison des fluides.

En ne cherchant que parmi vous qui voulez apprendre et devenir bons, croyez-vous que nous trouvions beaucoup de spirites tels que je viens de vous en dépeindre un ?

Ne vous étonnez donc plus et ne vous affligez pas de la

résistance que vous trouverez à vos idées, la grande roue du progrès poussera en avant tous les réfractaires !

Mes enfants, les faits sont des faits. On arrivera, lorsqu'on aura trouvé le moyen de combiner et d'associer les fluides, à obtenir facilement ce qui vous paraît extraordinaire aujourd'hui. Quand, mieux éclairés par un travail sérieux, une étude approfondie ; quand, plus clairvoyants par une expérience acquise, vous saurez juger un incarné à son aspect; quand vous saurez voir qu'il doit posséder tel ou tel fluide en quantité suffisante, vous obtiendrez des phénomènes de médiumnité qui vous étonneront vous-mêmes.

Car enfin, qu'est-ce que cette matérialisation d'esprits en photographie, sinon une réaction fluidique comparable à une réaction chimique et qui peut être obtenue par la réunion de tel ou tel fluide, tandis que l'apport d'un troisième absolument contraire neutralisera les deux premiers et rendra l'opération nulle ?

Cette matérialisation est non-seulement probable mais possible et certaine. Il n'était pas besoin de la photographie pour le démontrer, et j'en connais qui se moquent bien haut, qui rient beaucoup des apparitions d'esprits sur la plaque et qu'une main posée sur la leur ferait tressaillir, qu'un baiser sur le front ferait peut-être tomber à genoux, qu'une parole prononcée à haute voix ferait trembler.

Qu'est-ce que tout cela pourtant, sinon le phénomène de la matérialisation des fluides, comme celui de l'apparition et de la matérialisation de l'esprit devant la plaque du photographe ? L'un n'est pas plus impossible que l'autre.

Malheureusement à l'époque où vous vivez et dans votre vieux monde imbu de préjugés, le ridicule est encore un despote qui fait courber par la crainte de son fouet les têtes les plus orgueilleuses !

Or, n'est-il pas ridicule de chercher à s'expliquer un phénomême que l'on ne peut pas démontrer le scapel à la main ?...

Souvenez-vous que l'orgueil est l'acide corrosif qui dissipe et efface les bons sentiments, c'est le fluide pernicieux qui corrompt ou neutralise les meilleurs fluides.

Je ne veux pas dire par là que l'opposition et la contradiction soient inutiles ; non, car il faut l'étude et l'observation pour que le fait vrai, réel, soit démontré et prouvé d'une façon indiscutable.

On a beaucoup ri des premières manifestations des esprits, que n'a-t-on pas dit sur la folie de ces pauvres spirites ?... Pourtant si vous voulez bien examiner les choses, vous pourrez voir tous les ouvrages sérieux adopter vos idées en ayant soin d'éviter votre nom. On ne rit plus tant aujourd'hui ; on sait, quoiqu'on dise, que les esprits ont la puissance de se manifester. Eh bien ! dans cinquante ans d'ici, cent ans peut-être, peut-être aussi plus tôt, on considérera comme une faveur l'admission à vos séances, on étudiera les phénomènes spirituels avec le sérieux et l'attention qu'ils méritent. Que l'on rie aujourd'hui, cela ne peut rien vous faire; qu'il y ait, et il y aura bien certainement des négociants qui spéculeront sur l'imitation de certains phénomènes, qu'importe ?...

Laissez, laissez faire, laissez dire, laissez rire, et soyez en paix pour l'avenir de votre doctrine, elle est l'oiseau qui s'élève sur les ailes de l'idéal, qui se dégage aisément des odeurs fétides et des bruits discordants de la terre, qui plane rayonnant et heureux dans les sphères spirituelles et qui ne redescend ici bas que pour vous apporter toujours : paix, espoir et bonheur ! ! !

BERNARD.

POÉSIES

AOUT 1869

A Mme K... (Sonnet).

Sur la page une larme a coulé bien souvent
Et votre âme à mes vers bien des fois s'est bercée,
J'ai vu votre sourire à certaine pensée,
Fleur délicate et tendre effeuillée en passant !

Le retour à la vie, au divin Elysée
Où l'esprit délivré, reprend son vol puissant
L'amitié, le bonheur, la paix, l'amour charmant
Voilà tous les souhaits de mon âme empressée !

Donnez-moi votre foi, je suis un vieil ami,
Je porte du passé les chères souvenances
Et des jours à venir les douces espérances !

Je vous écarterai du rivage ennemi,
Et je transporterai votre esprit affermi
Dans ces mondes heureux des pures jouissances !

A. de MUSSET.

---

2 NOVEMBRE 1869

De nos frères souffrants je me fais l'interprète.
    Ton travail qui nous réunit
  Et ta douce prière au jour de notre fête
    Montent vers Dieu qui les bénit.
Aussi, quand tu seras au seuil de la patrie
    Que tu nous reviendras,
Tu trouveras nos cœurs, petite sœur chérie,
    Et l'appui de nos bras !

A. de MUSSET.

16 NOVEMBRE 1869

Debout, sur les débris de sa barque perdue,
Près d'un rocher battu par le flot mugissant
Que fait ce naufragé sur la rive inconnue,
Pâle, muet d'angoisse, inerte et frémissant ?

Il regarde !... La mer perfide en sa furie
Le trahit et lui prend vie, avenir, amour !
Elle lui ravit tout, son bonheur, sa patrie,
Tout, même l'espérance en un prochain retour !

Que faire ?... Que chercher ?... Les effrayants abîmes
Ne rendent rien !— « Tais-toi !—Tes pleurs sont superflus
De quel droit viendrais-tu réclamer des victimes?...
Le gouffre est insensible et les cris sont perdus ! »

Et pourtant, il lutta, cet homme ; son courage
Soutint longtemps sa force et ses rudes efforts.
Un jour tout se rompit ; la nuit, les vents, l'orage
L'entraînèrent au loin et furent les plus forts !

II

C'est un portrait, ma sœur, que pour vous ma main trace
Ce malheureux c'est moi, ce pauvre être éperdu
C'est moi, lorsque la mort m'eut jeté dans l'espace
Et qu'après mon défi elle m'eut confondu !

Fatalité, disait mon âme anéantie,
Pourquoi suis-je aujourd'hui cruellement frappé,
Tombeau, ferme-toi donc ! Le terme de la vie
Ce doit être l'oubli ! O mort, tu m'as trompé !

Repos !... Oubli !... hélas ! Le travail dans la boue
De ces filles de roi, Sysiphe et son rocher,
Tantale et sa torture, Ixion et sa roue
Sont devant mes douleurs, châtiments d'écolier !

Oui, j'ai souffert longtemps et si j'ose le dire
Aujourd'hui, c'est que libre, calme et rassuré,
Je voudrais éviter à d'autres mon martyre
En leur montrant l'écueil où cent fois j'ai sombré !

Combien dura pour moi cette lutte inégale,
Ce désespoir sans nom, ce morne abattement,
Le sais-je ?... Je voulais l'ouragan, la raffale
La mort détruisant tout, l'anéantissement !

Un jour, je me trouvai me repoussant moi-même,
Epuisé, furieux, aveuglé, presque fou !
Hésitant, j'évoquai, dans ma frayeur extrême,
Un souvenir d'enfant, un nom suave et doux :

« Ma mère ! » — Un souffle pur, caressant et timide
M'envahit aussitôt, une voix près de moi
Murmura faiblement, pénétrante et rapide.
Elle changea mon âme et lui donna la foi !

III

« Pourquoi donc, pauvre enfant, disait la voix aimée,
» Pourquoi ce profond désespoir ?
» Pourquoi meurtrir ton front à la porte fermée
» De l'avenir et du revoir ?

» Est-ce que de cet être écrasé par la roue
» Du combat, de ce cœur brisé,
» Il resterait bien plus que poussière et que boue,
» Sable par les vents dispersé ?...

» Le jour où sans regrets pour cette vie amère
» Tu laissas tomber ton fardeau,
» Est-ce donc le sommeil que tu trouvas, mon frère,
» Sous le marbre froid du tombeau ?...

» Quand, vaincu par l'ennui tu fermas ta paupière,
  » Tout amour fut-il délaissé?
» Tout souvenir fut-il scellé sous cette pierre
  » A côté de ton corps glacé?

» Oh non ! Car d'où viendrait la douleur qui t'oppresse,
  » Le remords, ce dur aiguillon,
» Ou plus affreux encore en leur morne tristesse
  » La solitude et l'abandon ?...

« Pauvre enfant, maintenant tu gémis et tu pleures,
  » Ton souvenir est revenu ! »
» Tu frémis en comptant toutes les longues heures
  » Qui t'entraînent vers l'inconnu !

» Tu voudrais t'élancer et reprendre la vie,
  » Mais toujours tu tombes seul,
» Ton âme est dans la nuit du doute ensevelie
  » Comme en un rigide linceul !

» Ami, ne sais-tu pas pour calmer ta souffrance
» Chercher au fond du cœur un nom puissant et doux,
» Ne te souviens-tu pas qu'aux jours de ton enfance
» Ta mère près de toi le disait à genoux ?...

» Dieu!!! Dieu qui contient tout, les mondes, la lumière!
» Dieu ! l'Être Tout-Puissant dont le nom fait aimer?
» Dieu bon, Dieu grand, Dieu vrai, vers qui va la prière,
» Pauvre enfant égaré qui l'osa blasphémer !

» Dieu !!! Dieu le Créateur, le Juge, mais le Père,
» Dieu qui voit le passé, Dieu qui sait l'avenir,
» Dieu qui pardonne tout, Dieu qui n'est point sévère,
  » Dieu qui donne le repentir !

» Un soupir, une larme, un mot et l'espérance
  » Viendra remplacer la douleur

» Un élan de ton âme et le cri de souffrance
   » Deviendra le cri de bonheur !

» Une larme a coulé !!! Allons, nouveau Lazare,
   » Relève-toi, sors du tombeau
» Cette larme est ta vie. Avec moi vers le phare,
   » Viens, viens rallumer ton flambeau !

» Ami, voici ma main pour aider ta faiblesse
   » Et sortir de l'obscurité,
» Prends appui sur mon cœur pour toi plein de tendresse
   » Et suis-moi dans l'immensité.

» Viens, laissons un instant la terre, ses orages,
   » Ses jours assombris, nébuleux,
» Planons, écartons tout, traversons les nuages
   « Cherchons les mondes radieux !

IV

» Voici les merveilleuses plaines,
» Les palais du rêve enchanté,
» Les jours heureux, les nuits sereines
» Des soleils du chemin lacté !

» Arrêtons-nous près de ce monde
» Où l'esprit savant, le chercheur,
» Aux loisirs d'une paix profonde
» Peut travailler avec ardeur.

» Admirons ces riches planètes
» Séjours bénis de liberté ;
» Calmes, rayonnantes retraites
» D'amour et de fraternité.

» Plus haut dans la voûte azurée
» Ce grand soleil resplendissant

> C'est une demeure éthérée
> Des ministres du Tout Puissant !...... »

. . . .

Assez !!!... Les cordes de ma lyre
Se briseraient entre mes doigts
Si j'essayais de tout vous dire
En bravant les humaines lois !

Tout mon être était en extase
Quand le bon ange s'envola
Me disant tout bas cette phrase :
« La Patrie, enfant, la voilà !!! »

V

Comme Paul à Damas, prosterné sur la pierre,
   Je me retrouvai confondu,
Ébloui, foudroyé, cherchant une prière,
   Au fond de mon être éperdu !

. . . .

« Comment l'être rampant, le pauvre ver de terre
   » Peut-il donc sans vous offenser
» Lever les yeux vers vous, ô source de lumière
   » Dont un rayon peut l'écraser ?...

» Non ! L'amour infini, le principe, le Père
   » Transforme au lieu d'anéantir
» Il ne se souvient plus des cris de la colère
   » Au premier mot du repentir !

» O Créateur puissant dont la voix multiplie
   » Les Univers et les Esprits,
» Devant votre grandeur mon vil néant se plie,
   » Quand donc vous aura-t-il compris ?...

» Contre vos justes lois, souvent je le confesse,
   » Ingrat je me suis révolté,

» Ne voulant point y voir la profonde sagesse
    » Qui réfléchit votre bonté !

» Permettez, permettez à votre enfant rebelle
    » De revenir à vos genoux,
» De vous dire combien la douleur est cruelle
    » Quand on la souffre loin de Vous !

» Père ! Dès aujourd'hui j'accepte sans murmure
    » Ce que vous voudrez ordonner.
» Au chemin du progrès je m'engage et je jure
    » De ne le plus abandonner !

» Oui je veux réparer une vie égarée
    » Par la froide incrédulité,
» Je serai défenseur de la cause sacrée
    » De travail et de liberté !

» Oh ! Permettez, Seigneur que j'apporte ma pierre
    » Au temple de la vérité,
» Que je marche joyeux sous la vaste bannière
    » D'amour et de fraternité ! »

VI

Donner mon dévouement, mon travail, mon génie,
    Toujours et sans jamais finir.
Travailler près de Dieu à la grande harmonie
    Voilà pour moi tout l'avenir !

Hommes, souvenez-vous que Musset le sceptique
    Abjure à jamais son erreur ;
Qu'il ne chante plus rien que le divin cantique
    D'amour et de gloire au seigneur !

Et puis, si quelques vers de mes pauvres ouvrages
Troublaient pour un moment la paix de votre esprit,

Ah ! ne me jugez pas, sœur, mais relisez ces pages
Et de mon changement ne soyez pas surpris !

A. de MUSSET.

NOVEMBRE 1869

Au charmant ruisseau qui murmure,
Aux suaves senteurs des bois,
Aux bruits joyeux sous la ramure,
Rêvons donc encore une fois !

Rêvons !... Rêvons que l'aubépine
Embaume les prés d'alentour,
De concert avec l'églantine,
Rêvons que Mai est de retour !

Rêvons à la brise qui penche,
La tige des fleurs le matin,
A la mousse où l'humble pervenche
Fuit le papillon libertin.

Rêvons à la perle qui tremble
Sur le calice de la fleur,
A l'insecte doré qui semble
Y chercher la douce fraîcheur.

Rêvons au chant mélancolique
Du rossignol dans le buisson,
Suivons la joyeuse musique
De la fauvette et du pinson,

C'est l'allouette matinale
Qui nous envoie un gai bonjour,
La colombe sentimentale
Qui déjà rêve à son amour !

Voici le pur rayon qui dore
La montagne, tout doucement
Chacun s'éveille ; c'est l'aurore
D'un radieux jour de printemps.

Et tout dans la nature entière,
Les oiseaux, la brise, la fleur,
Redit l'éloquente prière
D'amour, qui monte au Créateur !

Ah ! pour nous aussi vient d'éclore
Un doux rayon de vérité
Saluons la timide aurore
Du grand jour de fraternité !

Eh bien, voilà que notre rêve
Nous transporte et nous rend heureux,
Demandons à Dieu qu'il s'achève
   Près de Lui dans les cieux !

J. MÉRY.

---

6 JANVIER 1870

Resplendis, radieuse étoile,
Viens enfin déchirer le voile
Et pour la pauvre humanité
Sois l'annonce, le doux présage
De ce jour calme, sans nuage
Qui précède la liberté.

Apprêtez vos présents, rois mages,
Préparez-vous aux grands voyages

Partez, l'étoile vous conduit
Près d'un berceau d'où la lumière
S'échappe, et suivant sa carrière
Rayonne, dissipant la nuit !

Terre, tressaille d'allégresse
Le Christ a tenu sa promesse
De loin la lumière apparaît !
Voici, voici l'ère nouvelle,
Le jour de victoire éternelle,
Terre, le spiritisme naît !

O pauvres, voici la richesse !
Délaissés, voici la tendresse ?
Chercheurs, voici la vérité !
Ignorants, voici la science !
Malheureux, voici l'espérance !
Aveugles, voici la clarté !

Désormais la nuit est finie
Voici le réveil, le génie,
Peuples, voici la liberté !
L'esprit a vaincu la matière,
Dieu convie la terre entière
Au banquet de fraternité !

Plus d'esclavage, plus de crainte,
Car un jour la charité sainte
Réunira les nations !
Le progrès conduisant le monde,
A la vie heureuse et féconde
Rendra les nombreux bataillons !

Plus de rang, plus d'antique race,
Plus de préjugés, tout s'efface ..

Devant la grande Égalité.
Incarné, bénis la souffrance,
Elle ouvre pour ta délivrance
Les portes de l'Eternité !

Le temple de la loi nouvelle
Religion *universelle*,
S'édifie avec majesté !
Et, gravé sur le frontispice
Je lis : Foi ! Vérité ! Justice !
Progrès ! Amour et Liberté !

Je reprends mon allégorie.
Aux pieds de ce nouveau Messie,
Mages, apportez un trésor;
Non plus les doux produits d'Asie,
Les parfums, la myrrhe choisie,
Non plus les richesses et l'or !

Mais votre âme, votre génie,
Mais l'offrande pure et bénie
De vos peines de vos labeurs.
Ce berceau est votre bannière,
Cet enfant, amour et lumière,
Vous choisit pour ses défenseurs !

Que votre parole profonde
Emporte jusqu'au bout du monde
Tous les germes si précieux
De foi, d'amour et d'espérance
Contenus en votre croyance
Et qui fleurissent dans les cieux !

A. de Lamartine.

JANVIER 70

J'ai célébré tes luttes, tes victoires,
Tes grands combats, ta vaillance, tes gloires
Et tes malheurs, peuple, et tes souvenirs.
Dans mon bon droit trouvant le sûr refuge
D'où je bravais prison, amende et juge,
J'ai couronné le front de tes martyrs !

Ah ! que de fois pleurant sur ta misère,
Je m'élançai jetant le cri de guerre,
O pauvre peuple, à tes durs oppresseurs !
Au même instant la vive chansonnette
A la jeunesse, à la gloire, à Lisette,
Venait calmer ta haine et tes douleurs !

Un chant d'amour faisait vibrer ton âme,
En allumait la pure et sainte flamme !
Avec un mot, un entraînant refrain,
Une pensée à notre belle France,
Je te faisais tressaillir d'espérance
Et réveillais ton valeureux instinct !

Eh bien, ce mot, je viens encor le dire,
Je viens encore, ami, pour te sourire,
Je viens t'aimer ! J'apporte la gaîté,
La bonne humeur à l'humble prolétaire
Et pour aider le travailleur austère,
Chanter encore : Honneur et Liberté !

Nous chanterons le travail, la Patrie !
La paix, l'amour, le progrès, l'industrie !
Je te dirai, cher peuple, en vérité,
Ce qui t'attend sur cet autre rivage
Où l'homme arrive après son dur voyage
Et ses combats contre l'adversité !

Tu trouveras que ce n'est point sur terre
Qu'il faut chercher le baume salutaire,
O cher blessé des luttes d'ici bas !
Et quand je dis chantons une patrie,
Ce n'est point France ou Pologne et Hongrie,
Mais le pays des gloires sans combats !

Je t'apprendrai la divine croyance
Qui neutralise ou guérit la souffrance,
Qui montre à tous lumière et vérité.
Au combattant je donnerai l'armure,
Qui cicatrise et ferme la blessure
Et rend le calme au lutteur irrité !

Ah ! lève-toi, vaillant peuple, mon frère.
Car c'est à toi que Christ à dit : « Espère. » !
Voici la foi, le progrès, la clarté,
Le vrai bonheur, et pour aider ta peine
Une doctrine en bienfaits toute pleine,
Le spiritisme et la fraternité !

Encore un mot ! Mot de reconnaissance
Peuple français, merci de ta constance
Au souvenir du pauvre chansonnier
Oui, ton amour fait ma gloire et m'honore,
Aussi bientôt tu recevras encore
De nouveaux chants de ton vieux

BÉRANGER !

JUIN-70

Ainsi qu'un ouragan, la mort sombre furie
A jeté loin de tout mon esprit égaré.
Il ne m'est rien resté, la vague au loin charrie
    Mon navire désemparé !

Non ! Rien n'a surnagé.... Qu'une amère souffrance,
Une terreur sans nom d'un inconnu secret..... .
Ah !... suis-je donc maudit?... Je n'ai plus d'espérance !
    Hélas !... Pas même de regret !....

Oh non ! car je te hais, ridicule existence,
Monde affreux, je te hais, tu m'as tout emporté
Et que m'as-tu donné?... Dégoût ! indifférence,
    Doute et froide incrédulité !...

Dis ! Que m'as-tu montré ?... Révoltante injustice,
Intrigue, ambition, faux-savoir exalté,
Hypocrite bonté pour mieux cacher le vice.
    Egoïsme et perversité !

  . . . . , ...

Pitié !... Pitié pour moi ! Mes amis, je blasphème !
La haine m'envahit comme un flot en courroux,
Ah ! ne me croyez pas, je me mens à moi-même.
    Hélas, la douleur me rend fou !

Je mens ! Auprès de vous ma pauvre âme brisée
Retrouve un peu d'espoir et de tranquillité,
Frères, soyez bénis, car dans votre pensée
    Je lis un mot : Fraternité ! ! !

Comme au fond du ciel noir après un long orage
Sur le bord de son nid le pauvre oiseau captif
Devine le rayon sous le pâle nuage
    Et lui jette un regard furtif,

Ainsi j'arrive à vous ; le rayon de lumière
Sortant de ce foyer sur mon être est resté,
Et du fond de ma nuit je vous fais la prière
    De m'accueillir avec bonté !

Je viens tout épuisé par un cruel naufrage !
Je suis un délaissé, je viens dire : aimez-moi !

J'arrive tout meurtri, sans force, sans courage
  Guérissez-moi, consolez-moi !

Qui m'a conduit ici ?... Est-ce un Esprit, un Ange ?...
Je ne sais.... Mais je l'aime et mon cœur le bénit.
Ah ! quand reviendra-t-il me sortir de la fange
  Lui si grand et moi si petit !....

Je voudrais me nommer, je voudrais vous surprendre.
Je n'ose !.. cherchez bien... un passé peu lointain,
Vous me connaissez tous... Ah ! puissiez-vous comprendre,
  Amis, votre contemporain !

S. B.

FÉVRIER-70

A l'Algérie.

Oh oui, tu fus un jour florissante et prospère,
  Tu fis rayonner tes splendeurs,
Tes bienfaits, tes trésors, tes caresses de mère
  Sur tes fils et sur leurs vainqueurs !

Antique Numidie admirable et féconde,
  Quand, sur tes chemins glorieux,
Roulaient les chars dorés des fiers maîtres du monde,
  Réponds, avais-tu d'autres cieux ?...

Les brises du matin en éveillant l'aurore
  Avaient-elles parfums plus doux ?...
Et, sur tes monts brûlés qu'il empourpre et qu'il dore,
  Phébus de ton bonheur jaloux

Arrêtait-il un peu la vagabonde course
  De son char par l'heure emporté
Pour te faire puiser dans un regard la source
  De ta vie et de ta beauté ?...

Tes eaux bouillonnaient donc, fraîches, plus abondantes?.
    L'ombre de tes palmiers géants
Reposait-elle mieux pendant les nuits brûlantes
    Le voyageur aux pas errants?...

Que t'apportait, dis-moi. des nations lointaines
    La vague au murmure enchanteur?...
Etaient-ce des soldats, d'habiles capitaines
    Ou bien le peuple travailleur ?...

C'était le travailleur, nous retrouvons sa trace
    Partout sur tes champs appauvris,
Et maintenant encor le cavalier qui passe
    Admire et s'arrête surpris

Devant les aqueducs, les étonnants portiques
    Débris des cités au tombeau.
Près des restes croulants des arènes antiques
    Où paît un débile troupeau ! ! !

Ah ! que sont devenus tous les gras pâturages,
    Tes champs couverts de blonds épis !
Et tes joyeux vallons, tes fruits, tes frais ombrages
    Et tes beaux, tes robustes fils?...

   . , ...

Quel soufle empoisonné, quel présage funeste.
    A-t-on vu passer dans les airs?...
Deux spectres effrayants, la famine, la peste
    Livide, accourant du désert !......

  . . . .

Et tout a disparu, les chaumières sont vides,
    Plus d'enfants jouant sur le seuil !
Plus de riches troupeaux et sur tes monts arides
    Rien que toi, pauvre mère en deuil !

Pourtant console-toi, ces enfants que tu pleures
    Ne sont pas partis pour toujours
Et tu verras vers toi, plus belles et meilleures
    Leurs races revenir un jour!!...

  . . . .

II.

Et maintenant debout ! Debout, jeune Algérie !
    La puissante voix du canon
Vient annoncer pour toi progrès, réveil et vie
    Et te baptiser nation !

Redeviens mère encor, prodigue tes caresses
    A tous ces courageux enfants
Qui sur tes vieux haillons vont mettre leurs richesses
    Et l'amour de leurs cœurs vaillants !

Songe qu'ils sont venus pleins de ferme espérance
    Songe qu'ils t'ont donné leur foi !
Qu'ils ont laissé bien loin leurs doux foyers de France
    Qu'ils ont tendu les bras vers toi !

Qu'ils ont pour toi la paix, le progrès, l'industrie
    La gloire et la fécondité,
Qu'ils te donneront tout, ô nouvelle patrie,
    Pour te revoir en ta beauté !

Pauvre Algérie ! Allons, point de larmes stériles,
    Abrite-les sous ton ciel bleu
Regarde, sur tes champs qu'ils vont rendre fertiles
    Passer la vapeur et le feu !

Souris à leur travail, adoucis ta colère,
    Ce n'est point le maître *étranger*,
C'est un fils valeureux accourant vers sa mère,
    Pour l'aimer et la protéger !

III.

Pays de l'avenir, ô fille de la France,
    Puissent la foi, la vérité
Te guider, t'éclairer, t'apporter l'espérance
    D'un jour prochain de liberté !

Laborieux colon, soutien de la *pensée*
    Courageux civilisateur,
Vas ! Poursuis ton chemin, dans ta douleur passée
    Je vois l'aube de ton bonheur !

A. DE MUSSET.

JUIN-71.

Au Médium.

Pourquoi donc rester dans les fanges,
    Pourquoi demeurer à genoux
Puisque Dieu t'as prêté les ailes de ses anges
    Pour planer aux cieux avec nous ?,..

Monte bien haut et les vipères
    Ne pourront plus te mordre au cœur,
Esprit, sois au dessus des injustes colères
    Du pauvre séjour de douleur !

Viens prier, viens aimer, viens croire !.,.
    Quitte ces lieux où l'on maudit !
Sors de cette prison, de la nuit triste et noire
    Où ton être enchaîné gémit !

Médium, tu n'es pas sur terre
    Pour pleurer et pour t'arrêter,
Quand on marche avec nous et sous notre bannière
    On se donne sans se compter !

Aux spirites

Laissez poursuivre la richesse
A l'homme avide, ambitieux,
Cédez-lui ces hochets, honneur, argent, adresse,
    Vous, spirites, montez-vers Dieu !

Marchez vers la terre promise
Marchez, malgré l'adversité
Ne vous arrêtez pas, quand vous l'aurez conquise
    Vous pourrez crier : Liberté !

A. DE MUSSET.

JUILLET 1871

Fermons pour un instant notre âme au noir présage,
Laissons passer l'éclair et l'ouragan finir,
Loin des bruits effrayants déchiffrons une page
    Au *grand livre* de l'avenir !

Frères, il est marqué, le jour de la victoire,
Le jour de la conquête et du progrés vainqueur,
Jour où l'humanité sur son drapeau de gloire
    Lira : *Un seul peuple ! Un seul cœur !*

Jour où la charité franchissant les barriéres
D'un souffle effacera le vieux mot *nation* !
Renversant sur ses pas les bornes, les frontières
    Utiles à l'ambition !

Jour sagement rempli, jour de l'intelligence
Où les peuples unis se tenant par la main
Sortiront du linceul dont la sombre ignorance
    Enveloppait le genre humain !

Alors, nul n'entendra le pas lourd d'une armée
Et des fatals clairons le lamentable accord
Et nul ne verra plus la sinistre fumée
    Jetant la douleur et la mort !

En ce jour bienheureux, plus de sang, plus de haine,
Plus de cités brûlant, plus de champs désolés,
Plus de ces monts hideux ensanglantant la plaine
    Sous le pied des chevaux foulés !

Au lieu de la mêlée horrible et meurtrière,
Au lieu des noirs obus, barbare invention,
Chacun apportera son travail, sa prière
    Sa paix, sa bénédiction !

Non, nul n'entendra plus les cris des pauvres mères,
Ces pleurs, ces lourds sanglots de veuves et d'enfants,
Ces terribles douleurs s'exhalant en colères
    Auprès de cadavres sanglants !

Chacun saura prier, les vengeances calmées
N'enverront plus au ciel leurs monstrueux souhaits.
Tu seras oublié, sanglant Dieu des armées
    Pour le Dieu d'amour et de paix !

Tous les hommes alors boiront au grand calice,
Ils iront s'éclairer aux doux rayonnements ;
Les plus saints, les plus purs entreront dans la lice
    Réservée aux vrais dévouements !

A. Chénier.

DÉCEMBRE-1871

A l'ombre des vieux pins, les orangers en fleurs
    Balancent leur tige embaumée

Près des flots transparents, sous les cieux enchanteurs
    De ma Provence bien-aimée !

Allons rêver encor, le voulez-vous, ma sœur,
    A la sereine matinée
D'azur et de soleil, au doux chant du pêcheur
    Sur notre Méditerrannée !

« J'aime, » nous dit l'écho de son joyeux refrain,
    « Une belle brise endormie
« Par le rayon doré de l'horizon lointain,
    « Je t'aime, o mer, ma grande amie !

« Je t'aime calme, belle et réflétant les cieux ;
    « Je t'aime en ta fureur profonde !
« Parmi les hurlements des vents impétueux,
    « J'aime à braver le flot qui gronde !

« J'aime le goëland et la blanche mouëtte
    « Charmants prophètes du retour !
« J'aime sur le grand mât l'hirondelle en vedette
    « Pour nous annoncer un beau jour !

« Je t'aime en ton repos, en ta sombre colère,
    « En ta sauvage majesté,
« Mais celle qu'avant toi je chéris et préfère,
    « O mer, c'est.... c'est ma liberté ! »

Ainsi dit le pêcheur, et sa barque légère
    Vole et s'enfuit au gré des vents.
Nous, écoutons encor ce qu'en leur chant austère
    Nous répètent les élémens !

L'azur et le rayon se rédisent. « Je t'aime »
    En se perdant dans l'infini !

Et la vague au rocher murmure aussi : « Je t'aime, »
    En baisant ses pieds de granit !

« J'aime, » chante l'oiseau tout en portant sa graine,
    « Mon chaste nid doux et soyeux,
« Mon nid que le zéphir berce de son haleine
    « Où mes petits vivent joyeux ! »

« Je t'aime, » dit la brise à la rose penchée,
    « Je t'aime, » lui répond la fleur !,
« Je t'aime, » dit la gerbe en se courbant fauchée
    « O champ qui portas ma splendeur ! »

Du brin d'herbe au soleil tout s'agite et murmure
    Le mot qui rayonne et fleurit :
« Aimons ! » Tout est amour dans la grande nature
    Tout naît, tout prospère et mûrit !

Amour ! Sublime écho de la grande harmonie
    Rayon que rien ne peut ternir
O sentiment divin, jouissance infinie,
    O resplendissant avenir !

Montre-nous tes soleils !... A notre âme ravie
    Laisse voir le jour éternel,
Le progrès incessant, l'universelle vie,
    Et, de l'atôme au Dieu ; l'amour universel !!!

J. MÉRY.

31 DÉCEMBRE 72 (1)

Auprès de vous ce soir, amis, je suis en fête
Et je voudrais bien faire à chacun mon souhait,
Souhait ?.... Il se pourrait que je fusse prophète....
Mais !.... Vous m'arrêterez si cela vous déplaît !

Je vais, croyez-le bien, vous offrir autre chose,
Qu'un triste compliment, une bannalité,
Je vais vous entrouvrir la fleur à peine éclose
Qui s'appelle avenir, aurore, éternité !

Amis, soyez contents, c'est un charmant voyage
Que nous entreprenons à travers l'inconnu !
« Quiconque a beaucoup vu », a dit un très grand sage,
« Doit avoir bien appris, et... beaucoup retenu. »

Levons l'ancre et partons !.... La nuit est sans étoile,
Mais un petit rayon paraît dans le lointain
Et pendant que vers lui marchera notre voile
Voulez-vous, chère Emma, me donner votre main ?...

Ma sœur, je vois pour vous la bataille héroïque,
Bataille du grand jour et de l'obscurité.
Je vois encor pour vous la lutte politique,
Le combat pour le faible et pour la liberté !

---

(1) Note de l'auteur. Cette poésie donnée à quelques uns est
applicable à beaucoup. Elle ne deviendra prophétie qu'autant que
ceux à qui elle est adressée continueront leur œuvre de
dévouement à l'humanité. Que chaque esprit de bonne volonté
prenne sa part des encouragements qu'il nous est permis de
donner à ceux qui veulent bien écouter notre voix. Les joies de
la vie à venir sont promises à tous, et si chacun a sa part de
travail, chacun aussi doit prendre place au banquet !

A. de M.

A vous, la brillante parole,
L'éloquence et la noble ardeur.
Pour vous point de souhait frivole,
La tribune de l'orateur !....

Chère Julie, à vous la vie aventureuse,
Pleine de bruit, d'attrait, d'imprévu, de danger ;
La découverte avide, ardente, studieuse,
Le grand soleil, la mer, le rivage étranger !
   A vous donc, un jour la boussole,
   La voile de l'explorateur.
   Progrès, voilà votre auréole,
   Celle du civilisateur !

Robert, tu reprendras la tâche commencée
La guerre au fanatique, au prêtre intolérant,
Ami, tu seras fort, car forte est ta pensée,
Et tu seras aidé, car le travail est grand !

Frère, à toi désormais l'Univers pour patrie,
Pour famille le monde !... A toi le dévouement,
A toi le saint amour qui fera de ta vie
Le refuge et l'abri du pauvre et du souffrant.
   Charité !... Voilà ta bannière,
   Guérisseur et consolateur ;
   Et, pour en éclairer la terre,
   Le flambeau du propagateur !

Energie et douceur, force, bonté, prudence.
Indulgence pour tous, sévérité pour toi,
Car tu tiendras en main l'inflexible balance
Et le livre fatal qui se nomme la loi.
   A toi, la lame vengeresse,
   Mais... la pitié pour le malheur.

Cher Victor, à toi la sagesse
Du juge et du législateur !

Maurice, à toi le champ de la vaste science
Et la recherche ardue au labeur incessant,
Le combat pied à pied, l'œuvre de patience
Et les cheveux blanchis de l'austère savant !
Lumière !. . Voilà ta devise,
A toi, le rayon du penseur !
A toi, l'expérience acquise
Et la chaire du professeur !

Les aimer, les aider, leur embellir la route,
Leur faire de ton cœur un asile, un soutien,
Leur montrer le ciel bleu au noir moment du doute
Voilà ta tâche, enfant, tu la rempliras bien !
A toi, le bienfaisant génie,
Endormant toutes les douleurs !
A toi, la lyre d'harmonie,
A toi, les rayons et les fleurs !

A toi, la coupe d'Ambroisie,
A toi, l'idéal enchanteur !
A toi, la sainte poésie,
A toi !... à nous, petite sœur !...

Après?... O mes amis, après je vois l'azur
Et le rayonnement des voûtes éternelles ;
Je vois un monde heureux, l'air est suave et pur
Et j'entends près de moi des frémissements d'ailes!!!...

A. de Musset.

1ᵉʳ JANVIER 1873

C'est le jour des saluts, des bonbons, des surprises,
Des joyeux cris d'enfants et des ravissements.
C'est le jour des baisers, des paroles exquises,
Le jour de l'étiquette et des beaux sentiments.

C'est le jour attendu par toute la famille,
Le jour du grand-papa, de la bonne maman ;
C'est le jour où l'enfant près du feu qui pétille,
Tout timide et confus redit son compliment.

J'arrive ici ce soir le cœur plein de tendresses ;
Vos parents, vos amis m'en ont chargé pour vous,
Ils voudraient qu'à chacun je fisse leurs caresses,
Je devrais, je voudrais... vous embrasser pour tous !

Je viens, mes chers amis, suivant les vieux usages
Vous porter..—Et quoi donc?..—Encore des souhaits!...
Que Dieu vous garde bons, patients, doux et sages
Et qu'un jour près de Lui vous arriviez parfaits !

SAINTE-BEUVE.

JUILLET 73. (1)

A MONSIEUR C***

I.

Tout au fond d'un désert où l'on entend la voix
Du fleuve aux ondes bleues, aux rivages superbes,

---

(1). Note de l'auteur. Cette poésie dédiée à un incarné et lui
donnant un souvenir d'une existence antérieure est une dette que
je paye aujourd'hui, mais qui était contractée depuis lors par
un éminent service rendu.

La position de cet incarné n'est pas exceptionnelle, et plus
d'un spirite d'aujourd'hui ayant autrefois combattu sous le même
drapeau pourra puiser en ces quelques lignes un encouragement
et une espérance ! A. de M.

Le pied du voyageur peut heurter une croix
Enfouie à moitié sous la mousse et les herbes !
A quelques pas de là sur une longue pierre
Un vestige effacé du nom jadis écrit.
Un vieux chêne croulant dans son manteau de lierre
Couvre comme autrefois la tombe du proscrit !

Si vous interrogez le pâtre de la plaine
Il vous dira qu'un soir deux malheureux errants,
Deux étrangers bannis, se trainant avec peine
Aux pieds du vieux château tombèrent expirants !
Il vous dira.... ce que lui contait son grand-père
Que l'un d'eux paraissait brisé par le malheur,
Qu'il avait le regard doux, pénétrant, austère,
Que chacun s'inclinait devant cette douleur ;
Que l'autre était plus jeune et l'appelait : *mon Père* !
Qu'il l'entourait d'amour, de soins, de dévouement,
Qu'à sa mort seulement chacun sut le mystère
Cause, (dit le curé) d'un juste châtiment !
Mais il vous dira bas, redoutant qu'on l'entende :
« Mon aïeul soutenait que là repose un saint,
« Car tout être souffrant, dit la vieille légende,
« Revenait consolé ou guéri par sa main ! »

II.

Pourtant il fut maudit !!! Parcequ'à la tempête,
Calme, fort et vaillant sans cesse il résista ;
Que, brisé sous les coups il releva la tête,
Et contre les abus toujours il protesta !
Parceque, gémissant des maux de sa patrie,
Il voulut secouer le joug de l'oppresseur
Et sortit du combat la poitrine meurtrie

Pour lui rendre ses droits, sa paix et sa grandeur !
Parceque, flagellant le lâche et l'hypocrite,
Il démontra le vrai par le faux absorbé ;
Parceque des puissants il flétrit la conduite
En relevant le faible injustement courbé !
Parcequ'un jour ayant entrevu la lumière,
(On l'appelait révolte, il la nomma progrès)
Il voulut éclairer du trône à la chaumière
Et la donner à tous sans crainte et sans regrets !
Homme, il fut juste et bon, écrivain, il fut sage
Et pardonna toujours ! Chef, il fut indulgent,
Toujours grand, toujours doux, même pendant l'orage
Il ne maudit jamais ! Prêtre il fut tolérant !!!
Pourtant, il fut maudit ! Hélas comme sur terre
Tout ce qui est rayon par l'obscur est proscrit,
Il fut maudit c'est vrai. mais comme la lumière,
Avec Platon, Jean Huss, Socrate et Jésus-Christ !!!
Il fut maudit, tant mieux, c'est le plus bel hommage
Qu'à son nom d'autrefois nous rendions aujourd'hui !
Maudit, ton nom perdu se trouve sur la page
Où figurent tous ceux pour qui le jour a lui !!...

III.

Ce grand cœur si vaillant contre la tyrannie,
Qui, torturé, meurtri, se tint toujours debout,
Au souffle empoisonné qu'on nomme calomnie
Devint tremblant, douta de lui, de Dieu, de tout !!!

.   .   .   .

.   .   .   , ...

IV.

Ils vécurent tous deux séparés de ce monde
Qui vend et qui trahit en donnant un baiser !
Seul Otto put sonder la blessure profonde

Que rien, même la foi, ne put cicatriser.
Seul Otto fut témoin de l'amère souffrance,
Des cris mal étouffés de ce long désespoir,
Seul Otto connut bien l'unique défaillance
Expiée aujourd'hui par un obscur devoir !
Seul Otto consola sa pénible vieillesse,
Seul il fut le soutien de ses pas chancelants,
Lui donnant jusqu'au bout les doux soins, la tendresse
Et les profonds respects dus à ses cheveux blancs !!!
Un jour Otto resta.... Mais au moment suprême
Son ami dégagé, tout radieux d'espoir,
Dans un dernier baiser lui dit : « Mon fils, Dieu même
« Eclaire l'avenir à qui fait son devoir !
« Nous nous retrouverons encore sur la terre,
« Nous reviendrons aimant, aidant, nous dévouant !
« Mais nous nous reverrons avant chez notre Père,
« Où je vais aujourd'hui t'attendre, mon enfant ! »

A. de Musset.

25 DECEMBRE-73

Aurore, Printemps, Naissance.
Égalité ! Fraternité ! Liberté !

I.

Voici que l'Orient s'empourpre et se colore,
La brume de la nuit s'efface lentement,
Puis un rayon paraît, faible et timide encore,
Le sommet des coteaux s'éclaire doucement !

Aurore ! Puisses-tu précéder sans nuage
Le grand jour qui se lève et promet la clarté !
Doux matin, sois béni, tu portes le présage
De l'avenir naissant ! Aurore — Égalité !

II.

Amis, voici le gai, le ravissant cortége,
Des papillons dorés, des oiseaux et des fleurs,
Le joli mois de Mai avec son privilége
De paix, de jours sereins, de ciels bleus, de splendeurs !

L'aubépine fleurit, la nature en liesse
Chante son Dieu soleil à toute heure du jour
Et le nid se remplit, enivrante promesse,
De paix, de bonheur pur et de joyeux amour !

Printemps, doux enchanteur, tu veux dire Espérance !
Radieux Avenir ! Progrès ! Prospérité !
Tu nous montres au loin le jour de délivrance
En nous symbolisant un mot : Fraternité !

III.

Par une froide nuit de soucis et de larmes,
Dans un sombre berceau par les vents agité ;
Après bien des tourments, de mortelles alarmes,
    Hommes, naquit la Vérité !

  . . . .

Entre deux malfaiteurs, au sommet du calvaire
Sur une croix mourut un homme ensanglanté,
Mais de son dernier cri qui fut une prière,
    Peuples, naquit la Liberté !!!

Edgard Poë.

A MADAME K***

Enfant, ne pleure plus sur la douleur amère
    Que l'on console avec de l'or.
Ici tout disparaît et tout passe éphémère,
    Grandeur, tristesse, vie et mort.

Mais répands, ô répands la délicate aumône
    De la pitié, de ton amour.
Au malheureux souffrant, au désespéré, donne
    L'espoir qui soulage toujours !

Tous les pleurs essuyés et les douleurs calmées
    Par ton esprit compatissant
En perles, en joyaux se verront transformées
    Auprès du Père Tout-Puissant !

Elles te reviendront en divine rosée
    Et seront ton bien précieux.
Elles enlèveront ton cœur et ta pensée,
    Pour les conduire droit aux cieux !

(Un Esprit souffrant).

1 JANVIER-1874.

A votre groupe uni d'un accord admirable,
J'apporte le tribut de franches amitiés,
C'est une allégorie, un conseil.... une fable.
Amis, prenez ces vers, ils vous sont dédiés !

Dans un vaste jardin plein de magnificence
Il était un massif aimé du jardinier,
Auquel il apportait son zèle tout entier
Et duquel il puisait sa meilleure semence.
On y voyait la rose empourprée, odorante,
Le simple et modeste muguet,
Le jasmin à la fleur délicate, élégante,
Le blanc lilas frais et coquet,
La fleur du souvenir à l'aile veloutée,
La très mélancolique et très-douce pensée,
L'œillet pourpré au reflet vif et pur

Puis enfin la pervenche à corolle d'azur.
Flore, la radieuse et pimpante déesse,
Sur cet heureux massif avait donc fait largesse
Car je vous ai bien dit qu'il était préféré.
Aussi le papillon volage,
De même que l'abeille intelligente et sage
Y puisaient les parfums et le doux miel doré.
L'azur, l'or, tous les tons de la pourpre vermeille,
Venaient s'épanouir dans la vaste corbeille,
Ces fleurs s'aimaient beaucoup et de tous les côtés
S'échangeaient les soins, les bontés !
Le lilas au muguet prêtait son frais ombrage,
Le rosier soutenait l'œillet pendant l'orage,
La timide pervenche autour de la pensée
    Traçait de magiques cordons
Que ne devaient franchir fourmis et limaçons,
La pensée à son tour la couvrait de rosée !

Dans un autre massif de ce riche parterre
On avait réuni de belles fleurs de serre,
Le splendide cactus à la robe éclatante,
L'amaryllis à couronne brillante
Et le fort rare asclépia,
Le tendre et bon caméllia.
Les beautés de ces fleurs n'étaient point contestées
Et leur haute valeur les faisaient respectées,
Nul enfant indiscret n'eut osé les cueillir,
Nulle main n'eut osé, hardiment téméraire,
Franchir leur entourage et leur double barrière ;
Mais rien à leur aspect ne faisait tressaillir
Ces cordes du passé, ces voix de la jeunesse
Qui font souvent couler des larmes sans tristesse,
Aucun de ces parfums au souffle bienfaisant
N'entrouvrait leur calice. Aussi le gai passant,

Le rêveur fatigué, le poëte en délire,
Le voyageur pressé, le travailleur pensif
S'en retournaient bientôt à l'humble et frais massif
Qui donnait sans compter parfum, fleur et sourire !
La grappe de lilas doucement balancée
Disait : « — Je suis l'aurore et je suis le printemps ! »
— « Je suis bien un peu grave, » ajoutait la pensée,
— « Mais je te garde, ami, les plus doux sentiments ! »
— « J'aime, je fais aimer, j'attire, je rayonne,
« Viens, je porte bonheur, ami, » disait l'œillet,
— « Je suis humble et petit, mais je sers de couronne
« Au travailleur modeste, » ajoutait le muguet.
— « Viens pleurer près de moi, » disait tout bas la rose,
« Viens prendre mon parfum, car je suis la pitié ! »
La pervenche entrouvrant sa fleur à demi-close
De loin criait : « Viens, je suis l'amitié !
« Du plus pur sentiment je suis l'un des symboles,
« Car je fleuris pour tous et m'appelle bonté ! »
Le jasmin à la brise enseignait ces paroles :
— « Concorde, dévouement, progrès, fraternité ! »

Savoir, force, beauté, sont un riche apanage
Que l'on admire en tout temps en tous lieux.
Tolérance et bonté sont les vertus d'un sage,
On les aime sur terre, on les possède aux cieux !

Trylby.
(Charles Nodier).

JUILLET-1874.

Appel aux Esprits supérieurs

O vous, dont le regard adoucit et console
    Le remords, la douleur,

Vous, Esprits indulgents dont la douce parole
  Prend le chemin du cœur !

O vous qui prodiguez la tendresse profonde,
  L'amour et le pardon
A tout être exilé de   autre monde
  Pauvre, méchant ou   !

O vous, qui nous montrez la Foi, splendide étoile,
  Phare libérateur !
Vous, qui nous laissez voir l'Espérance au long voile,
  Comme un ange sauveur !

O vous, toujours parfaits, qui pardonnez sans cesse
  Sans crainte, sans efforts,
O vous, que n'atteint plus notre pauvre faiblesse,
  Esprits calmes et forts !

O lumineux Esprits, de ces sphères bénies,
  Où purs et radieux
Vous contemplez du ciel toutes les harmonies,
  L'éternité et Dieu,

Descendez un instant, et sur la pauvre terre
  Abaissez un rayon,
Donnez-nous votre paix, montrez-nous la lumière,
  Ouvrez-nous la prison !

Edgard Poë.

1er JANVIER 1875.

I.

Voici des naufragés assis près d'une épave,
Leur navire est ouvert et les mâts sont brisés
Ils sont pâlis, souffrants et le sort qui les brave
Sur le sol étranger les rejette épuisés !

Vont-ils, abandonnant une lutte inutile,
Se plonger frémissants dans l'ombre de la mort,
Ou vont-ils, explorant cette plage stérile,
Rechercher le salut et le retour au port ?...

Mirage!!..... . Le retour et les tendres caresses,
Tout le bonheur perdu reconquis à jamais!!!....
. . . .
— Souffrir!... Subir encor les luttes, les tristesses,
Mais retrouver un jour la patrie et la paix!!!

Et les voilà partis gravissant avec peine
Les sentiers épineux, les monts déchiquetés,
Du haut des noirs sommets cherchant la molle plaine,
Où pourront reposer leurs pieds ensanglantés!

II.

Que de fois arrêtés près des sources taries
Nous les retrouverons sombres et soucieux,
Rê . . t aux doux sentiers dans les vertes prairies,
Aux ruisseaux de cristal sous les chênes ombreux

De leur pays perdu! — Combien de fois en route
Tomberont-ils pliés sous un fardeau trop lourd?
Combien de fois surpris par la nuit, par le doute
Iront-ils chancelant de détour en détour?....

Nous verrons leurs combats, nous verrons leurs conquêtes
Nous verrons des blessés couler le sang vermeil,
Car s'ils ont des ciels bleus, ils auront des tempêtes,
Ils auront des brouillards et des jours de soleil!

Puis ils arriveront aux heures pacifiques,
A la halte, au repos ardemment souhaité,
Au bienfaisant sommeil réparateur magique
De ces leviers puissants: ardeur et volonté!
. . . .
. . . .

7

II.

Nous voici dans la plaine aride, inculte et nue,
Nos voyageurs lassés des déserts sablonneux
Regrettent leurs combats. Rien ne s'offre à leur vue,
La plaine est monotone et les jours sont brumeux.

Cet alanguissement les trouble et les effraie.
Aussi, pendant le jour les voyons-nous penchés
Travaillant avec feu, déracinant l'ivraie,
Fécondant, nivelant les terrains défrichés.

Nous les voyons bientôt traçant sur leur passage
Du champ de l'avenir le glorieux sillon,
Et puis enfin debout luttant avec courage
Pour poser du progrès les bienfaisants jalons.

Quelquefois un beau soir, quelquefois une aurore,
L'éclat doux et voilé des astres de la nuit
Viennent comme un rayon qui réchauffe et qui dore,
Illuminer la voie où l'espoir les conduit !!!........

. . . .

III.

Le voile de la nuit lentement se détache
Et la blonde Phébé s'en va disparaissant,
On commence à sentir le rayon qui se cache,
Aurore en s'éveillant sourit au jour naissant !

Travailleur, lève-toi, c'est la grande journée,
Viens, les épis dorés se penchent dans les champs !
Viens, la plaine t'attend pour être moissonnée
Et pour te saluer, l'oiseau reprend ses chants !

Viens voir sur le coteau les vignes surchargées
Et tes arbres pliant sous le poids de leurs fruits,
Viens voir tes beaux jardins, les routes ombragées
Où les zéphirs joyeux embellissent tes nuits !

Au travail, au travail ! La déesse Abondance
Te jette son trésor et chez toi vient s'asseoir
Hâte-toi de changer l'espoir en jouissance,
Aux granges, moissonneur ! Vendangeur, au pressoir !..

. . . .

. . . .

IV.

Qui donc retrouverait dans ces riches domaines
Les champs tristes et nus tant de fois ravagés,
Et dans ces moissonneurs aux allures sereines
Qui donc reconnaîtrait nos pauvres naufragés ?...

Ils ont lutté, vaincu et leur âme aguerrie
Attend patiemment le moment du retour,
Car au fond de leur cœur vivent pour leur patrie
Les mêmes souvenirs, les regrets et l'amour ! ! !

A. DE MUSSET.

MORALE

NOVEMBRE 1869

Le temps a marché ! Les années se sont écoulées et ont formé les siècles !

Années si dures de l'esclavage, heures si longues de larmes et de torture vous avez passé, mais vous avez été la rosée féconde qui fait germer le progrès ! Vous avez enfanté des pensées, vous avez amené cette liberté de conscience à l'avénement de laquelle tant d'âmes vaillantes ont travaillé !

Enfants, profitez avec paix, avec fruit des trésors si péniblement amassés par vos prédécesseurs dans le champ de la libre pensée !

La vieille église romaine a laissé tomber cette couronne qui faisait d'elle la souveraine de l'Univers, son auréole s'efface, son prestige se perd depuis que le catholicisme a voulu se substituer au christianisme ; mais comme le Seigneur commandant aux envahissements de l'Océan, l'Esprit de Vérité a élevé la voix et lui a dit : *« Tu n'iras pas plus loin !*

« Assez d'abus, assez de tortures infligées au nom du Dieu,
« d'amour et de miséricorde, assez de guerres entreprises au
« nom du Dieu de paix ; assez de domination au nom de
« Celui qui naquit humble et pauvre ; assez d'écrasement en
« disant aux malheureux : Mon joug est doux, mon fardeau
« est léger ! Assez ! Le père veut des enfants et non des
« esclaves, il veut que les âmes viennent à lui librement.
« Assez ! il est temps que sur la terre arrive le règne de la
« Justice, de la Vérité, du Progrès ! »

« Nous chercherons pour répandre la vraie doctrine des
« apôtres fervents qui voudront amasser des trésors pour la
« vie éternelle, mais non de l'or et des honneurs ! Nous
« chercherons des cœurs remplis du feu de l'amour universel,
« ouverts à tous, accueillant tous à l'exemple de Dieu notre
« Père, mais non des fanatiques égarés qui osent dire en en-
« seignant au nom du Créateur : »

« *Hors de nous point de salut !*

« Nous voulons des esprits complétement dégagés des pré-
« jugés, des sottes erreurs, des superstitions qui éteignent la
« lumière et étouffent le progrès. Nous voulons des libres-
« penseurs ! Oui, Libres-penseurs dans sa plus belle et
« plus haute signification. Nous chercherons et nous trouve-
« rons des hommes prêts à se dévouer au bonheur de leurs
« frères, des hommes dont l'abnégation saura aller jusqu'au
« sacrifice ; des hommes assez grands pour ne pas aller se
« heurter à l'orgueil et tomber par lui ! Des hommes ardents,
« zélés, mais non des intolérants prêts à jeter la malédiction
« et l'anathème à tous ceux qui ne partagent pas leurs
« croyances. Des âmes assez avancées pour nous comprendre
« et pour compatir comme nous à toutes les faiblesses, pour
« pardonner, comme nous, toutes les erreurs, toutes les
« fautes ! Des esprits capables de nous aider à la régéné-
« ration du genre humain !

« Nous prierons, Dieu notre Père, de les bénir et nous leur
« apporterons le bouclier qui garde de toute blessure : *La*
« *paix du cœur !* Des armes pour se défendre : *La bonté, l'in-*
« *dulgence, la tolérance.*

« Et ces hommes iront délivrant les âmes enchaînées,
« guérissant les blessures, calmant les souffrances ! Ils iront,
« préparant une génération d'hommes libres qui auront pour
« religion : Dieu ! Pour frein : leur conscience ! Pour loi :
« la charité ! Pour but : la perfection. Les malédictions, les
« fureurs, les haines, ne les atteindront pas, car elles vien-
« dront se briser à un invincible obstacle. *Notre protection !*
« Nous les marquerons du sceau de l'Eternel et ils seront in-
« vulnérables ! Ils seront calomniés peut-être, mais Christ l'a
« été avant eux et c'est lui qu'ils prendront pour modèle ;
« c'est sa sublime doctrine rendue à sa pureté primitive,
« éclairée par la lumière de la vérité, qu'ils donneront à la

« terre. Aussi, je viens, répétant à l'avènement du spiritisme
« ce qui fut dit au berceau du christianisme : Gloire à Dieu
« dans les cieux, et paix sur la terre aux hommes de bonne
« volonté ! »

Spirites, voyez ce qu'on attend de vous. Quand vous serez
calomniés, tournés en ridicule, levez les yeux vers la patrie
et songez que dans la demeure éternelle les plus heureux
sont ceux qui ont le plus souffert pour la sainte cause dont
vous êtes les apôtres. Courage donc et continuez la tâche !

MÉLANCHTHON.

DÉCEMBRE.

*« Et je vous conduirai dans ce pays où coulent le lait et le
« miel et que j'ai promis en héritage à Abraham, Isaac et
Jacob.* (Exode ch. VI.)

Mes frères, pèlerins sur cette terre, je ne puis mieux vous
comparer qu'aux enfants d'Israël traversant les déserts de
l'Arabie pour atteindre la terre promise.

L'eau manque à votre poitrine desséchée par la chaleur
accablante du désert ; la faim vous presse, la fatigue vous
abat, la solitude vous désole, l'obscurité vous effraie ! Mais
voici que le Seigneur a vu vos larmes, a entendu vos plaintes,
et malgré vos fréquents murmures il envoie vers vous ses
serviteurs pour vous montrer un chemin plus doux, une
route où vous trouverez en abondance l'eau, les fruits, les
ombrages !

Enfants d'Israël, écoutez notre voix, ne détournez pas la
tête, ne fermez pas votre cœur, ne dites pas : « Nous n'arri-
« verons jamais, la terre promise est un mensonge, elle
« n'existe pas ! »

Pourquoi, mes frères, cette incrédulité et ces murmures ?

Elle est près de vous, la terre promise, et vous allez l'entrevoir si vous voulez suivre la voie que nous allons vous indiquer.

Au lieu de vous fatiguer à gravir péniblement ces deux montagnes que l'on appelle l'une orgueil, l'autre ambition, que ne prenez-vous ce sentier facile qui passe entre les deux et que j'appellerai simplicité, humilité, modestie?... Au lieu de vous blesser, de vous déchirer parmi les pierres et les ronces que l'égoïsme, l'envie amassent autour de vous, que ne marchez-vous sur cette herbe fine et douce, que je nomme amour du prochain, bonté, indulgence?... Au lieu de vous éloigner des sources fraîches, venez donc et vous trouverez la fontaine d'amour, de dévouement, de charité qui vous donnera le délassement et le repos. Venez, frères, suivez nos indications, et vous trouverez à chaque instant les fruits suaves du travail, de la vie sagement employée, les fruits de la science acquise. Venez et vos nuits seront toujours éclairées par la lumineuse nuée de la Vérité !

Jetez loin de vous, ô fils d'Israël, les petites idoles que vous avez emportées d'Egypte ; démolissez le veau d'or, vous trouverez en échange des croyances sérieuses, des trésors que les voleurs ne sauraient vous dérober ; vous trouverez la foi ardente, sincère, l'amour vivifiant et sauveur, l'espérance solide et fondée. Venez, et votre voyage à travers le désert que vous trouvez si dur et si long vous semblera doux et court, car vous apercevrez la terre promise.

Venez, le Seigneur a juré de faire de vous son peuple ! Venez, prenez les mains que nous vous tendons avec tant d'affection, pauvres frères, et les fatigues, les ennuis de la route vous seront adoucis jusqu'au jour heureux de l'arrivée, de la réunion, de la liberté !

A vous, nos apôtres, nos interprètes, nouveaux Moïses qui depuis longtemps avez entrevu la terre bénie de Chanaan, à vous, nous dirons : travail, dévouement, persévérance !

Arrachez les enfants d'Israël de la servitude des Egyptiens c'est-à-dire des passions humaines ! Mais aussi, comme le fit Moïse, venez souvent sur la montagne, élevez votre âme vers le Père et priez ! Priez pour avoir la force, la sagesse ! Priez pour que Dieu laisse tomber sur vous la divine étincelle qui animera vos paroles, vos écrits, vos actes, et fera de votre groupe, un foyer, un flambeau, un phare toujours allumé pour réchauffer, éclairer et sauver vos frères en leur indiquant la voie du progrès, mais que votre vie leur serve d'exemple.

Que le Dieu de Justice et de bonté bénisse vos travaux, qu'il vous donne la paix, la ferveur, l'espoir et l'amour mutuel !

Urbain Grandier.

DÉCEMBRE.

« Vous avez choisi la meilleure part et elle ne vous sera pas ôtée ! » Chers enfants, je vous vois tous ici cherchant le bonheur au sein d'une fraternelle et mutuelle affection ! Vos grandes joies, vos plaisirs préférés sont nos douces réunions, nos ineffables causeries ! Aux amusements bruyants, aux fêtes qui vous environnent, vous préférez la présence de vos amis d'outre-tombe ! Comme Marie-Magdeleine oubliant tout pour écouter la parole du Christ, vous venez à nous, restez donc, mes enfants, comme elle aussi vous avez choisi la meilleure part et elle ne vous sera point ôtée.

Un jour chacun s'apercevra que vous avez trouvé un trésor et ceux qui vous critiquent, ceux qui vous prennent pour des sots viendront puiser à la même source.

Au lieu de passer leur temps à poursuivre un vain fantôme

de gloire, une ombre de bonheur, ils viendront chercher la satisfaction et la réalité.

Ils viendront, ceux qui veulent s'instruire, et ils trouveront la science !

Ils viendront, ceux que le doute affaiblit chercher la force dans la vérité !

Ils viendront, ceux qui veulent aimer, car voici toute grande ouverte la porte de l'amour universel !

Ils viendront, ceux que blessent le mensonge, l'hypoorisie et ils trouveront la droiture, la Justice !

Ils viendront, ceux qui ont fait le beau rêve de l'émancipation des peuples, et ils leur trouveront le chemin de la délivrance et de la liberté !

Esprits, dont les hautes aspirations, souvenirs d'une autre vie, sont traitées par la foule ignorante de chimères et d'utopies, vous viendrez ici, et à l'ombre du drapeau spirite vous achèverez vos rêves !

Aventureux voyageurs, chercheurs infatigables, voici l'inconnu offert à vos ardentes découvertes, vous viendrez et vous serez éblouis !

Savants qui blanchissez sur vos in-folios, vous aurez ici la clef de bien des problèmes. Vous en aurez la solution, le jour où confiants et simples, vous franchirez la barrière que j'appelle l'orgueil humain !

Et vous, vous, amis éprouvés, torturés par la dure main de la douleur ; vous, oubliés, isolés, abandonnés même par les pauvres joies terrestres, vous viendrez tous chercher un refuge dans la consolante doctrine, vous y trouverez soulagement, délicate tendresse, appui, abri contre le désespoir !

O vous qui souffrez,

Vous qui cherchez,

Vous qui doutez ! l'amour, la vérité, la lumière, vous environneront de toutes parts, vous serez éclairés, consolés, convaincus, et vous bénirez alors les humbles travailleurs qui vous auront adouci la voie en aplanissant les premières difficultés!

O Spirites, aimer, travailler, instruire, améliorer, voilà votre tâche, voilà la part que vous avez choisie, c'est la meilleure et elle ne vous sera point ôtée!

MÉLANCHTHON.

JANVIER 70

Lorsque Christ, notre modèle à tous, répandait sur le monde les premiers éléments de l'Evangile, lorsqu'il vint, envoyé par le Créateur, pour remplacer la dure loi de Moïse par la sainte et divine loi d'amour, les populations attentives, charmées en quelque sorte, le suivaient, se suspendant à ses lèvres pendant ses prédications sublimes. Tous admiraient, mais combien se convertissaient? Quels étaient ceux qui suivirent le Christ? Quelques hommes grossiers, croyant en lui, c'est vrai, mais pour la plupart peu affermis dans leur foi; quelques pauvres femmes, quelques malheureux sauvés par sa charité!

Les Evangiles ne disent point si tous les malades qu'il guérit, tous les malheureux qu'il soulagea crurent en lui, ils constatent au contraire que sur dix lépreux guéris à la fois, un seul songea à lui témoigner sa reconnaissance!

Il en a été ainsi pour le Maître, et vous vous étonnez, vous spirites, de ne pas récolter bien vite le fruit de votre petit travail, de ne point voir votre doctrine se répandre sur la terre avec la rapidité que vous désirez! Mes pauvres amis, l'arbre qui doit un jour labourer votre monde avec ses puissantes racines et l'abriter de ses bienfaisants rameaux est encore la petite herbe qui sort de terre.... et pourtant vous parlez déjà de fruits !

Oh non ! mes enfants, ne vous étonnez pas si vous ne récoltez pas encore, ne vous étonnez même pas si la récolte se fait après votre départ, vous moissonnerez au ciel !

Esprits, vous travaillez pour l'esprit ; votre joie, votre récompense sera aussi toute spirituelle.

Malgré les souffrances, malgré les heurtements continuels, (et ils sont rudes, je le sais) aux pointes des roches d'ici bas, marchez toujours ! Songez que bienheureux vous serez si vous avez travaillé en vue du bonheur universel. Cela seul suffit pour faire de vous des élus !

URBAIN GRANDIER.

DÉCEMBRE 1871.

« Ne craignez-vous pas que le Père se lasse ?... »

Et cette phrase prononcée au milieu de vous, spirites, est acceptée sans réflexion !

Le Père se lasser !... Mais quand donc les hommes le comprendront-ils, ce Père ? Quand sauront-ils que sa miséricorde est infinie, sa patience infinie, sa bonté infinie?... Jamais, sachez-le tous, jamais le Père ne se lasse ! Il est patient, a dit l'un de vos orateurs, parcequ'il est Eternel ! Le malheur des incarnés est de juger Dieu comme ils se jugent eux-mêmes et sans se souvenir qu'ils ont encore bien des routes à parcourir avant d'apercevoir les rayons de la Divinité ?

Ce que l'humanité connaît aujourd'hui de ces rayons, c'est la sensation de l'aveugle quand il est au soleil, et pourtant l'incarné juge, il se permet de juger Dieu !

Pour certains d'entre eux, Dieu se venge, Dieu est irrité, Dieu est jaloux, Il exige un amour exclusif! Dieu toujours mis au niveau de la créature! « Dieu!... Dieu!... Dieu qui d'une pensée donne la vie! Dieu amour! Bonté! Miséricorde! Dieu toujours Père, c'est ainsi que sur la terre on te comprend!

« Le Dieu des armées! Le Dieu de la guerre!... Et ce sont les créatures, ô Père de tous les mondes, qui parlent ainsi de toi! Dieu, être parfait, Dieu que nous comprenons à peine, nous Esprits, Dieu, justice infinie, jette sur la terre un de ces regards qui renouvellent un monde, un de tes regards de feu pour consumer les passions mauvaises, un de tes regards paternels afin que tes enfants aient une idée de ta bonté, de ta suprême miséricorde! »

Dans ce monde arriéré qui fait de Dieu un maître dur, un vengeur sévère, combien peu d'hommes ont accueilli, en mettant de côté les errements du passé, l'idée grande, l'idée fondamentale et vraie de sa nature unique? Quelques chercheurs comme vous, et encore ont ils quelquefois peine à se faire à la réalité simple dans sa grandeur. Quelques spirites, généralement traités de fous! Heureuse folie, ô mes enfants, qui vous mène à la vérité, la vérité qui est l'airain que rien n'entame et qui résiste au temps!

Il faut donc que sur terre comme dans les mondes plus avancés le règne de la vérité arrive, il faut que Dieu aimé par des enfants, compris par des intelligences devienne la seule, la sublime, la sainte religion qui fera de l'humanité une pléiade d'esprits prêts à aller à leur tour racheter des infinités d'autres mondes aujourd'hui en voie de formation.

Mais pour le moment présent, il faut que cette poignée d'esprits choisis avec soin dans tous les rangs, dans toutes les classes, soit la graine précieuse qui ensemencera un des champs de Dieu, d'amour et de paix.... la terre!

Pénétrez-vous bien, mes enfants, de la sainteté de la mission qui vous incombe. Vous serez humiliés, bafoués, persiflés, laissez de côté tout orgueil, oubliez toute passion.

Soyez spirites, c'est-à-dire initiateurs du progrès.

Soyez spirites, c'est-à-dire bons, tout-à-fait et toujours !

Soyez spirites, c'est-à-dire dévoués et prêts à tous les sacrifices pour l'avancement de l'humanité.

Soyez spirites, c'est-à-dire saints dans toutes vos œuvres !

Soyez spirites, ouvrez vos cœurs à l'amour le plus grand, le plus pur, à celui qui fait les martyrs, les héros, les saints ; à l'amour qui rapproche de Dieu, à l'amour universel !

Luttez de dévouement, de foi, de charité ! Foulez aux pieds les misères matérielles, et arrivez devant Dieu notre Père grands par vos œuvres, grands par votre mérite, grands assez pour être enrôlés à jamais sous le drapeau que je tiens à la main et qui est celui de la Vérité !

Esprit de Vérité.

NOVEMBRE

La nuit est froide et noire, les vents déchaînés font monter les vagues jusqu'aux cimes dentelées des roches, un navire est à la côte !... Un craquement terrible se fait entendre aussitôt suivi d'un cri épouvantable, le navire s'est entr'ouvert et chacun des passagers cherche à sauver sa vie en s'accrochant à ses débris ! On entend dans l'obscurité et malgré le bruit de la raffale ces derniers appels de désespoir: « Mon « Père ! Mon enfant ! Ma Mère ! Mon ami !..... » Où sont-ils ces chers êtres que vous appelez au moment suprême, pauvres naufragés ?... Hélas ! Hélas ! ils pensent à vous peut-être, l'un au coin de son feu qui l'égaye, l'autre au milieu de ses affaires qui absorbent sa pensée, l'autre au sein des plaisirs qui captivent son être tout entier ; oui, ils pensent à vous, mais vous entendent-ils, sont-ils saisis par le pressentiment du danger que vous courez ?...

Un moment arrive, de lassitude absolue, le naufragé s'abandonne à la vague, lorsqu'un cri lointain dominant la tempête et les plaintes, vient faire tressaillir tous les cœurs et rendre des forces ! « Un pilote !... Une barque !... » Où est-il ce courageux sauveteur ?... Tous les yeux le cherchent, tous les bras se tendent vers lui ! Il avance, avec peine, mais il vient, et déjà les naufragés aperçoivent la lumière ! Les cris de désespoir deviennent des cris de joie, chacun reprend des forces, les uns soutiennent les autres, le salut est là !...

Spirites, vous êtes ces pilotes bénis qui de l'autre côté de la tombe venez chercher les malheureux souffrants pour les conduire à la paix. Amis dévoués de l'humanité, recevez aujourd'hui avec leurs bénédictions l'assurance du bien que vous leur avez fait !

Ce petit fanal, cette lumière, qui paraît indécise au milieu de la tourmente et que vous avez attachée à votre navire, ne doit plus jamais s'éteindre, mais elle grandira et elle éclairera assez un jour pour éviter tous les naufrages !... Amis, continuez votre tâche, vous avez la foi qui sauve, vous avez le dévouement qui grandit !

Au nom des malheureux soulagés par vous, au nom des coupables ramenés dans la voie, pour les oubliés, les abandonnés, les délaissés dont je me fais ce soir l'interprète, je vous dis: « Merci, continuez à nous donner votre affection « et vos douces consolations ! »

SAINTE-BEUVE.

DÉCEMBRE.

Je suis, mes bien bons amis, l'un des ardents propagateurs des doctrines que vous avez acceptées. Je viens donc en vous tendant une main de frère vous dire combien je serai enchanté de participer aux travaux que vous voulez entreprendre sous la tutelle des Bernard, Melanchthon, Gratiolet, Demeure, Kardec et d'autres beaucoup trop nombreux pour les nommer tous !

Je viens à vous tel que je suis, et si quelque jour nos causeries sont lues, on me reconnaîtra. On peut être gai et grave, on peut chercher les routes émaillées et ombreuses pour monter jusqu'au grand sommet qui porte la splendide couronne de vérité !

On peut endormir les douleurs par des chants, ainsi que fait la mère qui porte en son cœur le sublime instinct de consolation !

Ainsi j'ai fait pendant mon passage sur terre, et reparti, retourné aux régions spirituelles j'ai trouvé des amis inconnus qui m'ont dit merci. Ainsi ferai-je encore, aussi, ne vous attendez de ma part à aucun sermon, nous ferons de la morale avec de douces paroles. Je viendrai toujours vous montrer les joies de l'avenir, vous forcer en quelque sorte à lever la tête, afin de vous empêcher de regarder trop souvent vos pieds saignants ! Je vous dirai toujours : « aimez ! aimez ! » Car avec cela, si vous n'êtes pas complétement heureux, vous ne serez du moins jamais malheureux ; le malheureux sur terre est celui dont le cœur est vide ! Plus ce sentiment d'amour envahit le cœur de l'homme et moins il souffre !

Me voilà suffisamment présenté et j'aurais à peine besoin de me nommer pour être reconnu, cependant je ne vous ferai pas chercher !

A. Dumas.

JANVIER-72

« Charité bien ordonnée commence par soi-même ! » Et voilà le docteur Demeure pris en flagrant délit d'égoïsme ! Oui, je m'en confesse, j'ai pris la place le premier, au grand étonnement de mon ami Jobard qui déjà tenait la main et allait se servir du crayon beaucoup mieux, incontestablement, que je ne vais le faire. Pourtant, voyez jusqu'où va l'amour propre, j'ai idée que personne ne se plaindra, on aime le vieux docteur dans ce petit cercle tout rayonnant d'affection, et le vieux docteur aime aussi ses enfants et ses amis.

Voilà, n'est-il pas vrai, une longue entrée en matière pour vous expliquer ma présence, mais comme chacun sait que je suis très-bavard, je n'ai point à m'excuser.

J'ai un moment à moi, je trouve charmant de venir le passer près de vous ; figurez-vous donc que je m'assieds, que, pour mieux causer je prends ma tabatière, et je continue.

Je commence par vous adresser un compliment, les observations se feront après ; un compliment bien sincère, je vois avec plaisir que l'on fait ici ce que l'on devrait faire dans tous les groupes, on arrive à la séance avec du travail préparé, des réflexions mûries, c'est bien, c'est ainsi qu'il faut continuer ; venant de notre côté, non avec le travail fait, mais avec la volonté de vous aider à l'accomplir nous ne pouvons manquer d'avoir un bon résultat.

Les sujets d'étude ne manquent pas, et dans l'un, dans celui que vous tenez aujourd'hui : *les fluides*, il y en aurait des centaines si l'on cherchait bien. Cependant, il en est un sur lequel j'appelle dès aujourd'hui votre attention quoiqu'il ne semble devoir être approfondi que dans l'avenir : *la réincarnation des êtres !*

Vos journaux vont partout, songez-y, et partout cette loi fondamentale du spiritisme trouve des dissidents, il faut donc leur envoyer un grand nombre de pacifiques projectiles afin qu'ils soient vite rendus.

Le maître a dit: « A chacun selon ses œuvres. » L'œuvre capitale, c'est le travail pour tous, et tenez pour certain que celui qui aura travaillé au développement général des idées, trouvera non un maître, mais un Père indulgent qui récompense au centuple le peu de bien accompli au nom de tous ! Ce que vous faites aujourd'hui, amis, c'est le défrichement, vous préparez l'amélioration de la race qui vous suivra. Vous ne faites que ramasser les pierres pour l'édification du temple mais elles seront cimentées plus tard.

Souvenez-vous seulement que vous ne bâtissez pas sur du sable, que vos doctrines sont vraies et qu'elles sont destinées à fonder une société nouvelle, une religion universelle et immortelle.

Vous ne vous apercevez pas que le docteur fait un discours ?... Enfants, le temps passe vite près de vous; car on se sent aimé, malheureusement les appels retentissent et je dois aller porter ailleurs la consolation ou le soulagement.

Je considère ceci comme un petit repos dans ma vie active. Je vous demande un peu si jamais on se déshabitue des vieux us de la terre ?... Je vous prie de me dire de quel repos a besoin ce vieux bavard de Docteur ?... Je suis incorrigible, et ne veux pas me corriger de ce défaut quand je suis près de vous !

Docteur Demeure.

FÉVRIER

Harmonie ! Harmonie ! Harmonie !
La mélodie est un éclair, la mélodie est un rayon !

L'accompagnement est la base, le soutien, le corps si je puis m'exprimer ainsi de la mélodie qui est l'âme de la musique.

La vie des mondes est une partie de l'harmonie universelle. La vie d'un homme est une partie de l'harmonie relative d'un monde, il faut que tout concoure à cette puissante musique dont les sons doivent monter à la Divinité.

Il faut les notes basses, graves, sonores, il faut les sons pleins et doux, il faut les accords suaves, les souvenirs de l'idéal !

Moralité, charité, amour, voilà la mélodie; intelligence, science, voilà l'accompagnement.

Vous pouvez trouver, dans la vie d'un esprit une ou plusieurs existences toutes de moralité, de même que vous trouvez dans une œuvre musicale plusieurs pensées qui se suivent, mais à un moment donné, l'orchestration reviendra soutenir, appuyer, faire ressortir la ou les pensées mélodiques.

Dans certaines œuvres il y a plus d'accompagnements que de pensées comme à l'époque ou vous vivez, par exemple ; il y a un développement d'intelligence et de savoir qui semble exister au détriment de la moralité ; mais patience, comme la mélodie domine tout à coup douce et tendre le grand bruit de l'orchestre, la moralité à son tour reviendra précéder l'intelligence ! Tout a marché, tout marche, tout marchera de pair, et le grand chef d'orchestre tient son bâton levé !

O Harmonie. tu es en tout ! Heureux ceux qui te sentent, l'admirent, l'entendent dans tous les actes de la sublime création !

Et qu'est-ce que cette harmonie terrestre que l'on trouve si grande auprès de l'immense et majestueuse harmonie universelle ?...

O mes amis, quelque jour je reviendrai près de vous épancher mon âme et vous conter les merveilles qu'il m'a été donné d'entrevoir !

Reposez vos âmes dans le calme émanant du Tout-Puissant, et, pour répondre pleinement à vos pensées, soyez certains que tout marche vers la perfection : Intelligence et vertu, l'une peut devancer l'autre de quelques pas, mais il arrive un moment où elles se joignent. Cette réunion n'a pas toujours lieu dans une incarnation terrestre, mais qu'est-ce que la terre dans l'ensemble que l'esprit doit parcourir?

Oui, l'âme doit arriver aussi haut qu'il est possible et pour cela il ne faut pas seulement qu'elle sache, mais aussi qu'elle pratique.

Montez! Montez avec nous dans l'espace, voyez-y votre véritable vie et ne considérez votre court passage ici-bas que comme une heure d'étude ou un moment de punition toujours mérité.

Je finis comme j'ai commencé. Harmonie en tout et partout!

Harmonie, tu es partie de Dieu et tu remontes vers Lui !

ROSSINI.

FÉVRIER

Ne cherchez point les limites de la perfection, car vous arriveriez à cette barrière infranchissable et incompréhensible : la Divinité !

Ce que sur la terre vous appelez perfection, est un des premiers degrés de la vaste échelle dont le sommet est encore invisible.

Pour gravir ces différents échelons, il faut nécessairement que l'esprit traverse toutes les phases du bien, du beau, du grand, du vrai.

Il faut qu'il arrive à tout savoir, à tout comprendre, à tout expliquer, à pratiquer toutes les vertus; pour celà, par combien de tamis, par combien de creusets ne devra-t-il pas passer !

Il est impossible d'admettre que l'esprit subisse toutes ces nombreuses incarnations sur une seule planète et sans jamais la quitter; ce que vous appelez les temps de repos pour l'esprit sont presque toujours des heures d'études profondes. D'autres fois l'esprit va travailler avec plus de fruit et de rapidité dans des mondes spéciaux où le corps n'est pas la machine dont il faut s'occuper constamment.

Après la science acquise, il faut de toute nécessité que l'œuvre de charité, de solidarité s'accomplisse, alors l'esprit reprend une chaîne terrestre, puisque nous parlons de la terre, et revient apporter là le fruit de son travail ou l'exemple de ses vertus, car, il en est pour l'œuvre morale comme pour l'œuvre intellectuelle, l'esprit qui suit cette voie a besoin comme l'autre d'aller puiser dans des sphères supérieures à la terre, les vertus, les bons principes qu'il doit apporter un jour à l'humanité sa famille première.

Pour connaître le degré de perfection relatif à la terre, ouvrez la bible et voyez ce que dit Christ lui-même. Elle est contenue en quelques mots dont la pratique doit être bien difficile, à en juger par le petit nombre de ceux qui l'observent; « Aimez-vous les uns les autres ! »

Quand les hommes s'aimeront, ils sauront répandre la science et le progrès marchera au perfectionnement, mais ils ont besoin auparavant de se refondre encore bien des fois, de renouveler leurs aspirations, de savoir diriger et maîtriser les passions qui leur sont données pour les pousser en avant, et surtout de comprendre qu'ils sont sur la terre pour autre chose que pour s'amuser, bien vivre et dominer.

De même que sur terre le riche doit ou devrait être le banquier du pauvre, de même les mondes sont solidaires et doivent se prêter mutuellement leurs richesses morales ou intellectuelles.

A ceux qui possèdent la science à en donner aux ignorants, à ceux qui ont acquis une perfection plus grande à envoyer des missionnaires aux arriérés.

Nous reconnaissons là la justice suprême et la bonté inépuisable du Créateur de toute chose. Près de Lui se trouve le sommet du grand principe de solidarité, de charité, d'amour. Dieu ne permet pas l'égoïsme et tout ce que l'esprit acquiert dans ses différents stages, devient la propriété de tous et doit se répartir sur ceux qui n'ont pas encore, Solidarité, Union, Amour universel !

Universel, veut dire la réunion de tous les mondes ; l'univers, c'est la création entière, de ses parties les plus arriérées jusqu'aux plus avancées.

Je comprends votre peine à me suivre, votre esprit étant momentanément enfermé dans des limites bien restreintes et le souvenir des splendeurs autrefois entrevues recouvertes par le voile de l'oubli. Pourtant, grâce aux principes que vous avez puisés dans la vie extra-terrestre et dont en naissant ici bas vous avez apporté le germe, grâce à la bonté de Dieu qui permet que nous puissions vous entretenir dans cette voie et élever vos âmes aux hauteurs sublimes, vous pouvez cependant nous suivre par la pensée. Je voudrais, vous prenant tous par la main, vous emmener au delà des limites de votre planète et vous faire contempler le travail qui s'opère dans les mondes placés à quelques degrés au dessus de la terre. Vous verriez les esprits travaillant comme l'abeille à ramasser le butin de science, miel exquis que le Créateur laissera tomber goutte à goutte sur votre terre aride ! Dans d'autres vous verriez toutes les vertus pratiquées, tous les devoirs remplis, et les futurs missionnaires, les futurs martyrs, les futurs bien heureux préparant leurs missions ou pour mieux dire la sainte mission du travail dans les mondes les moins avancés.

Oh ! mes enfants, Dieu est grand, Dieu est bon, Dieu est parfait. Vous êtes des enfants naissants, reposez-vous donc sur le sein de votre Père, vous y trouverez le calme et la paix ! Vous y trouverez la force de vous dévouer dans la petite sphère d'action où chacun de vous est placé.

Ayez confiance, ce qu'il vous sera donné d'apprendre est bien beau, bien consolant, bien grand ! Etudiez votre chère doctrine qui vous mène petit à petit dans la grande voie du progrès et de la perfection en Dieu !

PAUL.

MARS

Au ciel pas une étoile !... Les vagues furieuses se brisent en frangeant d'écume la pointe des rochers !... Les vents déchaînés, la tempête hurlante couvrent les cris des naufragés et les appels pressants du canon de détresse !... Pauvre navire, de quel côté tourner ?... D'une part le roc pour te briser, de l'autre le gouffre pour t'engloutir !...

Quelques hommes courageux, placés dans la mâture ont aperçu au loin une pâle et tremblante lumière !... Serait-ce le phare ?... Pauvre navire, tant de fois trompé dans ton attente, tu n'oses te diriger de son côté, et pourtant ce point lumineux t'attire comme s'il devait être le terme de tes dangers !

O naufragés, quel serait parmi vous l'insensé qui dans cette heure de tempête ne voudrait pas courber le front et prier ?... N'est-elle pas toute puissante, cette humble prière qui monte jusqu'au Créateur et peut faire rayonner sur vous en ce mo-

ment de doute affreux, l'inspiration qui vous sauvera tous !...
Cette clarté intérieure qui vous montrera votre navire courant sur les écueils au lieu d'aller au port !...

Matelots, priez et puis luttez contre les éléments furieux,
luttez, car le port est là !... Avec le port, le salut et la vie, le
nouveau monde, le pays tant cherché, le soleil, les beaux
jours, la vivifiante chaleur, les sources fraîches, les ombrages,
les fruits savoureux, la riche nature, le séduisant inconnu,
les découvertes, les études, le but du voyage !...

Amis, vous avez certainement compris ma pensée et dans
ce navire en détresse, vous avez reconnu la société moderne.
Oh oui, la tempête gronde, le vent des passions mugit, l'incrédulité obscurcit les grandes pensées, éteint les hautes aspirations ! Mais Dieu a entendu les cris des naufragés ; la prière
de quelques uns d'entre eux et la rayonnante clarté de votre
doctrine va dissiper l'orage, apaiser les vents, illuminer
la nuit !

Vous qui commencez à apercevoir le phare, dévouez-vous
pour sauver l'équipage, donnez du courage, de l'espoir, de la
foi à ceux qui en manquent, prenez en main le gouvernail,
l'intelligence; et dirigez-le vers la lumière, vers le progrès,
vers le salut !

VERGNIAUD.

* * *

25 DÉCEMBRE-1872

« Venez à moi ! Venez, mon joug est doux, mon fardeau
« est léger à porter ! »

Mes enfants, le progrès comme tout ce qui doit durer, est
long à s'accomplir, un pas ne se fait qu'après l'autre !

Tous les hommes sont égaux, tous les hommes sont frères,

tous sont mes enfants! Parmi ces enfants, les aînés sont des hommes, et ces aînés, spirites, c'est vous ! Vous, cœurs forts, cœurs brisés à la lutte, vous à qui je puis venir apporter moi-même la force et la paix ! Vous, à qui je puis donner ma pensée sans qu'aucun sentiment d'orgueil vienne ternir la limpidité de votre âme ! Vous, que je puis nommer mes apôtres, vous, sur lesquels je dirige un rayon ! Vous, minorité bien humble, vous germe !... Au germe il faut le soleil, il faut la rosée, puisqu'il doit porter des fruits !

Je viens à vous *moi-même*, car je veux centupler vos forces, je viens vous dire une fois encore : « Marchez, vous ne tom-
« berez pas, je suis là et je vous soutiendrai ! »

Je viens mettre en vos mains le drapeau que je tiens, le drapeau de la vérité, de la justice, du progrès, de la science, de la liberté, de l'amour !

Je vous place sur la voie, et si je vous laisse sur terre, ô mes bien-aimés, c'est que vous m'avez offert votre vie; mais je ne vous laisse pas seuls, une étincelle de ma pensée est toujours avec vous ! Je ne vous laisse pas seuls, car je vous ai donné des guides, je ne vous abandonne pas, puisque je vous laisse ma paix, puisque je viens de loin en loin renouveler vos forces et retremper vos âmes à la source de vie et de vérité ! Je ne vous oublie pas, puisque sans cesse je vous attire à moi !

Mes enfants, mes bien aimés, soyez vigilants et forts, vivez non pour la terre qui est votre exil, mais dans l'espoir de retrouver la patrie !

Soyez doux et patients, soyez droits, soyez vrais et marchez fermement !

Apôtres, à vous la lutte, à vous le travail, mais à vous la certitude de mon appui ! A vous la charité, à vous la paix sur la terre, puisque vous êtes les représentants de la fraternité !

Esprit de Vérité.

31 DÉCEMBRE 72

Permettez d'abord, puisque je viens à vous, que je vous appelle mes amis, et puisque vous vous dévouez à l'étude de l'humanité, que je vous aide dans vos recherches.

La tâche n'est pas facile, et moi qui l'ai entreprise avant vous, je l'ai souvent trouvée très-pénible.

Aujourd'hui, sur la terre, ceux qui m'ont compris me louent, trop, quelquefois, mais ceux dont j'ai stigmatisé le vice ou la sottise, trouvent nécessairement que j'ai exagéré. En ai-je trop dit, pourtant, ai-je été plus loin que la vérité ?... Non, malheureusement, et je suis bien obligé d'avouer que je n'ai fait que peindre d'après nature.

Le cœur humain est un chef-d'œuvre admirablement beau, mais les plaies qui le couvrent sont hideuses ! J'ai porté le fer rouge sur ces plaies et ceux qui ont senti la brûlure ont crié.... Ce devait être !

Mais le chirurgien laisse crier le malade et n'en persiste pas moins à achever son œuvre de guérison. Ainsi ai-je fait, ainsi ferai-je encore ce que je crois mon devoir.

Si par moment j'ai été dur, exclusif, j'ai été bien indulgent dans d'autres, et pourtant ceux qui me jugent ont dit souvent : « Il a appuyé sur les blessures, il a été mordant parcequ'il souffrait ! » Non, ne me jugez pas ainsi, j'ai été dur, parcequ'il le fallait, et si j'avais à recommencer aujourd'hui peut-être le serais-je plus encore.

Comprenez-moi bien quand vous me lirez, ne jugez pas du travail par les accessoires, cherchez le fond de ma pensée et vous trouverez la vérité toujours.

On ne saurait venir à vous ce soir sans vous apporter quelque chose, ne fut-ce qu'un souhait !

Je vous désire et voudrais vous apporter la perspicacité.

Je voudrais donner à chacun de vous un petit miroir pareil à celui que la vérité tient dans sa main et possédant les mêmes vertus. Je vous souhaite à tous de marcher droit au but que vous avez choisi, sans vaciller, sans tourner la tête, sans jamais faire un pas en arrière !

H. de Balzac.

1er JANVIER 73

Mes amis, vous avez la foi, vous êtes bien heureux ; vous avez l'intelligence qui vous éclaire la route et l'idéal qui vous l'embellit !

Dans le cours de la vie il y a des jours gais et des jours tristes !

Les beaux jours du printemps avec ses fleurs et son ciel bleu ! Les jours d'été avec l'accablante chaleur, mais les beaux champs dorés, les villages en fête, les chansons des moissonneurs !

Les journées d'automne, les riches vendanges, ces journées tantôt tièdes, tantôt fraiches !

Les journées d'hiver auprès d'un bon feu, avec la main d'un ami dans la sienne, avec un bon livre, quelquefois le meilleur des amis !

Mais à côté de ces belles journées et dans toutes les saisons, il y a les jours brumeux et sombres, la triste pluie, la boue.

Je compare votre existence spirituelle aux différentes saisons et j'admets que vous êtes en été ! Votre été vous le voyez triste, mais je me permets de n'avoir pas le même avis. Il y a bien quelque brume par-ci, par là, qui couvre certains jours, mais ne voyez-vous pas les voitures se charger et les greniers se remplir ?...

Du reste je vous l'ai dit tout d'abord, vous avez la foi, et si de temps à autre quelques nuages vous cachent le soleil,

vous savez avec certitude qu'ils se dissiperont ! Courage donc,
pas de défaillances et jamais de faiblesses ! A côté d'une
journée de pluie se trouve un beau et gai rayon !

A. DUMAS.

FÉVRIER-73

L'harmonie des sons, l'harmonie des couleurs, l'harmonie des sensations, toutes ces harmonies réunies,
ne sont-elles pas le prélude de la sublime harmonie des
pensées qui les renferme toutes ?... Cette jouissance
extrême est le partage des habitants des mondes supérieurs
et elle est l'acheminement qui conduit à cette harmonie
créatrice, à cette sublimité que nous ne pouvons concevoir
encore et que dans notre pauvreté d'expressions, nous nommons l'harmonie divine.

Avec une telle perspective qu'importent la longueur et la
fatigue du chemin ?... Qu'est-ce que le temps, qu'est-ce que
les années quand on a pour soi l'éternité ?...

Prisonniers sur la terre, vous devez aspirer sans cesse au
moment de votre délivrance, et nous venons encore exciter
ce désir en vous parlant des splendeurs, des joies de la patrie !
En élevant ainsi vos pensées, nous augmentons vos forces et
nous developpons votre dévouement. De ce dévouement,
sortira le travail dont profiteront les intelligences futures et à
la suite duquel s'accomplira l'affranchissement des peuples !

Une heure solennelle s'approche, c'est celle de la fraternité.
Cette heure sonnera-t-elle au milieu du calme résultant de la
grandeur et de la majesté des idées ?... Ne sonnera-t-elle pas
au contraire au bruit de l'écroulement, du renversement et
de la tempête ?... Dieu seul sait cela, mais que nous importe

pourvu que le progrès la suive, pourvu que l'humanité sorte de sa léthargie, secoue l'ignorance qui la tient captive et s'élève par sa moralité et son intelligence vers les régions supérieures ?... Qu'importent les crises, si les crises doivent la sauver ?

Pour adoucir les secousses, pour que les crises soient moins douloureuses, tâchez, spirites, de faire beaucoup d'adeptes, enrôlez sous votre drapeau un grand nombre de travailleurs. Ces hommes dévoués à la pratique de la charité apporteront dans leur milieu, le calme, les notions de justice et d'amour fraternel qu'ils auront puisées dans les doctrines que vous cherchez à répandre sur la terre.

Leur influence se fera sentir, et plus ils seront nombreux, moins les chocs seront terribles.

Silvio Pellico.

MARS-1873

J'ai fait pour venir à vous ce soir, ma plus grande toilette fluidique. J'arrive à vous, mes sœurs, mes frères, toute chargée de bonheur spirituel qui retombe sur vous comme une rosée !

Je vous porte mes félicitations, car je vois que, vous savez chercher la paix où elle se trouve, que vous êtes assez sages pour puiser vos joies à la source infinie ! Soyez donc heureux, vous qui avez entrouvert la prison afin d'apercevoir le ciel bleu et les rayons dorés !

Vous avez secoué le manteau de glace et le froid égoïsme s'est fondu aux doux sentiments fraternels qui s'épanouissent dans vos cœurs. Aussi, vous avez le printemps perpétuel; descendez la vie sur ce fleuve caressant et calme, voguez à pleines voiles, car la brise qui vous pousse, s'appelle : Progrès ! Voguez, les rives sont fleuries, le fleuve s'appelle Dévouement, le port se nomme : Amour universel, et le soleil qui vous eclaire.... Dieu !

Delphine de Girardin.

AVRIL 1873

Cette terre que vous maudissez, ô mes frères est pourtant le champ fécond qui par vos travaux, vos sueurs, doit devenir la terre promise, le paradis terrestre ! Terre autrefois inculte, aujourd'hui encore un peu rebelle et ingrate, mais terre d'avenir, champ plein de promesses, monde d'espérance et de progrès, car la pensée, dont la présence était à peine sensible il y a quelques siècles, commence à faire sentir sa supériorité et sa royauté.

Terre d'avenir, puisque la vérité y a planté son drapeau, puisque la rayonnante étoile qu'on appelle *savoir* a déchiré le voile, et montre à tous ceux qui veulent lever les yeux vers elle, la vraie vie, la vie future, le progrès, la perfection, Dieu !

Champ plein de promesses ! Le doux germe du fruit d'amour jeté par le Christ, commence à se fortifier dans sa racine et à montrer sa tige encore frêle et délicate. Déjà et partout s'élève un cri, une harmonie, un cantique : Fraternité ! Union ! Solidarité !... C'est encore un souffle, un écho lointain, une brise embaumée dont on perçoit à peine les premiers baisers, mais cet écho deviendra une voix, voix puissante et dominatrice, cette brise deviendra l'air vivifiant et pur qui régénérera et rajeunira la terre !

Monde d'espérance ! Ne voyez-vous pas de tous côtés la

liberté envahir les barrières de l'absolutisme, la science chasser loin devant elle l'ignorance à l'œil morne et inquiet?.. Ne voyez-vous pas la libre-pensée radieuse se faire place au jour, au soleil ; se faire bien grande, s'établir avec calme afin de remplacer l'intolérance sanglante et injuste ?.. Ne voyez-vous pas le génie s'élever malgré tout et devenir le roi, le seul souverain de l'avenir ?.. N'entendez-vous pas s'accomplir autour de vous ce travail lent mais sûr du progrès sous toutes les faces ?... Ne sentez-vous pas arriver l'époque nouvelle, le jour de la science libre, de la conscience libre, de la libre fraternité ?...

Ah ! ne cherchez pas en arrière, mais voyez l'avenir auquel vous, spirites, préparez aussi les voies. Ne désespérez jamais, et ne pronostiquez rien en jugeant tout sur votre époque qui est un moment de crise et de transition. Confiance, persévérance, dévouement sans bornes à la cause humaine, voilà ce que nous ne cesserons de vous répéter car c'est pour vous la vie, plus que la vie, le bonheur !

ECMONT.

AVRIL 1873.

L'heure de la régénération a sonné, il est temps que les hommes se lèvent! Une voix lointaine, une voix de la patrie vous apporte un mot: *Progrès !* Progrès non par la violence, mais par la raison.

Il est temps de renverser le veau d'or !... Comme autrefois Moïse descendit du Sinaï apportant la loi, nous aussi nous descendons de cet autre Sinaï qui est la vie spirituelle et nous vous apportons la foi spirite, *la loi*, nouvelle pour vous, ancienne et éternelle comme Dieu ! *La loi* que nous gravons dans vos cœurs !

Privilégiés que vous êtes, comprenez-vous bien tout ce que votre mission sur terre vous demande de dévouement? Comprenez-vous que des apôtres ne doivent pas être des hommes ordinaires?... Comprenez-vous que rien, *rien*, ne doit vous coûter?.. Saurez-vous, jetant au loin le manteau de l'orgeuil, vous montrer véritablement ce que vous êtes?... Saurez-vous, aimant l'humanité plus que vous même, faire abstraction complète de tout sentiment égoïste?...

Aurez-vous la force, malgré les douleurs, malgré les chutes peut-être, d'avancer toujours sans que votre drapeau soit abaissé? Vous sentez-vous le courage d'aimer plus que vous-mêmes ce prochain qui vous entoure?... Vous qui, en acceptant cette incarnation vous êtes entièrement donnés, remplirez-vous votre mandat?...

Oui !... J'en ai l'espoir ! Oui !... j'en ai la certitude !

Vous marcherez au devant des forces, vous les attirerez et elles viendront à vous.

Loin de vous les découragements, loin de vous les incertitudes qui entravent, il faut vaincre. — Vous vaincrez! Il faut arriver — Vous arriverez, non pas seulement parce que vous serez aidés, mais aussi parceque vous l'aurez voulu !

LACORDAIRE.

AVRIL 1873. (Jeudi Saint)

Jésus élevant le calice leur dit: « Faites ceci en mémoire de moi » !

Ce que les catholiques fanatiques expliquent d'une manière absolue, j'espère, ô mes amis, que vous l'avez compris ! Je veux croire que cette parole du Christ a été saisie par vous dans son véritable sens.

La Cène est une grande figure !... Qu'est-ce, en effet, que ce pain partagé, que ce vin bu au même calice, sinon la vérité d'abord, la foi et l'amour ensuite, distribués également à toutes les créatures !

Que disait à ses apôtres, ce maître si doux et si grand ?..
« O vous que j'ai choisis parmi tous, après vous êtes nourris
« de ma pensée, après avoir aspiré près de moi ces fluides
« épurés, que j'ai pu vous apporter des mondes supérieurs au
« vôtre; après avoir pris de mon âme ce qu'elle contient
« d'amour pour votre humanité ; ô vous, mes apôtres, vous,
« mes successeurs, prenez encore une fois de ma main, ce
« pain qui est la parole de vie, prenez ce calice avec son
« auréole de vérité, et lorsque je vous aurai quittés, comme
« moi, pour moi, en mémoire de moi, rompez ce pain en
« petites parcelles, et donnez à tous la vie et l'amour !
« Répandez le vin du calice et donnez à tous la vérité et les
« forces ! Appelez au divin banquet tous les hommes, choi-
« sissez parmi les petits, cherchez les humbles, appelez les
« affamés ! Elevez le calice et que tous accourent, ouvrez vos
« cœurs et que la charité s'en échappe !

    « J'ai donné ma vie pour tous et je vous laisse continuer
« mon œuvre ! »

Mes amis, je ne suis pas le Christ et vous n'êtes pas les apôtres, prenons néanmoins, vous et moi, le sens de ces paroles et appliquons-le à la situation présente. Ne sommes-nous pas voués les uns et les autres au perfectionnement de la religion ?.. Votre tâche n'est-elle pas, à vous comme à nous, en arrachant l'ivraie de faire fructifier le champ du Seigneur ?.. A l'exemple du maître ne devons-nous pas donner pour la réussite de notre entreprise, vie, volonté et travail ?..

Ne devons nous pas, laissant de côté tout attrait égoïste, marcher ferme et droit dans la voie choisie, et faire avancer

vers le progrès cette humanité qui est notre famille ?...—
Nous le devons, vous le devez !

Aussi, me conformant à la loi, je vous apporte ce soir,
ô mes amis, la communion pascale, je vous apporte de la
patrie la paix, les bonnes pensées, le grand courage qui vous
fera faire des merveilles !

Je vous apporte la foi, qui transporte les montagnes! Je vous
apporte *la certitude* que vous êtes dans le vrai, la confirmation des paroles qui vous ont été dites jusqu'aujourd'hui, et,
au nom de vos protecteurs, envoyé par eux vers vous, je
vais vous dire un mot bien consolant et bien doux : *continuez !*

La communion que je vous apporte, c'est cette joie intérieure, partage de tout homme qui veut faire le bien et qui
est certain du bien qu'il fait ; c'est la vérité rayonnant sans
vous éblouir, c'est la fraternité qui vous unit, qui nous unit
à vous; c'est, mes enfants, tout ce qu'il y a de bon et de saint
sur la terre ! C'est un nuage écarté qui vous montre la patrie,
ainsi donc, vous aussi soyez apôtres, vous aussi, et en mémoi·
re du modèle que vous avez constamment sous les yeux,
donnez autour de vous et à tous la vie, l'amour, la liberté !
La vie, avec votre doctrine, la vérité, avec l'explication
de cette doctrine, avec son perfectionnement, avec son esprit!
L'amour, avec votre charité, toujours ardente, toujours active
et jamais en défaut, votre charité jamais lassée, jamais ar-
rêtée !

Si vous agissez ainsi, mes frères, vous pourrez tourner vos
yeux vers le maître, au jour du retour à la vie spirituelle, et
montant vers lui vous pourrez lui demander avec confiance : « Maître, ai-je été un serviteur fidèle ? » Vous pourrez
le demander avec la conviction intime qu'il vous sera répondu : « Oui! »

Allez donc, continuez votre œuvre en mémoire de l'Etre supérieur qui vous a tout donné !

LACORDAIRE.

AVRIL-73, (Vendredi-Saint).

Enfants, partout ce soir on glorifie la mort du Christ, partout on fait fausse route, car ce n'est point sa mort qui vous a rachetés, c'est sa vie !

La souffrance est peu de chose, la mort n'est rien! Quelques heures de souffrances ne sont pas un sacrifice tellement inouï, car bien des hommes l'ont accompli, martyrs de leur idée !

Mais ce qui est quelque chose, ce que j'ai donné à la terre dans la plénitude de ma volonté et de mon amour pour elle, c'est l'incarnation, c'est ma pensée, c'est ma doctrine d'amour et de liberté ! Ce qui est le rachat de la terre, c'est la vie spirituelle dont j'ai montré l'existence, c'est le moyen de vaincre la matière et d'arriver au perfectionnement que je lui ai enseigné à chaque moment de ma vie ici-bas !

Comprenez donc bien la vraie voie, comprenez cet enchaînement sublime des œuvres de la création ! Comprenez que monter c'est se rapprocher de Dieu, de Dieu principe des êtres, puissance, justice, bonté !

Continuateurs de mon œuvre, retenez-bien mes paroles. — Un seul chemin même à la perfection : La charité !

Enseignez ma doctrine dans toute sa simplicité. Montrez aux aveugles qui vous entourent la puérilité de leurs coutumes, la vanité de leur culte. Montrez que celui-là seul qu'on doit adorer, c'est Dieu ! Dites que le plus beau des temples c'est un cœur pur, que la meilleure prière c'est le travail, c'est la pensée d'amour pour les créatures et de reconnaissance pour le créateur !

Loin, bien loin de vous, enfants, les croyances rétrogrades qui font de Dieu un homme ! Chassez tout ce qui n'est pas pur, éloignez les mauvais sentiments qui sont les vendeurs du temple et le souillent ! Priez et agissez ! Préparez le jour de la religion de la conscience, le jour du vrai culte à Dieu, le jour de la fraternité, le jour de la paix !

Prêchez non seulement de paroles, mais surtout d'exemple ! Je vous donne ma pensée, je vous attire à moi, marchez en paix sous l'ombre de mon drapeau !

Esprit de vérité.

MAI-73.

Un très petit nombre d'habitants de la terre a compris ce qui constitue la vraie vie de l'esprit. Seulement quelques hommes d'élite ont su se mettre au-dessus du niveau ordinaire et se faire sous le ciel de tous un ciel à part. Parmi ceux-là quelques uns sont arrivés sur terre apportant au fond de leur pensée et de leur cœur une vivante image de la patrie : Le dévouement !...

Y en a-t-il beaucoup qui savent faire généralement et sans arrière-pensée le complet sacrifice de leur *moi* ?... Qui savent marchant sur les préjugés et mettant de côté les jugements aventurés des hommes, consacrer une vie tout entière à aider l'humanité, à soutenir ses pas sur la route si difficile du progrès ?...

Honneur à ceux-là et bonheur pour eux ! C'est à eux que le créateur ouvrira la porte des mondes heureux en leur disant : « Venez vous reposer ici des fatigues endurées pour les hom-

« mes, venez puiser de nouvelles forces, chercher dans de plus
« profondes études un savoir plus grand, car la tâche de l'es-
« prit ne finit jamais ! »

Quelle que soit la voie suivie par l'un ou l'autre de ces
esprits dévoués, elle est bonne et sûre, n'en doutez pas, et, si
obscure, si minime que vous paraisse la tâche qu'il accomplit,
envoyez-lui toujours les bénédictions de votre cœur, aidez-le,
si vous en avez la possibilité, en écartant les obstacles qui
pourraient entraver sa marche.

Vous êtes solidaires, vous êtes frères, et ce que vous ferez
aujourd'hui pour l'un vous sera rendu dans l'avenir par lui
ou par un autre.

Le mot d'ordre du spiritisme n'est-il pas : dévouement ?...
Ce mot devrait être gravé en tête de tous vos ouvrages !

C. Nodier.

MAI-1873.

Vie éternelle !... Vie universelle !... Vie spirituelle !

Vie éternelle c'est-à-dire Dieu ! c'est-à-dire cet Etre, ce
Principe de tout, sans commencement et sans fin, sans forme
compréhensible pour la créature imparfaite !

Perfection absolue, embrassant les univers sous son regard,
et les renouvelant d'un acte de sa volonté d'une puissance
sans limites !

Dieu, Science infinie et insondable ! Dieu, assistant à la formation, au progrès, au perfectionnement des mondes en même
temps qu'à l'éclosion d'une étincelle, d'un germe animique,
à ses différentes vies, à sa marche ascendante vers *Lui* Perfection infinie !

Dieu ! Pensée, Intelligence, Amour ! Dieu Vie et Vie éternelle ! Dieu, Principe de tout, Ame des âmes ! Dieu, Commencement et Fin !

Aujourd'hui, grâce à la foi nouvelle dont vous êtes les adeptes, on cherche à montrer Dieu autrement que par une comparaison humaine. D'un pas craintif encore l'humanité s'avance, et, commençant à comprendre, elle commence à aimer !

Dieu, Vie éternelle par lui-même, avons-nous dit, et dans l'ensemble de sa création Vie universelle !

Vie, depuis le grain de sable jusquà l'homme, vie de la planète et vie du minéral, vie sur terre et dans les airs, vie par les fluides et vie dans la matière, ! Vie et progrès partout et dans tout !

Ce qui vous apprend, ô hommes, que rien n'est inutile, que rien n'est perdu, que rien ne meurt puisque tout est appelé comme vous à la troisième vie.

Vie spirituelle ! Ici j'entre complétement dans vos études, car j'admets comme vous la vie spirituelle pour tous les êtres après leurs différents stages dans la matière. J'admets cet être devenant intelligence et ensuite esprit et je remercie la divine Volonté qui répand sur tous le rayon et la pensée ! N'est-ce pas là, en effet, l'idée la plus large, la plus haute, la plus généreuse que vous puissiez vous faire de la justice et de la puissance divine qui crée, qui attire, qui élève sans cesse même la plus petite parcelle sortie de ses mains ?...

Pourquoi en effet tout ce qui sort du créateur ne lui reviendrait-il pas ?

Pourquoi l'intelligence et ses jouissances exquises à une partie des êtres créés, et l'état inerte ou la vie animale pour les autres ?

Pourquoi douter de cette bonté admirable et infinie, de cette bonté si grande que le petit orgueil des hommes ne saurait la comprendre, de cette souveraine et suprême justice qui ouvre à tous les portes de l'éternité, qui promet à tous après le progrès et le travail : le bonheur !

Je m'arrête en vous disant : « O vous qui commencez à
« présent vos études et votre vie sérieuse, que jamais un
« sentiment d'orgueil humain ne vienne en obscurcissant
« votre pensée vous empêcher de voir au delà de votre hori-
« zon restreint ! En cherchant à vous élever, n'oubliez pas
« combien vous avez été peu de chose et ce qu'il faut de
« temps, compté d'après la mesure terrestre, pour arriver à
« comprendre la véritable vie des êtres, leur création, leurs
« lentes transformations, leur perfectionnement, leur spiri-
« tualisation !

Vous le voyez, amis, la vie de l'être est longue, mais il a l'éternité !...

JEAN REYNAUD.

MAI-73.

L'homme est envoyé sur la terre pour perfectionner son âme au moyen de son corps. L'âme immortelle a besoin pour monter, de nombreux voyages sur les mondes matériels. L'âme, petite parcelle émanant de Dieu, envoyée par lui dans l'infini, l'âme, être d'abord, a besoin de ses stations sur les différents mondes, où elle est obligée de passer par tous les degrés de la création pour remonter pure et parfaite à sa source divine.

Ce monde que vous habitez, point presque imperceptible dans l'espace, est encore l'une des premières demeures, l'une des premières stations du voyage de l'esprit. Il s'agit pour vous qui comprenez l'avenir de faire de cette terre un séjour de paix et de progrès. Il s'agit de la renouveler ;

c'est une œuvre sérieuse, difficile et longue ! A ceux qui entreprendront cette tâche, à ceux surtout qui la commenceront, il faudra beaucoup, beaucoup de dévouement !

Tous les jours j'entends dire que la société est gangrénée, qu'aucun bon sentiment ne se fait jour. Je me permet d'avoir un avis différent. C'est souvent au moment de la crise que le malade est sauvé, il faut que les passions soient déchainées pour qu'elles soient réprimées ; il faut que les abus arrivent à leur comble pour que l'indignation les fasse cesser ; il faut que l'humanité découragée d'une foi peu solide, en cherche, en trouve une inébranlable.

Oui, il faut que tombe le vieil édifice, mais sur ses bases il faut que le nouveau soit construit ; il faut que la routine soit remplacée par la croyance droite, ferme ; il faut que la vérité remplace l'absurdité.

Vous êtes ici pour chercher cette vérité, nous venons vous la montrer ou tout au moins vous aider à la trouver. Tous les jours vous verrez s'opérer autour de vous de nouvelles manifestations, parceque la terre arrive à une époque où forcément doivent s'unir le monde visible et le monde occulte. — Parce que la mort qui n'est qu'une transition a passé sur l'un de vous, il n'est point parti pour toujours ! Le milieu qui attire, la force qui retient subsistent encore, et si le corps s'en va, si le manteau tombe, l'esprit n'en reste pas moins dans le milieu qui est son élément.

Comme les anneaux d'une même chaine, notre monde invisible et votre monde incarné sont liés l'une à l'autre. C'est donc sans miracle et par une loi magnétique toute naturelle que nous pouvons venir vous donner notre pensée, vous aider de nos conseils, vous consoler quelquefois.

Partout où nous voyons des hommes chercher la vérité nous sommes attirés, car s'il est pour l'homme un savoir de grande importance, c'est celui qui doit lui dévoiler son avenir, lui montrer les fautes de son passé et lui apprendre ce qu'il a à faire pour arriver au but qu'il se propose.

Nous vous l'avons dit souvent, la vie de la matière n'est rien, ce qu'il importe à l'homme sur la terre c'est d'arriver à la fin de sa vie dépouillé de ses imperfections et en état de préparer dans l'erraticité une vie de dévouement et de travail.

Il est du devoir de chaque homme de se consacrer à l'humanité dont il fait partie, humanité qui est en quelque sorte lui-même. Il est du devoir de tout spirite de se donner davantage encore en mettant au service de ses frères tout son acquit intellectuel et les trésors de sa charité.

Voilà ce que c'est que le spiritisme !

Doctrine nouvelle disent les uns, doctrine absurde et ridicule disent les autres, seulement, qui vivra verra !

Mettre la vérité dans tout, porter la lumière partout, apprendre aux hommes la vraie fraternité, les conduire pas à pas à une appréciation plus exacte de la divinité, leur montrer. non seulement, la solidarité des hommes les uns vis à vis des autres, mais celle des mondes entre-eux, élever l'âme au-dessus des passions humaines, la rendre à sa mission de charité, d'amour universel, faire de la terre un séjour de progrès, de paix, de liberté, voilà quelle sera l'œuvre du spiritisme.

N'oubliez pas que tous les commencements sont difficiles, qu'il faut faire la part des hésitations, des tatonnements, des exaltations, des exagérations, aussi ne jugez pas cette doctrine sur le présent, mais croyez qu'elle accomplira dans l'avenir une œuvre grande et sainte, qu'elle sera pour l'homme un soutien dans ses épreuves, qu'elle lui fera faire un grand pas vers le progrès, qu'elle apportera à la terre un rayon de la Divinité créatrice !

LAMENNAIS.

MAI-73

« Et les hébreux vinrent trouver Moïse en murmurant, et
« lui dirent : Nos outres sont vides, nos provisions sont épui-
« sées, nous ne voulons plus marcher, car vous nous avez
« trompés, la terre promise n'existe pas ! » Moïse se retira
dans sa tente et le front dans la poussière il invoqua Dieu de
toute son âme, il pria ! Dieu entendit la voix de son serviteur,
et touché des maux endurés par son peuple, il vint à son aide.

« Le lendemain à leur réveil les Israélites virent une rosée
« blanche qui couvrait la terre, ils en ramassèrent et après y
« avoir goûté, ils la trouvèrent rafraîchissante et nourris-
« sante.

« Alors, exaltant le Seigneur, ils chantèrent le cantique
« de la reconnaissance et se déclarèrent disposés à suivre
« Moïse partout où il voudrait les conduire. »

Vers vous qui avez déjà été comparés au peuple hébreux
traversant le désert, vous, hommes exilés sur cette pauvre terre,
Dieu vient aussi, touché de vos murmures et de vos plaintes
d'envoyer la manne ! Cette manne, rosée du ciel, c'est une
croyance solide et sûre en l'avenir de votre âme immortelle !

Cette manne, c'est la parole de vérité et de vie ! cette manne, c'est la foi spirite destinée à faire vivre votre esprit, à le
rafraîchir aux jours de sécheresse, à le consoler aux jours de
douleurs, à l'encourager aux jours de doute.

Vous avez, comme le peuple de Dieu, la misson de répandre
la vérité et de faire marcher le progrès ; mais aussi comme
lui et pour arriver à la récompense, à la terre promise, vous
avez à traverser le désert. Vous avez à lutter contre vos propres passions et contre celles qui vous environnent, et vous
avez surtout à sortir vainqueurs de la lutte.

Plus avancés que les hébreux, j'espère que vous ne vous

laisserez pas envahir par la mauvaise volonté et le découragement. Plus soumis qu'eux, vous saurez souffrir sans murmurer, sinon sans vous plaindre.

Mais souvenez-vous d'une chose, c'est que Moïse pour obtenir le secours pria avec ferveur. Aussi, dans vos moments pénibles, dégagez votre âme, et si difficile que cela vous paraisse, faites monter vers le créateur une prière humble et fervente.

Priez et ne vous lassez pas, car vous êtes certains de trouver toujours avec la prière le soulagement et l'espoir. Allez à Dieu qui est père avec la simplicité d'un enfant et vous sentirez descendre sur vous les fluides bienfaisants et réparateurs.

Au bout d'un certain temps, les Israélites fatigués de la manne vinrent trouver Moïse en murmurant encore.... J'espère, o mes amis, que vous qui avez aussi goûté à la divine nourriture, ne les imiterez pas et que jamais vous ne vous fatiguerez de ce qui fait en cette vie votre force et qui fera votre bonheur dans l'éternité.

URBAIN GRANDIER.

MAI-73.

Quand un vieux chêne va tomber, on choisit pour le remplacer celui de ses rejetons qui parait le plus sain, le plus vivace ; quand le vieil édifice tremble sur sa base, on l'abandonne, et, par respect pour les souvenirs qu'il renferme, on le laisse s'écrouler lentement, mais à côté de lui on construit le monument nouveau qui doit lui succéder.

Mes enfants, c'est ce que nous faisons aujourd'hui, car il est temps de commencer la nouvelle construction, d'un jour à l'autre le vieil édifice peut tomber.

Pour ce travail à faire nous avons besoin d'aides, et nous attirons à nous ceux qui veulent comprendre, apprendre et se dévouer.

Avec un rayon nous venons écarter le nuage qui obscurcit la pensée, ce rayon s'appelle, amour universel ! Avec un mot nous venons rendre aux hommes la sérénité d'esprit, l'espoir, ce mot c'est: vérité !

Car il est temps, mes bien aimés, de commencer à travailler pour tous en posant les bases de la religion universelle de l'avenir, de cette philosophie que vous nommez le spiritisme et qui pourrait aussi à juste titre s'appeler le pur christianisme.

Déjà et depuis longtemps vous nous avez donné votre affection et votre confiance, c'est donc au nom de ces deux sentiments que nous venons encore aujourd'hui vous dire. « A « cette humanité qui est vous-mêmes, à l'humanité entière, « ouvrez toute grande la porte de votre cœur, à elle donnez « tout et donnez toujours ! Donnez votre intelligence en tra- « vaillant pour elle, donnez votre temps en l'instruisant, en « l'améliorant !

« Aimez-là, si mauvaise qu'elle vous paraisse aimez-là, « car la foi que vous lui enseignez la renouvellera complé- « tement ! »

Ce qui vous est demandé, spirites, c'est beaucoup peut-être mais ce n'est pas trop pour vous à qui nous avons montré la vie universelle et ascendante ; ce n'est pas trop pour vous qui savez que la création est une, ce n'est pas trop que de vous demander, au nom du principe même de l'amour: Dieu, tout pour l'humanité !

GRATIOLET.

MAI-73.

Oh oui, je reviendrai un jour sur la terre entraînant avec moi des flots d'harmonie que je puise dans ces mondes bien heureux où tout est poésie, mélodie, idéal ! Je reviendrai, car je me sature de fluides dont j'envelopperai mon périsprit afin de doter la terre ma patrie, des beautés aux sources des quelles comme un gourmand je m'enivre !....

Je reviendrai, car la musique est la consolation de toute âme souffrante ! La musique est la compagne obligée des hautes et sublimes aspirations ! La musique, la divine harmonie, c'est le commencement du bonheur, l'acclimatation de l'âme aux fluides des mondes heureux ! La musique, c'est la quintessence du sentiment; c'est l'amour, l'amitié, l'espérance entrant dans l'âme et se fondant en une pensée ! La musique c'est la sensation du grand, du beau, du sublime ! C'est l'adoucissement de ce qui est encore rude et sauvage, c'est la rosée après le vent du désert !

La musique c'est la gradation de tous les sentiments purs : compassion, pitié, tendresse, amour, grandeur, dévouement, courage, joie, mélancolie, tristesse et bonheur; tout, jusqu'à l'amollissement de l'âme par la prière, est rendu compréhensible à l'esprit !

La musique est une des nourritures spirituelles que je viendrai encore apporter à mes frères, en leur inspirant le désir de monter, afin d'aller s'abreuver à la source de toutes les harmonies où la vie n'est plus qu'un continuel enchantement !

Ainsi, je m'arrête vous souhaitant de me bien comprendre, ce qui prouvera que vous avez en vous-même le divin sentiment et que l'étincelle est tombée sur vous !

Rossini.

JUIN 1873.

« Quand je serai retourné chez mon père, je vous enverrai
« le consolateur, l'Esprit de vérité. Je m'éloigne, mais je
« vous laisse ma paix et je ne vous la donne pas comme le
« monde la donne !

Ainsi parlait le Christ la veille de son ascension, je vais, si
vous y consentez vous faire l'application de ces paroles.

Jésus retournant vers le père, vers ces mondes supérieurs
qu'il avait momentanément quittés par dévouement à l'humanité, Jésus après avoir posé sur la terre le sceau ineffacable
de sa doctrine, ne pouvait complétement abandonner à eux-
mêmes les apôtres qu'il aimait et dont il voulait faire ses successeurs. Touché de leur tristesse à l'approche de son départ,
il leur promit non seulement la force, mais la paix et le consolateur suprême. Ce que le maître promit à ses apôtres, il le
leur donna, mais, comme presque toutes les paroles sorties de
ses lèvres, celles-ci ne s'adressaient pas seulement aux douze
pêcheurs qui l'avaient suivi, mais à l'humanité entière, aux
races futures qu'ils représentaient !

Jésus en promettant l'Esprit de vérité qui devait venir après
lui, voyait au delà des siècles, car il savait bien qu'il avait
dû jusqu'alors et qu'il faudrait pendant longtemps encore ménager la lumière aux intelligences commençant leur ascension
vers le progrès.

C'était donc à tous ceux qui s'affranchissent par l'étude du
vrai, à tous les esprits s'élevant du terre à terre que Jésus
s'adressait, c'était aux hommes de l'époque qui commence
qu'il promettait non seulement la vérité, mais la consolation
et la paix.

Avec la révélation spirite Jésus accomplit sa promesse, car
cette doctrine approfondie, comprise, étudiée avec soin,
apportera sur la terre la connaissance de la vérité, l'appréciation juste de la divine loi d'amour et d'harmonie; de là, la
paix, la fraternité, le bonheur !

Spirites, au nom du Christ, notre maître, notre modèle, notre frère aîné, je vous répète ces paroles : Le consolateur viendra à vous ! « Vous le sentirez aux heures de doute, aux moments d'épreuve, aux jours de douleurs !

Si vous avez la foi, si vous avez la volonté de vous réformer et de bien faire vous serez soutenus, aidés et consolés ! Souvenez-vous que vous ne devez plus, que vous ne pouvez plus faillir, vous qui prêchez la croyance spirite ! Souvenez-vous que, devant servir d'exemples, vous ne vous appartenez plus ! Souvenez-vous que si par moment la lumière se trouve voilée par la matérialité, le consolateur n'est pas loin pourtant, parcequ'il a vu votre bonne volonté et votre dévouement, parcequ'il sait, pauvres incarnés, que vous avez besoin de forces, parcequ'à ses apôtres qui vous représentaient autrefois, Christ a fait une solennelle promesse, parcequ'enfin vous êtes les continuateurs de l'œuvre de salut et les précurseurs du jour de vraie liberté, de fraternité réelle, de paix.

Soyez donc heureux, en suivant la voie du progrès vous aurez, si vous avez la lutte, la vérité et la consolation par les forces spirituelles qui vous arrivent de tous les côtés, afin que la promesse du Christ soit accomplie !

MÉLANCHTHON

JUIN-73.

Vous voulez, philosophes, vous voulez, chercheurs, vous voulez, spirites, connaître le grand secret de l'infini ?... Vous voulez savoir le pourquoi de toute chose, vous voulez comprendre l'utilité des créations innombrables, vous voulez deviner l'inconnu et le but de cette vie universelle commençant

à l'informe, au chaos sans nom et finissant à la spiritualité ?..
Vous voulez tout voir pour tout croire ? Bien vous faites, raison vous avez, Jésus-Chrit lui-même vous y invite par ces mots : « Cherchez et vous trouverez. »

Je m'attache ce soir à vous démontrer le but à atteindre pour vous dans le monde que vous êtes encore forcés d'habiter.

Si vous voulez, nous remonterons un peu dans l'âge de votre planète et ensemble nous verrons la religion primitive toute de crainte, toute de menace et presque de servitude.

Graduellement et peu à peu, je parle bien entendu pour les esprits marchant à la civilisation ; graduellement, dis-je, et après bien des chutes, bien des rechutes, bien des doutes, nous verrons les peuples se diriger vers la religion du respect, commencement de la loi d'amour et acheminement vers elle.

Viennent les prophètes, penseurs, chercheurs, missionnaires, et Christ après eux avec son cortége de progrès, de fraternité, de liberté.

Pour que le germe apporté par le Christ ait enfin poussé quelques racines, que n'a-t-il pas fallu de fatigues, de larmes, et de sang ?... A cette question pourraient répondre la légion des héros, des martyrs, des travailleurs du passé !

Aujourd'hui pour que l'arbre grandisse et que ses rameaux ombragent la terre entière, que faudra-t-il de pensées réunies, heurtées violemment même, que faudra-t-il de travail et de dévouement !...

Puisqu'il en est ainsi et que le moment est venu, il faut donc apprendre aux hommes la cause de leurs souffrances, afin qu'en évitant la faute, la chute, ils évitent son résultat certain, la souffrance. Il faut, et vous êtes ici-bas pour cela, spirites, mener l'humanité à comprendre la divinité autant que sa faible intelligence le permet, car, le jour où les hommes comprendront Dieu, ils l'aimeront !

Les hommes doivent savoir que Dieu n'est point un tyran qui se sert des éléments pour les détruire, ni un maître injuste qui châtie sans motif et pardonne sans raison !

Il faut, vous qui le comprenez un peu, leur montrer ce Dieu dans ses actes, dans sa création infinie, dans ses œuvres toujours grandes, toujours harmonieuses, toujours parfaites.

Il faut qu'ils sachent que Dieu ne peut être que juste, et que connaissant tout et surtout les pensées, il ne saurait s'offenser de la faiblesse, du peu de raison, du peu d'intelligence de l'homme, atôme de la création.

De la religion grande et sublime qui doit être le soutien et le guide de l'avenir, il faut que la pensée de Dieu, que la connaissance de Dieu plutôt, soit la première base. Les hommes comprenant Dieu, principe de toute vertu, comprendront en même temps les lois fondamentales de justice, de solidarité, d'amour mutuel. Comprenant et pratiquant, la terre sera un séjour de paix et l'on n'entendra plus demander partout pourquoi tant de souffrances, pourquoi l'existence pénible et le travail incessant. Avec la connaissance de Dieu et des lois de la création, plus d'égoïsme, partant, plus d'injustice et le bien être pour tous.

LAMENNAIS.

JUIN-73.

« Mais les pharisiens et les saducéens s'étant approchés de
« Jésus lui demandèrent un miracle. Jésus se retourna vers
« eux et leur dit : « Hypocrites, ne prévoyez-vous pas qu'il
« fera beau temps lorsque le ciel est clair ? »

Mes enfants, la vérité est une eau limpide dont on aperçoit toujours le fond, la vérité est le firmament pur à travers lequel apparaissent toutes les constellations qui illuminent la voûte céleste.

Apôtres et adeptes de la religion de la vérité, apprenez au monde que les murailles n'ont jamais arrêté l'essor de la pensée et que pour arriver à Dieu, créateur et père, le chemin droit est la loi naturelle, la science, la moralité dans sa plus pure signification.

Pour fonder la doctrine qui doit servir d'appui aux esprits d'aujourd'hui, il n'est point besoin, il ne faut pas de miracles, il faut au contraire que la science avec son scalpel puisse fouiller tous les dogmes, tous les enseignements. toutes les manifestations; il faut que la raison puisse tout analyser, tout élucider avant de rien accepter.

Il faut que chaque esprit ait la possibilité de puiser, de la vérité et du savoir, ce qu'il peut en supporter sans être écrasé et qu'ainsi sa foi volontaire, éclairée et simple soit inébranlable et inattaquable.

Les pharisiens et les saducéens voulaient éprouver une puissance qu'ils étaient forcés de reconnaître et qu'ils savaient réellement supérieure, mais ce qu'ils avaient oublié c'est que cette puissance lisait dans les pensées et voyait le fond des cœurs !

Spirites, on viendra souvent vous demander des miracles. A ceux qui s'adresseront à vous de cette façon, voici la réponse à faire : « Nous ne sommes pas des phénomènes « et nous ne faisons rien contre nature ; imitez-nous, étu- « diez, cherchez, approfondissez les lois naturelles, trouvez « l'inconnu par le connu, cherchez le pourquoi de tout ce « qui vous semble extraordinaire, approchez-vous de la « vérité, forcez-la en quelque sorte par votre travail et votre « volonté et vous aurez comme nous la conviction sincère « que tout est possible, que tout est, que tout vit, que tout « progresse et que tout est destiné à la vie supérieure, à la « perfection.

« Une voix plus puissante et plus forte que les voix de

« la terre se fait entendre, car l'heure est venue où tout
« progrès doit être suivi d'une moralité aussi grande. Après
« le développement des intelligences, le développement des
« âmes. Avec la science doivent marcher de pair toutes les
« vertus qui amènent l'homme à son véritable but. »

« Inutilement l'humanité égoïste cherche à ne point com-
« prendre, inutilement elle voudrait avec le ridicule tuer
« une doctrine qui renferme les élémens du bonheur futur !
« On n'arrête pas la marche d'un astre, on n'entrave
« pas les évolutions des univers, on n'enraye pas le
« progrès ! »

Spirites, ma voix vous crie aujourd'hui, courage, soutenez-
vous, unissez-vous et marchez ! Reportez sur tous les forces
que nous vous communiquons, donnez aux hommes vos
frères tout l'amour dont vous êtes capables ; donnez sans
regret et sans mesure votre dévouement, votre travail ! Donnez
votre vie pour la justice, la vérité et la paix ; un jour la paix,
la vérité, la justice seront votre récompense !

Mélanchton.

JUIN-73.

« Ne mettez pas la lumière sous le boisseau, mais élevez-
« la au contraire afin qu'elle éclaire toute la maison. »

Amis, frères bien-aimés, frères plus jeunes que nous, c'est
pour vous que j'ouvre la bible et que je relis ces paroles. C'est
à vous aussi que le maître les adressait en plongeant son
regard puissant dans le sombre avenir !

Après la formation du globe terrestre, après avoir con
densé diverses matières et separé les autres, Dieu dit : « Que
la lumière soit ! »

Après des siècles do travail, de luttes, de misères, après

de longues époques d'engourdissement intellectuel, d'affaissement moral, après de longues crises et de longs temps d'arrêt, voici que le chaos commence à se débrouiller dans l'univers de la pensée ; la lutte de l'esprit contre la matière continue et bientôt la matière affaiblie fera place à son vainqueur ! Voici le bienheureux moment du : « *Fiat lux !* »

La crise dure encore, c'est vrai, c'est encore le travail, le défrichement pénible, mais on sent venir l'époque des semailles et pour que la récolte soit belle on s'occupe d'avoir de bonne semence.

Si l'on veut récolter la lumière et la science, il faut semer la vérité !

Je ne viens point éclater en inutiles reproches sur le passé, ce qui a été, devait être, on ne modifie pas un monde d'un seul coup. Je viens dire que, puisque quelques-uns ont saisi le flambeau, ils doivent dans la mesure de leurs forces le tenir en main vigoureusement et hautement afin d'illuminer tout ce qui les entoure.

Je viens dire encore une fois, après cent autres, que le sacrifice du *cher* soi-même ne doit être compté pour rien. Je viens répéter que bien méritoires sont quelquefois les dévouements incompris ou inconnus. Je viens aider les volontés chancelantes en leur montrant encore une fois le résultat certain du sacrifice !

Une vie n'est rien, la vie est tout ! Une vie est une journée dans la carrière de l'esprit. Donnez donc sans regret le temps si court d'une de vos journées puisque vous êtes certains du bonheur de celle qui la suivra. Enfants, Dieu veut qu'on s'aide et qu'on s'aime Les plus près de lui sont les désintéressés, les vaillants, qui n'ont jamais compté avec eux-mêmes, mais qui ont courageusement, joyeusement, ardemment travaillé avec tous et pour tous !

Au petit, au pauvre, à l'ignorant la meilleure part de votre cœur, au coupable, à l'arriéré, vos soins, votre compassion, à tout ce qui est mauvais, votre miséricordieuse pitié, à tout ce qui est faible, votre appui.

Spiritisme veut dire dévouement, à vous donc la charité et le salut !

Que tous les actes de votre vie aient pour mobile de réparer les négligences et les mauvaises volontés du passé, de travailler à rendre l'humanité bonne et heureuse, de venir en aide à ceux qui veulent chercher !

EGMONT.

AOUT 1873.

« Il y a plusieurs demeures dans la maison de mon père ! »

Vous voulez savoir ce que c'est que la perfection ? Je vais essayer de vous le démontrer.

Pour beaucoup la perfection n'est qu'un mot bien vague, pour vous c'est un but certain que vous devez atteindre, voyons le donc.

Etre parfait, pour vous, c'est avoir su dominer la matière au point de ne plus entendre ses cris !

Etre parfait, c'est agir en toute circonstance avec une telle pureté d'intention, qu'aucun sentiment d'égoïsme, aucun sentiment passionné ne vienne en ternir la limpidité.

Etre parfait, c'est s'oublier toujours, c'est se donner sans cesse, c'est offrir joyeusement, non seulement sa vie, mais tout travail, toute douleur pour l'œuvre générale.

Etre parfait serait se mettre tellement au dessus de la douleur elle-même qu'on ne la sentît plus !

La perfection, disent les catholiques, c'est le bonheur et la possession de Dieu. Ils ont raison en remplaçant le mot possession par un autre. La perfection, c'est la vie spiritualisée en Dieu !

Vous serez parfaits le jour où votre pensée ne sera plus effleurée par aucun sentiment mauvais, le jour où aucune attache humaine n'entravera votre marche, le jour où, les yeux tournés vers la patrie, vous n'aurez plus un seul désir pour la satisfaction de la matière.

Ce jour viendra, petit à petit vous dépouillerez ce qui vous retient encore, soit une légère teinte d'égoïsme, soit un peu d'amour propre ; le jour où toutes ces petites murailles tomberont, vous entrerez dans la perfection.

Ce n'est pas sans un déchirement quelquefois bien douloureux que l'on casse toutes les fibres qui retiennent à la terre, ce n'est pas sans étouffer de temps à autre un cri, un soupir ! Eh bien, vous serez parfaits quand vous saurez briser tous ces liens non avec un soupir, mais avec un sourire !

Est-ce donc vous demander l'impossible ?... Oh non, puisque vous avez compris que de toute nécessité il vous faut arriver là.

Courage, lorsque vous aurez gravi la montagne, que l'ascension fatiguante, douloureuse sera achevée, il vous restera à descendre la pente opposée, or vous le savez quand on commence à descendre on fait les premiers pas avec hésitation, quand on arrive au milieu, on va vite et quand on approche de la fin, on court !

Vous deviendrez parfaits, parcequ'il faut la perfection pour arriver à Dieu et parceque vous voudrez vous joindre à la légion des travailleurs qui édifient la grande œuvre de l'harmonie universelle !

EGMONT.

SEPTEMBRE-73.

Mes amis, vous désirez ardemment que nous venions tous à vous, mais que pouvons-nous vous dire de plus que ce que chaque jour vos guides vous enseignent ?... Quelles autres vertus pouvons-nous vous prêcher, quel chemin pouvons-nous vous indiquer autre que celui qui mène à Dieu et par conséquent au bonheur ?...

A moins de vous répéter sans cesse les mêmes choses, jusqu'à ce qu'elles soient mises en pratique, chacun de nous ne peut être près de vous tous les jours, et pour cette abstention vous ne devez pas nous accuser d'indifférence. Mais vous êtes des enfants gâtés et vous criez famine aussitôt que vous n'avez plus les poches pleines de bonbons. Tant que vous avez été, sur la voie du spiritisme, de petits enfants, nous vous avons tenu par vos lisières ou par la main, aujourd'hui que vous êtes forts, aujourd'hui que votre vocation vous dirige vers l'apostolat spirite, il vous faut apprendre à marcher seuls et très-bien.

Ne prenez pas ces quelques mots comme une prophétie qui doive vous faire froncer les sourcils en préjugeant de l'avenir, ceci n'a pour but que de vous mettre en garde contre un étonnement douloureux lorsque momentanément quelques-uns d'entre nous semblent vous abandonner.

Il faut alors vous dire que l'esprit ami qui semble vous délaisser vous trouve assez grands pour marcher seuls et qu'il est allé prêter son appui à un enfant plus petit et moins fort que vous.

Tout passe, mes amis, tout passe vite, surtout l'heureux temps des tartines de confitures ! Le jour où l'écolier met la dent dans la pomme qui s'appelle la science, il la trouve verte, aigre et bien amère, heureusement qu'en même temps qu'il grandit le fruit mûrit aussi, la pomme verte se dore et devient exquise !

Souvenez-vous toujours, amis, que tout, jouissance et douleur, se trouve proportionné à l'état de l'esprit. Dans la nature, tout être suit son chemin progressif, dans la vie spirituelle de même

Aux petits enfants, les gâteries et les bonbons ; aux écoliers l'étude, les devoirs et quelquefois, trop souvent hélas, les pensums ; aux hommes le travail, la réflexion ; aux vieillards le repos et la jouissance du travail accompli !

Ne doutez jamais de nous, de notre affection aussi profonde que vraie; de près ou de loin nous veillons sur vous !

ROLLAND.

SEPTEMBRE 1873.

« Gloire à Dieu et paix aux hommes de bonne volonté ! »

La paix consiste-t-elle dans ce qu'on nomme sur terre une vie heureuse?

Qu'est-ce que la paix ?

Serait-ce la possession des jouissances terrestres ?... Serait-ce l'ambition satisfaite? Serait-ce la gloire, la fortune, serait-ce même l'insouciance, serait-ce l'oubli?... Serait-ce la voix de la conscience étouffée, serait-ce l'égoïsme satisfait ?

La paix, est-ce ce beau ciel bleu qui paraît sans nuage ? Est-ce cette matinée qui n'annonce point de tempêtes ? .. Non oh non ! La paix, c'est la passion calmée, c'est cette même passion devenue levier puissant pour faciliter l'avancement. La paix c'est la sérénité intérieure au milieu du trouble et des orages, c'est la certitude, c'est la foi pendant l'incrédulité et le doute, c'est le chemin sûr éclairé dans la nuit.

La paix de l'âme, la paix du cœur, c'est au sein des épreuves la confiance dans le présent, l'espoir dans l'avenir. La paix, c'est la bonté, la charité, la mansuétude, devenues, après la lutte, maîtresses des passions égoïstes et haineuses. La paix c'est ce rayonnement intérieur éclairant toute obscurité et rendant tout devoir facile. La paix c'est ce sentiment continuel qui fait trouver Dieu en soi-même et partout !

La paix se trouve dans la foi solide, elle se trouve avec l'étude de la vérité et la pratique de l'amour universel !

Tout être qui se dévoue possède en soi, malgré et avec l'adversité, cette lumière, cette chaleur, ce doux sentiment que j'appelle la paix.

Heureux donc, oh oui, bien heureux ces hommes intelligents et forts qui passent pour fous, pour idiots tant qu'ils ne sont pas compris, mais qui n'en continuent pas moins leur tâche ! Heureux déjà sur terre et dans la vie éternelle les bafoués, les ridiculisés, les maltraités, les persécutés, les martyrs pour la cause du progrès général ! Heureux les travailleurs obscurs, heureux les humbles ouvriers qui accomplissent sans murmurer le travail rude du défrichement, heureux ceux qui préparent l'avenir !

Heureux les intelligents, mais plus heureux encore les dévoués, à ceux-là appartient la paix promise aux hommes de bonne volonté !

Egmont.

SEPTEMBRE-73.

« Avant que le coq chante vous me renoncerez trois fois ! »

Parmi la généralité des hommes qui tous sont enfants de Dieu au même titre, il y en a de plus ou moins avancés sur le grand chemin du perfectionnement, ce qui établit entre eux différentes catégories spirituelles. Aux premières, peu avancées, Dieu dans sa sagesse infinie, mesure la lumière suivant qu'elles peuvent la supporter, comme on mesure la nourriture aux petits enfants. Pour d'autres, Dieu soulève un coin du voile et leur permet d'entrevoir un rayon du jour qui doit suivre. A d'autres enfin, Dieu prend la main et les dirige vers Lui, vers la patrie, leur laissant apercevoir l'aurore qui se lève. C'est pour ces dernières catégories que je vais parler. Les esprits qui les composent sont : les grands et les forts, ceux-là doivent devenir des apôtres et il semblerait que rien ne dût jamais entraver leur marche. Eh bien parmi ces grands, parmi ces intelligents, parmi ces forts qui ont entrevu le progrès et au delà, parmi ceux-là même nous comptons des déserteurs et des renégats !

Oh ! Pierre n'est pas le seul qui méconnut son maître et son ami ! Aussi, pour nous, la pierre de touche de la fidélité, c'est l'opposition, c'est le persifflage, c'est même la persécution.

En amoindrissant notre premier aperçu et en ne cherchant un exemple qu'autour de nous, c'est-à-dire sous le drapeau spirite, nous dirons que nous avons beaucoup d'adeptes, c'est très-vrai; mais, qu'ils seraient très-faciles à compter, croyez-moi, ceux d'entre eux qui iraient, bravant les éclaboussures et les éclats de rire, ramasser ce même drapeau s'il venait jamais à tomber !

Pierre, l'apôtre fervent qui trois fois affirma son amour pour le maître par les plus belles protestations, ce même Pierre, quelques jours après, au sourire idiot d'une servante, affirma trois fois d'une manière non moins vive ne pas connaître ce même maître !

Parmi les spirites il y a beaucoup de Pierre, et si je viens ce soir dans votre petit cercle fermement uni et sincèrement dévoué à la cause, c'est pour vous fortifier contre cette espèce de délaissement que subit de temps en temps le spiritisme.

De loin en loin et par nos soins il se fait un triage. Naturellement et sans scandale nous dégageons notre légion de tous les élémens inutiles ou nuisibles. Nous écartons d'abord les Judas, puis cette foule, avide de nouveau, curieuse d'extraordinaire, qui ne vient parmi nous que pour satisfaire cette curiosité.

Car après avoir frappé les yeux pour forcer à chercher, nous voulons aujourd'hui que les esprits approfondissent et s'instruisent.

Ne soyez donc pas étonnés du vide qui pourrait se faire autour de vous, mais plaignez ceux qui, après avoir comme Pierre connu le maître, renient par faiblesse, par fausse crainte ou par intérêt, leur amour et leur foi !

Plaignez ceux-là et priez pour eux ! Priez pour que, pour eux aussi, l'heure du repentir suive de près cette faute !

Quant à vous, spirites convaincus et dévoués, tenez-vous droits et fermes, appuyez-vous à notre drapeau resplendissant de la pensée divine : l'amour universel ! Ralliez-vous et resserrez vos rangs, vous êtes guidés par deux étoiles qui vous mènent droit à la patrie, droit au bonheur, droit à la liberté : Le progrès et la vérité!

Urbain Grandier.

OCTOBRE-73.

Entre deux monts escarpés un torrent se précipite apportant sur son passage la dévastation et dans les plaines l'inondation, la ruine, la mort ! Ses ondes bondissent épaisses et troublées, chargées des débris qu'elles entraînent. Le torrent est une catastrophe, le torrent est une anomalie, un trouble, voyons le cours d'eau.

Sorti mince filet des entrailles de la terre, il grossit à l'ombre et devient un ruisseau. Ruisseau au doux murmure d'abord, puis petite rivière apportant la fraîcheur, arrosant la prairie, enfin fleuve majestueux et calme, source de fécondité, bras droit de l'industrie, richesse, beauté, splendeur !

Votre doctrine, o spirites, n'est point et ne doit point devenir l'impétueux torrent; comme le progrès dont elle est une révélation, elle doit être à son origine, petite, humble et timide, apportant d'abord l'espérance, puis la vérité, puis la science, puis le grand progrès, jusqu'au jour où ayant amené la perfection, elle retournera à Dieu comme le fleuve va se confondre avec la mer !

De même que la source du fleuve est enfouie au sein de la terre, le germe du progrès se trouve dans l'humanité. A vous qui commencez à savoir, à comprendre, à vous à préparer le terrain qui doit un jour recevoir le fleuve !

Ésope.

OCTOBRE-73.

Avant de jeter à pleines mains la divine semence qui en fructifiant doit vous donner non seulement la science, mais le bonheur et la liberté, n'est-il pas nécessaire que comme le cultivateur intelligent, nous venions transformer, modifier, bonifier le terrain qui doit nous servir ?...

Toute nouvelle méthode, toute invention demande un, plusieurs, et quelquefois beaucoup d'essais avant de réussir. L'espoir de l'inventeur ou du travailleur est bien des fois trompé, et, en commençant son œuvre il peut faire provision de patience, et se dire que sa persévérance sera soumise à de rudes et fréquents assauts.

Vous et *nous* sommes tellement unis, mes enfants, que nous nous identifions en quelque sorte, et le *nous* qui va suivre s'applique aux incarnés et aux esprits dont le travail moralisateur est le même pour le bien de l'humanité.

Nous sommes dans cette situation de l'inventeur qui apporte le fruit de son travail et de ses études, de l'inventeur qui apprécie, qui connaît le résultat de ses recherches et qui, les comprenant bien, essaye de faire passer dans l'âme de ceux qui l'entourent sa foi et la certitude du succès.

Tout est vaillamment supporté par l'inventeur, les peines, les veilles, les froissements, les douleurs ! Il veut arriver à son but et il y arrive, aidé de la force qu'il puise en lui et autour de lui.

Ces quelques paroles sont pour vous montrer la position dans laquelle nous nous trouvons vis à vis de l'humanité. Nous lui apportons la force, la paix, la vérité, le calme dans les épreuves, nous lui apportons pour l'avenir, l'idéal, la science, la perfection, la liberté, et pourtant, bien peu désirent nous comprendre, bien peu cherchent à entrer dans nos vues et à nous seconder. Pourquoi cette indifférence ? Pourquoi cette indolence de l'âme chez la plus grande partie des incarnés ? C'est que personne ne veut immoler son égoïsme, personne ne veut, abaissant son orgueil, reconnaître que jusque là il s'est trompé ; personne ne veut comprendre que seulement dans dans le dévouement à tous, se trouve le devoir, et que, seulement, avec le devoir accompli on peut parler des droits acquis.

Tout le monde demande le salaire avant la journée faite, ne voulant pas en accepter la fatigue et le travail.

Terre à modifier en y introduisant les éléments qui la rendront fertile. Je ne viens point, ô mes amis, vous demander de vous faire pédagogues, et d'aller prêchant bien haut le renversement des choses établies ! Non. Votre mission est plus humble, plus simple, mais aussi plus sûre et plus féconde en bons résultats. Je suis venu vous dire qu'après vous être modifiés vous-mêmes, après avoir cherché le vrai partout où vous pensez le voir, après avoir porté vos recherches et .vos études partout où elles peuvent être utiles, vous devez, sous peine de manquer à votre mission, vous devez, vous oubliant vous-mêmes, montrer l'exemple d'une vie exempte de fautes ; vous devez, sans orgueil, prêcher l'humilité ; vous devez, doux jusqu'à ce que le monde appelle faiblesse, pouvoir demander aux autres la fraternité ; vous devez, dévoués toujours et quand même, travailler pour tous, afin de pouvoir demander aux autres le travail.

En vous modifiant, en vous changeant, votre exemple modifiera et changera autour de vous. En étant parfaits, vous pourrez servir de modèles et enseigner votre foi sans que le sourire de l'incrédulité, du dédain, de la raillerie accueille vos paroles. En donnant la théorie de la doctrine spirite, montrez que la pratique peut et doit la suivre. Ce faisant, vous aurez seulement et simplement accompli un devoir.

Notre champ modifié, nous pourrons ensemenser, il faut donc préparer ensemble nos matériaux et nos moyens. Ce qui est fait est peu, ce qui reste à faire est beaucoup, et comme, j'en suis certain, vous voulez arriver vite, vous prendrez, ô chers spirites, la voie droite et les pas rapides. Dieu, par notre intermédiaire, vous donnera la paix, la sécurité intérieure nécessaire à ceux dont la mission est difficile. Que le travail ne vous effraie point, vous arriverez à la fin de votre vie, heureux de n'avoir point été inutiles à vos semblables.

EGMONT.

OCTOBRE-73

L'idéal n'est pas seulement un mot, c'est un fait. L'idéal n'est pas une utopie, une pensée fugitive, c'est une réalité.

Ce n'est pas seulement une fleur au suave parfum, c'est le fruit délicieux, résultat du travail et du progrès.

L'idéal, c'est la perfection !

Si, du monde où nous nous trouvons, du point de l'espace où nous sommes placés aujourd'hui, nous prenons le microscope spirituel et jetons un regard sur cette humanité s'agitant, grouillant, pour ainsi dire, à la surface du globe qui s'appelle la terre, nous sommes tentés de jeter l'instrument et de détourner la vue, cherchant à élever au-dessus de cette boue notre regard fatigué. Mais si, persistant dans le travail commencé, nous continuons nos investigations et nos recherches, nous découvrons le progrès dans cet amas confus de passions sauvages, de vices, d'imperfections !

Je prends l'humanité et je la fais passer au tamis du critique. L'humanité d'aujourd'hui est une ébauche informe, monstrueuse par place, sans perspective et sans harmonie encore ; mais dans cette ébauche on peut déjà deviner l'œuvre, le tableau, la pensée !

Tout tableau, pour être parfait, est composé d'ombre et de lumière ; il faut la perspective, et tout l'ensemble ne saurait se trouver au premier plan ; l'ombre est destinée à faire ressortir la lumière.

Ainsi, pour cette humanité, les mauvais, les moins bons, les bons et les parfaits vivent ensemble, travaillent les uns près des autres et concourent à l'harmonie générale de l'œuvre.

Cet ensemble sera une ébauche jusqu'au jour où les tons s'éclaircissant, les couleurs s'harmonisant et s'adoucissant, on pourra commencer à juger l'œuvre et à l'appeler tableau.

Comme je vous le disais tout à l'heure, en étudiant une

ébauche on peut deviner la pensée du peintre, de même à la vue de la terre et de son humanité imparfaite, on pressent le progrès, on devine pour l'avenir la perfection et l'idéal.

Loin de se décourager, les artistes désignés par le créateur pour travailler à l'œuvre doivent ne pas ménager leur temps et leurs peines. Ils doivent surtout ne jamais douter de la fin qui ne s'aperçoit pas encore, mais qui sera ; car toute œuvre, toute création divine doit devenir parfaite.

Au tableau, toute l'humanité apporte son concours, seulement il y a les ignorants et les maladroits qui travaillent mal. Vous êtes appelés, spirites, à réparer ou à éviter ces maladresses.

Aujourd'hui, vous avez à donner quelques coups de pinceau, et plus tard vous viendrez ajouter les fins détails qui seront presque l'idéal.

Cet idéal sera suave par la paix et la liberté ! Corrigez donc les imperfections, effacez les formes grossières, rectifiez l e proportions insensées, adoucissez les tons criards, et, si laide que vous semble l'ébauche, ne vous découragez pas, le tableau sera parfait !

Henri HEINE.

OCTOBRE-73.

« ..... Rien ! — Quoi, rien ? — Peu de chose !
» — Mais encor ? — Le collier dont je suis attaché
» De ce que vous voyez est peut-être la cause.
» — Attaché, dit le loup, vous ne courez donc pas
» Où vous voulez ? — Pas toujours, mais qu'importe ?
» Il importe si bien que de tous vos repas,
» Je ne veux en aucune sorte
» Et ne voudrais pas même à ce prix un trésor !
» . . . . ».

Quoiqu'il lui en coûte pour se soustraire aux liens puissants de l'habitude, du préjugé, du qu'en dira-t-on, la liberté de l'âme, la liberté de la conscience, la liberté de la volonté, voilà le triple trésor indispensable au spirite.

Le spirite doit tout voir, tout examiner, tout comprendre, le spirite doit pouvoir tout juger.

Qu'un sentiment s'appelle faiblesse, ignorance ou orgueil, il doit passer sous ses yeux sans que la sainte liberté de son âme en soit effleurée. Aucune crainte ne doit fausser sa manière de voir, il doit marcher à ce qu'il sait être la vérité sans hésitations, sans qu'une égoïste pensée puisse l'arrêter en quoi que ce soit.

Tellement libre doit être son âme, qu'il doit absoudre toute faute par le rayon de bonté qui s'échappe de lui, et rassurer toute timidité, par le souffle divin qu'il doit puiser dans les hautes régions et répandre autour de lui : Force ! Volonté !

Il faut donc que son esprit, libre de toute contrainte, ait rejeté loin de lui tout ce qui ressemblerait à une attache intéressée.

Le spirite n'est plus d'aucune religion, il est de *la religion !* Or, la religion telle qu'il doit la comprendre est chose tellement pure et tellement sainte, qu'elle ne saurait trouver de contradicteurs.

Par l'effet de sa volonté qui le rendra maître des passions et des préjugés, le spirite deviendra libre d'esprit presque autant que le désincarné dans l'erraticité. Il saura se dégager de ce qui n'est pas le vrai, le seul vrai indiscutable et sublime.

Point de petits sentiments de défiance, de doute, d'orgueil ou d'égoïsme dans le cœur du vrai spirite, il a trop de grandes et belles choses à voir, à savoir et à approfondir, pour qu'il y ait place pour les vices, les bassesses, les misères de la pensée !

Le premier pas pour arriver à la perfection est celui qui est fait vers la liberté, le dernier même droit dans ses bras !

La première de toutes les libertés est celle de soi, de sa conscience, de son âme ! Commencez donc, vous qui voulez avancer, par vous débarrasser de tous les liens petits et grands qui vous tiendraient encore enchaînés à un maître qui ne s'appellerait pas le progrès ! Travaillez à vouloir, sachez vouloir et vouloir bien ! Soyez les maîtres de vous-mêmes, et vous deviendrez bientôt indulgents, patients et doux ! Sachez vouloir avec sagesse, et vous pourrez dire que vous commencez à entrer dans la vie !

Esope.

1er NOVEMBRE-73.

Qu'est-ce qu'un saint ? Je devrais plutôt dire : Que faut-il pour être un saint ?

Faut-il une vie exclusivement consacrée à faire son propre salut ?

Faut-il une vie de dévouement irraisonné et souvent peu raisonnable ?

Faut-il une palme, un martyre fanatique, sans savoir même quelquefois bien exactement pour quelle idée on donne sa vie ?

Faut-il cette science que l'on donnera sans mesure aux grands, aux puissants, et qu'on retirera sans miséricorde aux faibles et aux petits ?

Faut-il pour être saint avoir usé sa vie à écrire de beaux livres, d'une utilité quelquefois exclusive, à faire de beaux sermons, clairs seulement pour quelques-uns, à prêcher des vertus dont on ignore complétement la pratique ?

Je reviens à ma première question. Qu'est-ce qu'un saint ?

Un saint est ou devrait être un homme parfait.

Un saint est celui qui sachant ce qu'il fait, qui ayant appris, donne sans compter son savoir et son dévouement.

Un saint, c'est l'homme profondément convaincu qui n'ira pas, pour professer son idée, au devant d'une souffrance inutile, mais qui saura ménager ses forces et ne reculera devant aucune, lorsqu'il s'agira d'établir et de consolider les principes du bonheur de tous.

Un saint, c'est un homme exempt d'orgueil qui apprendra beaucoup pour pouvoir enseigner davantage.

Un saint, c'est celui qui, par la force de sa volonté, par la puissance de ses vertus acquises, par la pureté et la simplicité de sa prière, ira, s'il le faut, jusqu'aux pieds du Tout-Puissant chercher l'étincelle, et nouveau Prométhée apportera le feu sur la terre !

Saint, est celui qui sait souffrir quand sa souffrance est un progrès.

Saint, est celui dont les fluides ont des propriétés attractives entraînant à la perfection, à l'amour !

Saint, tout être grand qui sait se faire petit pour le bien général ; et ce, dans toutes les religions, dans toutes les nations, dans tous les mondes !

FÉNELON.

---

2 NOVEMBRE 1873.

Tous les cierges sont allumés dans l'Eglise ! C'est le jour de l'année qui compte les plus ferventes prières. Quel est celui qui n'a personne à regretter ?

Vous, spirites, qui étudiez la loi de charité, répartissez également votre aumône spirituelle sur tous les esprits souffrants et non sur quelques-uns. Prier pour un ou quelques-uns n'est point la sainte prière en ce jour, car tous ont également droit à votre charité.

Que votre prière, comme un reflet de la pensée divine, soit pour les pauvres âmes une flamme, un rayon ! Aimez-les, et apportez sur les plus coupables, sur les plus désespérées, sur les plus délaissées, les plus abondantes et les plus efficaces bénédictions.

A chaque cierge qui s'allume, dit une vieille croyance, une âme est libérée et remonte à Dieu ! Non, mais chaque pensée est fructueuse, chaque prière apporte un soulagement.

Cette réunion de pensées, de volontés, cette quantité de fluides épurés qui s'appellent la miséricorde, la charité et se réunissent par la prière, éclaircissent pour un moment les horizons sombres, apportent avec elles un rayon d'espoir et de paix, voilà ce qui fait la fête dés morts !

Bénies soit donc ces prières, ces pensées ! Fermons les yeux sur tout ce qui est affectation, habitude, respect humain, hypocrisie et mensonge, intérêt parfois. Laissons retomber sur la terre ce qui lui appartient, et ne reportons à Dieu que les sentiments purs !

Faisons la fête bien longue en ravivant toutes les affections, en purifiant les pensées, en excitant les gratitudes, en mettant dans les cœurs le feu de l'amour universel !

Tous ceux que vous avez aimés, tous ceux que vous avez aidés sont-là, il vous aiment et vous remercient !

Tous ceux qui vous ont guidés, tous ceux qui ont la main sur vous, vous enveloppent d'un affection plus vive et plus profonde s'il est possible !

Ils vous bénissent, ils vous attendent, et des rivages heureux de la patrie où ils sont arrivés déjà, ils vous attirent ! Pour vous, spirites, la fête des morts est de tous les jours, ne l'oubliez pas !

MÉLANCHTHON.

9 NOVEMBRE 1873.

Vous vous étonnerez peut-être de cette espèce de révélation, au premier abord, elle va vous paraître aventurée ?... Il m'importe peu ; croyez, ne croyez pas, cela m'est parfaitement égal, mais si dans quelques années d'ici, on a trouvé la passe, vous pourrez dire à la face du monde, que Sir John Franklin vous avait affirmé son existence le 9 du mois de novembre 1873.

Si quelque navigateur patient et prévoyant après avoir dépassé le premier monument que nous dressâmes sur notre route pouvait faire encore une centaine de lieues en remontant toujours au Nord-Est, il trouverait encore des documents qui lui seraient précieux.

Je ne puis hélas indiquer degré par degré la distance à parcourir, mais je sais que le passage se trouvera, et j'ai foi en la persistance des marins de mon pays, et en l'admirable audace des français !

Non, toutes nos douleurs, toutes nos souffrances, n'auront pas été perdues pour l'avenir ! Il se trouvera certainement des hommes résolus et dévoués pour achever le travail commencé avec tant de foi, continué avec tant d'énergie, et qui n'a malheureusement abouti qu'à une cruelle douleur !

Bénis soient ceux qui comprennent ce que l'amour de la science et du progrès peut faire entreprendre ! Vivement remerciés soient ceux qui nous admirent et nous plaignent au lieu de nous traiter de fous !

La dernière pensée de l'exilé est pour sa patrie, la dernière consolation de celui qui meurt seul loin de tout ce qu'il aime, c'est l'espoir d'une pensée sympathique pour son œuvre de dévouement !

Aucun progrès n'est acheté trop cher ! Honneur à ceux qui sont morts avec moi !

La gloire que j'ai recueillie appartient aussi à ces travail-

leurs obscurs dont le nom est inconnu, avec eux je la partage
fraternellement !

SIR JOHN FRANKLIN. (1).

NOVEMBRE-73.

Celui qui a dit : « Mon royaume n'est pas de ce monde ! »
Celui qui est né fils d'un charpentier, celui qui a eu pour
berceau une étable, pour amis quelques pêcheurs ignorants et
grossiers, celui dont une des maximes fut celle-ci :

« Les premiers seront les derniers dans le royaume des
« cieux » ! « Quiconque s'élève sera abaissé ! » Celui dont
toute la vie terrestre s'est passée avec les petits, Celui qui
refusait les invitations des grands et mangeait à la table des
publicains, celui qui a posé sur terre la première pierre
républicaine en prêchant l'égalité et la charité, celui-là, dis-je,
ne peut avoir désiré que son représentant fut armé d'un
sceptre.

Le représentant du Christ, c'est l'idée progressiste, fraternelle et libérale !

Le vrai représentant du génie de la terre, c'est la vérité
unie à la mansuétude, à la tolérance, à la charité sans bornes !

Aujourd'hui, grâce à l'œuvre émancipatrice du sauveur du
monde, grâce à sa doctrine toute de lumière et de liberté,
aujourd'hui, dis-je, le voile du temple se déchire, et l'homme
racheté peut travailler sous l'œil de Dieu à sa complète libération. Il peut chercher et trouver les lois encore secrètes, les
mystères que la nature cache dans son sein comme autant de

---

(1) Le lecteur se souvient que Sir John Franklin a péri avec son
équipage dans les mers Polaires en cherchant le passage pour traverser
le pôle Nord.

trésors. Il peut, petit à petit, dépouiller la partie intelligente de son être, de ce qui est matière, et, entrant dans la voie spirituelle, écarter de lui toute mauvaise tendance et devenir parfait. Il peut, cet homme, grâce au champ fécond et infini qui est son héritage, travailler en paix, se dévouer, se donner à l'œuvre immortelle qui est le perfectionnement complet du globe dont il fait partie. Il peut sur la terre, souffrant et malheureux lui-même, donner aux autres, soulagement et bonheur, par son exemple, par ses œuvres, par sa bonté !

Amis, planons au-dessus des brouillards terrestres, et plaignons avec affection, avec tendresse même, ceux qui n'ont point encore entrevu les beautés rayonnantes qui sont le partage des esprits qui aiment et s'instruisent ! Plaignons les mauvais ! Aimons ceux qui maudissent, car ceux-là sont les damnés ! Réunissons dans un fraternel embrassement le monde incarné et le monde dégagé, travaillons à ce que l'expérience des aînés serve aux plus jeunes !

Cherchons ! L'étude, la science nous ouvrent leurs sanctuaires, avec reconnaissance, avec respect, pénétrons-y et tâchons d'obtenir par notre travail des résultats qui deviendront pour l'humanité un rayon perçant son obscurité, un soulagement, une espérance apportée à ses douleurs !

Amis, nous sommes les plus heureux puisque nous pouvons aimer ceux-mêmes qui nous condamnent sans savoir ce que nous sommes !

A Dieu nos prières pour ceux qui ne veulent pas monter assez haut pour pouvoir le comprendre, nous les enlèverons des boues de la terre sur les ailes de la charité ?

Vive la chère croyance spirite qui nous amène et souvent nous *ramène* les uns vers les autres ! Vive la science qui nous enseigne la manière sûre de communiquer par la rapide pensée !

Vive votre foi libre et éclairée qui vous met bien au-dessus du préjugé et vous délivre de ses tenailles dures et glacées ! Vive surtout le fraternel amour éclairant et réchauffant votre esprit !

A vous, à vous, spirites, la paix et la vraie liberté, la seule possible sur votre terre, la liberté de la pensée !

Laissez aux archives, les vieilles traditions du passé, et marchez avec calme, avec assurance vers le jeune et radieux avenir !

EGMONT.

NOVEMBRE-73.

Mes amis de la terre, vous vous plaignez souvent, je dirai plus, vous vous plaignez toujours ! Pourquoi ? — Je vais vous le dire.

Vous êtes des malades obligés d'avaler la médecine amère qui s'appelle l'existence terrestre, vous criez bien fort que la médecine est mauvaise, seulement vous oubliez une chose, c'est que le remède agira et que vous guérirez un jour ; donc le remède est nécessaire, il faut le prendre, mais ne vaut-il pas mieux le prendre gaiement ?

Je conviens avec vous de tout ce que vous voudrez ; que votre monde est triste, qu'il y fait froid, qu'il y fait noir ; mais, dites-moi, Dieu n'est-il pas infiniment bon ? Dieu qui vous a donné aux uns l'étude toujours consolante, à d'autres l'art toujours enchanteur, à tous la nature toujours belle.

Vous avez généralement un très grand tort, c'est de vous enfoncer dans la boue quand il vous suffit pour en sortir d'une prière à Dieu, d'une pensée vers l'avenir !

Rassurez-vous et consolez-vous, l'existence n'est qu'un voyage ordinairement fort court, la vie est un passage, j'en suis une preuve, preuve bien laide, bien triste autrefois, mais que différents breuvages comme celui que vous prenez actuellement ont modifiée, transformée, embellie, et, je puis le dire sans orgueil, transfigurée !

Soyez donc patients dans vos épreuves, mes amis de la terre, aimez un peu cette vie qui vous aidera à grandir, et bénissez le remède qui vous donnera la santé et vous rendra éternellement heureux !

Chauffez-vous au vrai soleil qui sèche toutes les larmes : l'amour !

Eclairez-vous du divin flambeau qui dissipe tous les doutes : la foi !

Ne perdez jamais de vue l'étoile qui vous mène à l'avenir : l'espérance !

Souvenez-vous que tout passe, excepté la vérité !

Esope.

NOVEMBRE-73.

Je ne viens pas ici faire l'apologie du voyageur ; je viens tout simplement à vous, spirites, que je sais amis du progrès, pour vous dire qu'à toute heure du jour et de la nuit, pendant ces heures délicieuses où le sommeil répare vos forces dans un lit douillet, ou que réunis comme ce soir autour d'un bon feu vous causez doucement, quelques-uns de vos frères, esprits hardis et énergiques, sont en train de donner leur vie pour le progrès, pour la découverte, pour la science !

Pour eux je demande une place dans vos pensées, un souvenir dans vos prières ! Je demande de bons fluides que vous enverrez souvent par un acte de volonté à ces pauvres amis oubliés et délaissés !

L'axiome en usage sur la terre : « Les absents ont tort ! »

n'existe pas pour vous, spirites, et vous savez que les bons fluides sont une nourriture matérielle et spirituelle, envoyez-la donc à celui qui souffre loin de tout ce qu'il aime, à celui qui meurt, non-seulement de fatigue, de besoin, de misère, mais bien souvent de désespoir et de douleur en voyant les forces lui manquer au moment, il le croit presque toujours, d'atteindre son but.

A ces souffrances inouïes quoiqu'inconnues, à ces cris poussés au fond des solitudes de contrées inexplorées encore, répondez, vous qui savez que la pensée trouve toutes les directions, par l'envoi de réconfortants et de consolations sous forme de prières et de fluides.

Vous pourrez peut-être ainsi aider le malheureux abandonné au moment suprême, et, au lieu de la mort affreuse, désespérée, l'aider à trouver la mort calme, paisible de celui qui s'en va après avoir accompli sa tâche. Car, vous le savez, chaque pas fait vers un progrès quelconque est une tâche accomplie.

Tout esprit intelligent naît avec une mission, morale ou scientifique : chacun a son idéal, sa déesse, seulement pour les uns la science est une bonne et tendre mère qui rend toujours plus qu'on lui donne, pour d'autres c'est la déesse cruelle de l'Inde qui demande sans cesse, et qui, pour être satisfaite, doit marcher sur ses adorateurs et les écraser !

Dans l'immensité, dans l'éternité, toutes les aspirations se confondent, tout devient science et moralité puisque tout est fait pour arriver au même but : la perfection. Notre étonnement a donc été grand de nous trouver, après la mort, récompensés par la divine Justice pour un travail que nous savions n'avoir pas fini.

Ce que nous ignorions encore, c'est que simples instruments, simples ouvriers venus un jour et devant revenir un autre, notre nom d'homme n'est rien, notre personnalité s'effaçant devant l'œuvre éternelle, devant la vie de notre esprit immortel !

Spirites, vous qui savez toutes ces choses, vous devez avoir le cœur plein de pitié et de bienveillance, aussi je vous demande encore une fois de ne point oublier ceux qui souffrent en se dévouant pour un progrès quel qu'il soit.

En quelque lieu qu'ils se trouvent, songez souvent à leur envoyer la nourriture spirituelle, la consolation et la force !

BURKE. (1)

DÉCEMBRE-73.

La terre, diamant à mille facettes, mais diamant brut encore, la terre, avec ses passions, ses ridicules, ses sottises, restera un intéressant sujet d'études jusqu'au jour de sa complète perfection. Car, on a beau s'en défendre et ne pas vouloir le croire, un jour viendra où ce riche avare sera généreux, où cette femme coquette sera sérieuse et sainte, ce débauché austère, ce voleur honnête, cet assassin humain, plus qu'humain, parfaitement charitable et bon.

Maintenant, calculez si vous pouvez le nombre d'existences par lesquelles ces esprits devront passer pour se modifier complétement, et pour dépouiller petit à petit ces vices, ces défauts, ces imperfections qui font en sorte partie de leur nature ?

Combien de fois le marteau divin sera-t-il obligé de frapper ?..

Combien de fois le vigneron sera-t-il obligé de tailler, de couper, ces pousses folles qui nuisent à la fructification ?...

Quand on s'adresse à des spirites, à des gens qui travaillent sans cesse afin d'entrevoir et de comprendre la perfection, on

---

(1) Burke, mort en traversant l'Australie en 1861.

peut, sans crainte d'être ridicule, venir faire part de ses petites réflexions.

Eh bien, je vois souvent, je vois tous les jours qu'une des missions les moins appréciées sur cette terre est cependant l'une de celles où l'esprit désigné pour la remplir peut faire un grand bien.

Malheureusement, cette mission peu acceptée par les esprits éminemment bons, est forcément le lot d'esprits intelligents c'est vrai, car il le faut, d'esprits savants la plupart du temps, mais peu avancés encore du côté de la charité et de la perfection.

Cette mission ayant été la mienne, je puis sans crainte d'indiscrétion me permettre de l'examiner à la loupe, et, quoiqu'on dise que deux augures ne peuvent se rencontrer sans rire, la critique pourra bien quelquefois s'adresser au critique.

Je dis que cette mission très-délicate est importante, car, que ne faut-il pas, ou que ne faudrait-il pas de tendre pitié pour toucher à des plaies souvent fort vives !... Que ne faudrait-il pas d'impartialité, de sagesse, de haute raison, pour fustiger ceux qui fustigent ?... Oui, je maintiens que pour être bon critique, il faut la raillerie indispensable en certaines occasions, mais ce qu'il faudrait avant tout, c'est une bonté au-dessus du vulgaire, une supériorité incontestable, une liberté de pensée qui mette le critique hors de cause toujours. Mais comme il est fort rare que tant de qualités essentielles se trouvent réunies dans le même individu, on n'a pas encore trouvé sur la terre l'idéal du critique.

N'êtes-vous pas de mon avis, et ne trouvez-vous pas que l'appréciateur devrait au moins connaître les lois de la perfection ?...

Le sculpteur, le modeleur, peuvent-être difformes, allez-vous me répondre, mais je crois que la sculpture spirituelle exige plus de soin que la sculpture artistique, et plus de tact, plus d'expérience, plus de délicatesse chez ses auteurs.

Pour en revenir à mon point de départ, je déclare que l'esprit qui veut accepter le rôle de critique devrait arriver sur terre aussi perfectionné que possible. On a beau dire, mais un médecin d'une sagesse reconnue, un médecin parfaitement bien portant lui-même, inspirera à ses malades plus de confiance qu'un médecin souffrant ou un homme sans expérience.

L'humanité a besoin d'être guérie, elle ne le sera malheureusement qu'après bien des tentatives suivies elles-mêmes de bien des larmes, mais toute pluie féconde, surtout celle-là !

Sainte-Beuve.

---

24 DÉCEMBRE—1873.

A toute grande œuvre, à toute idée régénér.'rice, un berceau humble et petit; depuis les temps les plus reculés jusqu'au Christ, et depuis le Christ jusqu'à la religion perfectionnée qui est la vôtre.

Toute base repose dans l'ombre, toute fondation est cachée et modestement s'efface pour ne laisser paraître que l'édifice, pourquoi?... Parce que pour cette terre d'expiation et de larmes, toute religion est un bienfait, une consolation !

Qui donc a besoin de soulagement, de guérison, si ce n'est celui qui souffre ? Qui a besoin de consolation, sinon celui qui pleure ? Qui a besoin de soutien, si ce n'est celui qui est faible ?...

Toute religion veut dire amour, union. Qui a besoin d'amour, si ce n'est l'exilé, l'abandonné ?

Quels sont ceux qui, les premiers, s'approchèrent du berceau de Jésus ?... Les bergers symbolisant la classe pauvre, souffrante, écrasée ! Et n'avaient-ils pas raison de se grouper autour de ce berceau qui leur apportait à ces pauvres la vraie richesse, à ces malheureux la délivrance, à ces écrasés la liberté ?...

Les mages, les grands, les heureux vinrent ensuite, forcés en quelque sorte par l'étoile qui les conduisait. Ils vinrent, curieux, doutant, mais non comme les bergers attirés seulement par le rayon d'amour qui s'échappait de la crèche ! Ils apportaient des présents, eux aussi, présents splendides mais peu utiles en la circonstance — l'admiration stérile !

Les bergers apportaient pour nourrir et soutenir l'enfant, le lait de leur troupeau, ce lait pur et doux symbolisant l'amour vrai, la foi, le dévouement, le travail !

La venue des bergers, attirés les premiers autour de son berceau, indique assez clairement quel étendart planait au-dessus du Christ. Les deux castes du genre humain se rencontrèrent là dans un solennel rendez-vous, mais les plus aimés furent les plus petits.

Le jour où les bergers s'agenouillèrent au pied de cette crèche, le mot — liberté — fut jeté à la terre pour y rester toujours !

Le jour où les mages vinrent à leur tour, la douce et consolante parole — fraternité ! — fut soufflée dans les cœurs !

Les deux visites ont eu leur but, mais la première parle éloquemment, car à compter de ce jour, tous les hommes, enfants de Dieu avaient les mêmes droits à la liberté, à la perfection, au bonheur !

De ses petits doigts débiles, le Christ enfant brisait à tout jamais les lourdes portes qui séparaient le maître de l'esclave.

Votre croyance, qui n'est que la suite du christianisme primitif, est identique dans son enfance à son aîné. Comme alors les bergers sont les premiers appelés. Ne vous étonnez donc plus, o mes enfants, si les grands, les savants, les heureux sont plus rebelles. Comme les Mages, ils auront aussi leur tour, cependant, la resplendissante étoile qui s'appelle vérité les éblouira et les guidera.

Heureux les bergers ! Ce sont ces petits, ces humbles, ces malheureux qui comprennent les voix d'en haut, ce sont ceux-là qui répandent parmi les populations la bonne nouvelle de la vérité, c'est pour eux, c'est à eux que les anges disaient: « Paix aux hommes de bonne volonté ! »

Spirites, vous êtes les bergers ! Avec votre croyance la paix ! La paix en écoutant toujours la voix de votre conscience ! La paix, la douceur, la sérénité au milieu des épreuves ! Heureux les bergers ! Pour eux les premiers rayons de la liberté !

Amour au rédempteur, au régénérateur, au fondateur du progrès au précurseur de la perfection, amour au Christ notre maître ! Réjouissons-nous d'être appelés à travailler pour la propagation de sa loi d'amour, et abritons-nous sous son étendard : La vérité !

MÉLANCHTON.

25 DÉCEMBRE-73 PRIÈRE

Dieu, notre père, qui avez puissance et bonté, donnez la force à celui qui subit l'épreuve ! Donnez la lumière à celui qui cherche la vérité ! Mettez au cœur de l'homme la compassion et la charité !

Dieu ! Donnez au voyageur l'étoile directrice, à l'affligé la consolation, au malade le repos !

Père, donnez au coupable repentir ! Donnez à l'esprit la vérité ! Donnez à l'enfant le guide, donnez à l'orphelin le père ! Seigneur, que votre bonté s'étende sur tout ce que vous avez créé !

Pitié, mon Dieu, pour celui qui ne vous connaît pas, espoir pour celui qui souffre ! Que votre bonté permette aujourd'hui aux esprits consolateurs de répandre partout la paix, l'espérance et la foi !

Dieu ! Un rayon, une étincelle de votre amour peut embraser la terre, laissez-nous puiser aux sources de cette bonté féconde et infinie, et toutes les larmes seront séchées, toutes les douleurs calmées ; un seul cœur, une seule pensée montera jusqu'à vous, avec un cri de reconnaissance et d'amour ! Comme Moïse sur la montagne nous étendons les bras vers vous, ô puissance, ô bonté, ô beauté, ô perfection et nous voulons en quelque sorte forcer votre miséricorde ! Dieu ! Donnez-nous la force d'aider au progrès afin de monter jusqu'à vous ! Donnez-nous la charité pure, donnez-nous la foi et la raison ! Donnez-nous la simplicité qui fera de nos âmes le miroir où doit se refléter votre image !

Carita.

DÉCEMBRE-73

« Maître, combien de fois devons-nous pardonner ? » disaient les apôtres, « — Soixante-dix-sept fois sept fois, c'est-à-dire toujours », répondit Jésus ?

Un chrétien doit pardonner toujours, que doit faire un spirite ?... Le spirite, mes amis, doit aimer fraternellement, ardemment son prochain, même si ce prochain lui fait du mal.

Qui donc, je vous le demande, donnera l'exemple de la patience complète de l'évangile, si ce n'est vous, spirites ?.... Vous à qui il est donné de comprendre exactement le sens de la loi ; si ce n'est vous à qui la vérité est montrée dans sa lumineuse pureté ?

Enfants, pauvres enfants prisonniers, qui voyez toute chose
à la faible clarté de votre prison, secouez un instant vos chaînes, détachez votre pensée de la matérialité, élevez votre
âme et dans une pure aspiration montez vers Dieu ; vers ce Dieu
inconnu, incompris, innommé ; vers Dieu que rien n'offense ;
vers Dieu si infiniment bon qu'il donne autant d'amour au
coupable qu'au pur esprit !

Élevés jusqu'à lui vous ne sentirez plus les éclaboussures
faites à la matière et rien ne vous détournera de la tâche que
vous avez entreprise ; vous verrez tous les hommes frères,
vous verrez l'humanité famille et à la place des épines vous
mettrez du baume!

LACORDAIRE.

JANVIER 1874

Mes amis, une année est finie, année qui datera dans l'histoire pour servir d'exemple dans la grande lutte commencée
pour le progrès.

Il ne suffit plus aujourd'hui qu'un homme dise : « Je suis
fils de roi ! » Pour que les populations s'inclinent sur son
passage l'escortent jusqu'aux marches du trône! Aujourd'hui
le droit, c'est la loi, et malgré les hauteurs où planent les
majestés, elles sont souvent forcées de descendre des nuages
pour venir compter avec les petits, avec le peuple : avec « la
gent de robe chicannière et tracassière ! »

Progrès ! Car la république, secouée d'un côté, tiraillée de
l'autre, est restée debout ; son nom est maintenu aujourd'hui,
ses institutions libérales le seront demain ! Quelles que soient
donc les faiblesses dont l'année qui commence doive être
le témoin, soyez rassurés et rassérénés, l'œuvre du progrès
ne saurait ni péricliter ni périr, elle est divine, elle avance!

Les hommes, si rusés qu'ils soient, si puissants qu'ils puissent être, ne sauraient renverser ce qui est édifié par la main créatrice de Dieu !

BARBÉS.

1 JANVIER 1874

Amis, j'apporte avec moi les fluides bienfaisants qui font les hommes frères ; j'apporte, des mondes heureux où j'étudie pour vous, toutes les pensées de paix, toute la foi, tout le bonheur qui peuvent illuminer et transformer un être.

Je voudrais ce soir vous donner votre part de tout le rayonnement dans lequel mon âme se plonge ! Je voudrais vous faire comprendre les joies infinies de l'esprit qui cherche à pénétrer la pensée divine !

Spirites, une seule chose est vraie, c'est celle qui personnifie Dieu : « l'amour ! »

Amour immense, rayonnant sur tout ! Unité ! Fraternité ! La vie des mondes, leur progrès, leur perfectionnement, c'est l'amour descendant du créateur à la créature et se repandant de la créature à la création !

Nous ne savons pas, nous n'apprenons pas autre chose dans notre vie spirituelle : l'amour dans toutes ses phases de conservation, de fraternité, de dévouement ! L'amour se nommant sagesse, se nommant justice, se nommant charité !

C'est ce souffle divin que je vous apporte et que j'essaie de faire passer dans chacun de vous !

Aimer infiniment et absolument, c'est la loi de la perfection, aimer assez pour créer, c'est l'attribut de la divinité !

A vous donc, frères bien aimés, aujourd'hui et toujours le dévouement et l'affection sans bornes ! A vous, autrefois, aujourd'hui et toujours, le plus pur, le meilleur sentiment de nos cœurs : l'amitié !

VERGNIAUD.

JANVIER 1874.

Que de fois..... Les avez-vous comptées?.... nous sommes venus vous prêcher le travail et les bases du travail, la solidarité, l'amour mutuel !

Que la fraternité est un beau mot, sonnant bien dans une poésie, faisant un bel effet dans un discours !... — Fraternité ! Belle devise sur un étendard !

O spirites, mes amis, mes frères, que vous répétez bien cette parole, que vous la dites souvent, mais que vous la comprenez peu encore.

Lorsqu'on arrive des mondes de la pensée, des mondes de l'intelligence et du progrès, on est tenté de reculer à l'approche de la terre, car en y arrivant on commence à entendre les bruits discordants qui se nomment: vengeance, haine, envie !

Hélas, amis, les meilleurs ici-bas ne sont pas bons ! C'est triste à dire, mais, sur ce pauvre petit monde, la moitié des mortels passe son temps à blesser l'autre, et quand je dis blesser, avouez que je suis modéré dans mes expressions; les meilleurs d'entre-eux, les plus saints s'en tiennent à l'égratignure.

Chers spirites, c'est vous d'abord que je prends à partie, quand donc comprendrez-vous bien que le bonheur de l'un c'est le bonheur de l'autre; que le rayon est fait pour tous, que le vrai progrès doit être le profit de tous, que la sanctification, la fructification du travail n'est possible qu'avec l'amour mutuel, que la paix ne se trouve que dans la pratique des vertus prescrites?...

Savoir aimer, c'est effacer, atténuer toujours ce qui, défectueux dans la conduite des autres, pourrait être trouvé mauvais; c'est en toute occasion faire passer les autres avant soi-même; c'est mettre toujours en lumière les qualités du prochain et les siennes dans l'ombre; c'est se pardonner tellement

bien que jamais une mauvaise interprétation, un retour
amer ne vienne à la pensée; c'est pratiquer la charité avant
même de la prêcher; c'est, spirites, se souvenir sans cesse
et dans tous les actes de sa vie de la règle fondamentale
de votre doctrine; « Hors la charité, point de salut ! »

HENRI HEINE.

JANVIER-74.

Cette société où tout s'écroule, dont les institutions sont
pourries jusqu'à la moëlle, est destinée à disparaître complétement.

La génération présente se croit le progrès, mais elle n'est
que le faîte de l'abus destiné à s'effondrer lorsque l'édifice
tombera.

Orgueil faux et stupide, ambition effrénée d'un titre, d'un
nom, soif de bien être, égoïsme absolu, horreur du travail et
de ce qui est sérieux, ignorance complète ou instruction
superficielle, voilà l'aperçu de la société d'aujourd'hui ! à
de rares exceptions près, la masse des individus qui la composent est ainsi.

En effet, où sont les hommes dévoués faisant le bien par
amour de l'humanité, où sont ceux qui s'instruisent à fond
pour pouvoir faire rayonner leur science sur la généralité ?...
Aisément on les compterait !

La génération qui suit, tenant encore à l'ancienne par les
liens indissolubles de l'éducation et appartenant déjà à l'avenir par la loi du progrès, apportera dans ses actes moins d'orgueil et moins de frénétique égoïsme; plus silencieuse, plus
calme, plus studieuse, elle apprendra véritablement, et pourtant
le mobile de ses actes, le but de ses études la rattachera encore
à cette terre basse et fétide, elle ne s'élèvera pas encore en
masse.

Mais, les enfants de cette seconde génération apporteront en naissant les nobles instincts et les grandes facultés. C'est à eux qu'il appartiendra de faire une pratique de ces utopies, de cet idéal rêvé par quelques philosophes de ces derniers temps.

C'est eux qui fonderont la république universelle, c'est pour eux que fleurira le socialisme, et les rêveurs des temps passés seront des saints et des martyrs objets de la vénération et du culte.

La société et la fraternité seront une seule chose, une vertu, dirai-je même, vertu civique, pratiquée par tous et non rêvée et indiquée seulement par quelques uns !

Je vous donne, spirites, rendez-vous à cette époque !

C. FOURRIER.

JANVIER 1874

Il est un sujet que nous prêchons sans cesse : l'amour de Dieu et l'amour du prochain, deux amours inséparables !

Qui aime le créateur, aime la création !

Enfants, vous êtes les atômes de ce vaste univers, vous êtes la poussière broyée, enlevée, dispersée par les vents, et ramenée à sa source pour s'en retourner améliorée et embellie.

Vous êtes rien et tout !

Rien, si vous considérez cette parcelle de matière que votre esprit anime ! Tout si vous voyez ce que vous êtes réellement, c'est-à-dire : souffle divin, émanation puissante de la pensée du Créateur !

Rien dans vos transformations innombrables, *tout* dans votre immortelle durée !

Vous êtes esprits, après avoir acheté ce titre par toutes les formes connues ; esprits, arrivant pendant une tempête, mais esprits prédécesseurs, précurseurs du jour sans nuage et sans fin !

Esprits, secouez le manteau de matière qui vous couvre ; la matière n'est rien, elle doit être broyée et brisée par l'esprit.

Esprits, souvenez-vous d'une chose, c'est que vous êtes venus sur terre pour être les missionnaires du progrès, et que les premiers pas dans cette route, c'est la pratique de la charité.

Vous pouvez juger le passé, vous pouvez prévoir l'avenir, vous avez en main tous les soutiens, vous devez marcher fermement, et aucun vent d'orage ne doit plus être assez fort pour vous faire plier !

Les épreuves sont peu de chose, les difficultés ne sont rien, car toute barrière doit être franchie pour arriver au but, qui est tout !

MÉLANCHTHON.

JANVIER-74.

Chaque esprit est un monde microscopique portant en soi le germe de tout bon principe et le germe de tout mal.

Pour bien connaître le cœur humain, il suffit de s'étudier soi-même, d'observer avec soin toutes ses propres tendances.

L'esprit est bon ou mauvais, suivant qu'il accède à la mauvaise pensée ou qu'il l'éloigne sans s'y arrêter. Il est dans un état intermédiaire tenant le milieu entre l'un et l'autre lorsqu'il y a lutte entre le bon et le mauvais principe.

A ceux d'entre vous qui ont déjà posé un pied dans la vie idéale, on peut parler un langage dépouillé des voiles dont on est obligé de l'envelopper pour ceux que la trop grande lumière éblouirait. A ceux-là on peut faire toucher du doigt et du cœur toutes les misères, toutes les souffrances; à ceux-là on peut dire: « Cette humanité est à vous, elle est votre « bien, votre famille, votre œuvre dans le passé, dans le « présent et surtout dans l'avenir ! Aimez-là et consacrez-« vous tout entiers à son salut, à son amélioration, à sa « libération ! »

A ceux-là. esprits sans préjugés, cœurs sans amertume on peut dire :

« Plus vous serez méconnus, plus vous serez courbés sous « le ridicule, plus aussi vous serez étudiés et compris dans « l'avenir ! Vous avez voulu la tâche, vous avez voulu pour « suivre les traces du grand modèle une part dans le travail « de rédemption de la terre, il n'est plus temps aujourd'hui « de récriminer et de jeter sur les grossières joies que vous « avez dédaignées des regards et des regrets ! »

« Prenez à pleines mains votre tache, elle vous rapportera « assez de joies intimes et idéales pour que vous ne regrettiez « rien ! »

FÉNELON.

FÉVRIER-74

Le médium ne trouve pas de mots pour vous exprimer ce qu'il voit et ce qu'il comprend dans son état de dégagement, pourquoi?...

Parcequ'il y a des sensations tellement exquises, tellement délicates que l'esprit seul les sent, leur passage par l'organe matériel les dénaturerait.

Oui, car pour l'esprit seul, pour l'esprit détaché de toute atteinte matérielle, sont possibles les jouissances intimes et infinies qui constituent ce que vous appelez bonheur !

Seul l'esprit peut vivre dans ces rayons qu'on appelle amour spirituel, pour lui seul est possible cette vie attrayante qui est la liberté ! Pour que l'esprit soit arrivé à cet état de jouissance absolue, il a dû, n'en doutez pas, mériter toutes ces récompenses ; pour les mériter, il a fallu passer par toutes les épreuves !

Amis, vous qui souffrez aujourd'hui, pauvres humains qui traînez avec peine ce corps qui est votre prison, vous aurez un jour la fin de toute souffrance. Vous arriverez, et vous arriverez vite si vous voulez, au dernier chaînon de votre lourde chaîne.

Vivre pour aimer, toute la question est là !

Vivre pour faire à un ennemi, à un indifférent, à ce qui est : *la foule*, les mêmes sacrifices que l'on fait joyeusement pour soi ou les siens ; comprendre et mettre en pratique cette maxime si profonde : « *Tout pour tous !*

Pour arriver à ce bonheur qu'il vous est donné de pressentir, il faut que les fluides qui vous entourent soient tellement purs que chacun soit heureux de lire dans votre pensée !

Spirites, il faut commencer à entrer dans le chemin du bonheur par le sentier du sacrifice. Il faut que votre : « vous-« même » soit immolé complètement. Mais, ce pas franchi, ce premier pas bien difficile à faire, vous trouverez en vous, autour de vous, partout, les radieuses clartés de l'amour !

Vous aurez la vie, vous aurez l'intelligence, vous aurez la beauté, vous aurez la vérité, vous aurez la liberté, vous aurez tout, car, l'amour donne *tout* !

AMOUR.

Passons de l'idéal à la réalité, de la théorie à la pratique.

Redescendons sur terre et voyons ce qu'il faut faire pour commencer à monter les échelons qui doivent nous conduire à la liberté spirituelle, au bonheur !

Faire le bien toujours, accomplir son devoir quand même et malgré tout, ne se laisser jamais décourager par la dureté de l'existence et marcher sans s'arrêter vers ce qu'il faut atteindre : la perfection.

Amis, vous le savez, une fois lancé sur la voie sainte du progrès, l'esprit ne retourne plus en arrière, aussi ce qu'il faut tâcher d'acquérir pendant votre incarnation, c'est ce détachement complet de la matière, cause de cette lutte intime avec vous-mêmes, la plus pénible et la plus difficile de toutes les luttes.

Pourquoi vous coûte-il de bien faire, et pourquoi mal faire vous est-il encore si facile ? — C'est parceque vous n'êtes pas assez spiritualisés, c'est que la boue vous attire encore !

Une, deux, dix incarnations ne sont rien pour l'avancement et le perfectionnement d'un esprit, ainsi donc, marcher sur soi toujours, faire le bien sans faiblesse et sans orgueil, voilà ce qui vous est demandé.

Souvenez-vous qu'il vous faut devenir des miroirs qui devront refléter autour d'eux le bon et le beau ! Vous n'avez pas à vous rendre compte en ce moment du profit qui résultera de vos bonnes actions, vous avez d'abord et avant tout à les accomplir. Soyez certains que rien n'est inutile et que tout acte bon et fait en vue du progrès a sa répercussion quelque part.

Vous et nous marchons dans la même voie, aussi nous vous soutiendrons toujours, nous serons là, vous aidant, vous consolant, supportant avec vous l'épreuve trop lourde !

Nous serons-là vous aimant, vous enveloppant de ces fluides que l'esprit seul peut donner, parcequ'il est dégagé des atteintes matérielles.

Nous serons-là, vous disant en toute circonstance : « Courage, faites votre devoir, la récompense est au bout, et « cette récompense se nomme: travail pour tous, bonheur « complet, liberté ! »

ROBERT.

FÉVRIER-74

Au souffle d'un ouragan terrible, une ville entière vient de s'écrouler; dans les rues désertes on aperçoit quelques personnes affolées de terreur ! Au loin l'orage gronde encore, le vent disperse les débris !

De cette cité orgueilleuse il ne reste plus rien ou presque rien, et dans les environs un seul sentiment subsiste, celui de la terreur qu'inspirait sa puissance ! De sa gloire, de son génie, de ses œuvres, il reste à peine un léger souvenir !

Cependant tout n'est pas mort dans la cité, et, les rares habitants qui sont restés, ont été appelés par les cris d'un enfant.

Enfant !.... Synonyme de bonheur, amour, espérance ! Enfant ! — Promesse !

Quels sont ceux qni comprendront cette naissance au milieu de ces ruines ?

Quels sont ceux qui comprendront que rien ne meurt, que la mort même est créatrice d'une vie ?.. Quels sont ceux qui viendront entourer ce berceau, l'envelopper de leur dévouement, le soutenir par leur présence, le défendre par leurs actes.

Quels seront les éclairés, les sages qui comprendront leur devoir, qui sauront faire la part de l'enfance et de ses faiblesses et entrevoir l'homme de génie, l'avenir, à travers les langes du berceau ?

La vieille église romaine vous fait ses adieux ! Au souffle des idées nouvelles, au vent du progrès, lentement elle tombe ; elle s'en va, maudissant son enfant nouveau-né, sans vouloir comprendre que cet enfant c'est elle, sans vouloir croire que cet enfant apporte ce qu'elle n'a pu donner. Elle se cache, cette mère, elle se voile pour ne pas être éblouie par les rayonnements qui s'échappent du berceau de son enfant.

Auprès de cet enfant que vous avez à garder se trouve votre

devoir, spirites ! Il faut qu'il grandisse, élevé, développé, transformé par vos soins. Il faut que les promesses qu'il apporte soient tenues et au delà.

Cet enfant, c'est aussi un sauveur, un régénérateur, il conduira l'humanité à l'avenir de bonheur et de liberté qui doit être son partage.

Cet enfant que le progrès vous confie, adoptez-le, donnez-lui votre vie, cet enfant, c'est le spiritisme !!!

VERGNIAUD.

MARS-74

Lorsqu'il arrive des mondes supérieurs où de temps en temps l'Esprit va s'instruire et se fortifier, il se trouve frappé en se rapprochant de cette planète, de la discordance, de la dissonnance des pensées humaines.

Une partie de l'humanité, le sommet, le coté intelligent voudrait marcher au progrès dont la conséquence se trouve être le bonheur général, les autres parties préférant plus ou moins la boue à l'azur, rétrograderaient, s'y enfonceraient davantage encore, ou ne se donneraient pas la peine de faire un pas pour en sortir. Il résulte de cela une lutte d'idées cause de toutes les catastrophes sociales.

J'attribue le manque d'harmonie principalement à cette première partie, à ce sommet intelligent que j'ai nommé tout d'abord, et c'est à lui que je reproche les renversements, les bouleversements, les cataclysmes.

Comment ces hommes qui, plus intelligents devraient être meilleurs, ces esprits incarnés sur la terre pour y acclimater le progrès n'ont-ils pas compris que l'amour seul les soutiendrait, les fortifierait et leur donnerait la victoire ? Faut-il donc que cette union, cette solidarité, soient pour en faire l'épreuve mises d'abord au service de causes toutes matérielles ?....

Philosophes de toutes les doctrines progressistes, si vous ne faites abnégation de ce vous-même qui vous enlace petit à petit, de cet esprit de parti qui vous mine et vous creuse comme l'eau creuse le rocher, vous n'arriverez jamais à tourner les intelligences vers la lumière, vers la vérité, avec cet harmonieux ensemble qui fait la vie et la prospérité d'un monde !

Chacun de vous se croit le plus fort, chacun croit avoir contemplé de plus près le radieux soleil de justice, et chacun de vous en condamnant son semblable, en jugeant les idées avec intolérance, en repoussant au lieu de soutenir, perd ses forces et n'avance pas.

« Que cet esprit est morose ! » Allez-vous tous vous écrier à la lecture de ces quelques lignes, je voudrais que vous dissiez vrai, mais, malheureusement, je n'ai que trop raison de vous parler ainsi.

Croyez-vous, spirites, vous auxquels il est donné d'entendre les voix de la seconde vie, vous qui profitez d'une double expérience et qui devez, qui devriez être doublement bons, croyez-vous, dis-je, que ma petite leçon ne puisse vous être appliquée ?..

Vous êtes en petit nombre, vous êtes sans cesse exhortés par des voix amies, et pourtant...... Vous aimez-vous bien les uns les autres ?... Ne vous éloignez-vous pas, ne vous séparez-vous pas souvent au lieu de vous unir, de vous pardonner, de vous soutenir ?... Parmi vous il en est qui trouvent que nous prêchons toujours sur le même sujet, que nous disons bien des fois la même chose, c'est vrai, mais ne faut-il pas que nous fassions notre devoir et que nous vous apprenions les mêmes chapitres tant que vous ne les saurez pas ?.. Amis, je vous permets de dire que je suis maussade, mais constatez au moins que je voudrais vous voir parfaits, et que, si je gronde, c'est pour vous pousser un peu plus vivement à être unis les uns envers les autres par la plus sincère, la plus franche, la plus entière fraternité.

Je voudrais voir par vous, spirites, la charité pratiquée dans sa plus large acception. Je la voudrais complète, sans arrêts et sans nuages. Je voudrais que grâce à la cordialité, à l'entente de ses adeptes, la philosophie spirite entraînât toutes les âmes assez avancées intellectuellement pour l'apprécier, tous les esprits doués d'assez de moralité pour en faire autre chose qu'une belle et admirable théorie.

L'harmonie des pensées et des sentiments, c'est le superlatif de la beauté morale, or toute beauté est une attraction.

Votre devoir, chers spirites, mes amis, est d'apporter partout où vous vous montrez la paix, la consolation, l'espoir !

On peut être heureux malgré les épreuves lorsqu'on porte en soi la force et la satisfaction du devoir accompli. Je demande aux spirites ce que les apôtres de Christ demandaient aux fervents des premiers jours du christianisme. « Qu'ils soient un cœur et une âme ! »

Le secret de la réussite est là, et les résultats de cette réussite sont assez beaux pour que l'on consente à une légère souffrance, à une lutte avec les passions afin de les obtenir.

PASCAL.

MARS-74

C'est encore moi, et je reviens sur le même sujet.

Sur cette terre, monde de haine et de discorde jusqu'aujourd'hui, il parait étrange de venir prêcher l'unité, la fraternité, la paix, pourtant, les époques sont passées où les peuples, le front dans la poussière, parqués et nombrés comme des troupeaux, remerciaient du fond du cœur le Dieu des armées après des victoires où ils avaient laissé le meilleur de leur sang, et criaient d'une seule voix : « longue vie à nos maîtres ! »

La pensée souveraine, la pensée maîtresse, a par la force de sa puissance brisé toutes les chaines et relevé tous les fronts. Aujourd'hui l'égalité existe au moins devant la loi, et la plus respectée des royautés est celle de l'intelligence et du génie.

Il s'agirait maintenant en réunissant en un seul faisceau toutes les forces, d'entraîner irrésistiblement vers la loi d'amour et de progrès chaque parcelle de ce grand tout qui constitue l'humanité.

Une des premières conditions serait de mettre à même tous les peuples suivant leur degré d'intelligence, d'apprécier eux-même, d'apprendre à connaître ce qui est juste, bon et vrai.

De toutes les croyances chancelantes, de la foi aveugle qui admet tout, même l'absurde, de l'athéisme qui nie tout, même le Créateur, il faudrait ôter l'invraisemblable et enseigner à leur place la vérité, la vérité prouvée avec la science. Il faudrait donner la foi profonde, sensée, éclairée, qui met au cœur de tout homme, la conscience et l'amour du Juste.

Spirites, encore une fois je reviens à votre philosophie que je trouve propre à fermer les blessures de l'humanité, à votre doctrine entrevue depuis si longtemps par les intelligences d'élite, et qui deviendra, n'en doutez pas, la croyance générale.

Eh bien, dois-je vous répéter la parabole du semeur?... — Non.

Vous avez en main les forces actives, mais quand vous aurez encore travaillé, vous aurez celles bien autrement puissantes de l'attraction, de la volonté, auxquelles rien ne résiste.

Votre croyance est encore à l'état embryonnaire, parcequ'il nous est impossible, vu le peu de développement de certaines facultés de vous enseigner aujourd'hui tout ce que vous devez savoir un jour. Mais ce que vous pouvez déjà, ce que vous devez faire pour la glorification de cette croyance, c'est de la rendre enviable, c'est d'en donner les enseignements d'une façon claire, c'est de prouver par vos actes qu'il n'est nul besoin de lois ecclésiastiques, de prédominances presque divines pour amener les hommes à mettre en pratique la première, la plus sainte et la plus importante des lois du Créateur : « Adorez Dieu, et aimez-vous les uns les autres ! »

Ce qui vous appartient aussi, c'est de montrer de quelle manière le spiritisme comprend cette loi d'amour, répandant largement ses bienfaits, sa tendresse, sa miséricorde sur tous les êtres de la création; intelligents ou arriérés, mauvais ou bons, coupables ou saints, chaque homme doit être aimé du même amour! Au foyer du spiritisme les pensées doivent n'en faire qu'une, toutes les prières doivent se confondre pour aller à Dieu qui les renvoie sur la terre comme une rosée bienfaisante !

Unité de foi, unité d'amour, unité dans l'enseignement de votre doctrine.

Pascal.

MARS-74

Vous tous qui comprenez que la charité est un dégagement et un rayonnement ; vous, qui faites le bien pour le bien lui-même ; vous, qui travaillez à améliorer les âmes pour leur propre bonheur ; vous enfin qui voudriez répandre ici-bas ce souffle divin qui s'appelle amour; vous, nos amis, nos élèves, recevez nos encouragements et nos consolations. Nous sommes là dans l'espace prêts à vous soutenir dans le combat et à vous recevoir après la victoire!

Amis, il est un acte de charité à faire entre tous, c'est celui qui s'applique aux deshérités de la création, à ces pauvres êtres difformes de corps et quelquefois difformes et incomplets d'esprit et de corps.

On ne comprend pas assez bien, généralement, ce que doit souffrir un incarné qui sent, ne serait-ce qu'instinctivement, qu'il est privé de ce que les autres possèdent, ou un malheu-reux ridicule qui se croit abandonné et qui devient forcément méchant à cause de sa faiblesse.

C'est plus que de la pitié, plus que de la commisération que je vous demande pour ces malheureux, c'est de la ten-dresse, c'est de l'affection protectrice, c'est de la fraternité, car, presque toujours esprits punis, ils souffrent doublement et ont par cela-même doublement droit à votre appui.

Un jour votre doctrine couvrira de ses ailes tout le genre humain ! Ce jour là, les disgraciés de la nature seront les enfants chéris de la société ! Déjà on commence à entrer dans cette voie, mais dans l'avenir les esprits des hommes seront miséricordieux et sages et chacun respectera, aidera, absoudra celui qui expie. Il n'y aura plus un mot amer pour le ridicule, au lieu d'un sourire au passage d'un idiot, il y aura une larme, il y aura union et paix !

En attendant, soyez des modèles, vous spirites; aucune dou-leur ne doit vous trouver froids, aucun soupir ne doit être entendu de vous sans être compris, aucune infortune ne doit passer près de vous sans être soulagée ! Vous êtes ici pour panser toutes les plaies ! Coupable ou non, intéressant ou non, repoussant, peu importe, votre devoir n'est pas de juger, mais d'aimer !

L'Abbé de L'Epée.

MARS-74

« Le royaume des cieux se prend par violence, et les cou-
« rageux seuls remporteront la victoire ! »

Vous tous, qui gravissez péniblement la montagne, vous qui

parcourez ce rude chemin qui s'appelle la vie, vous qui souffrez sans cesse et pleurez souvent, c'est à vous que je m'adresse.

Au nom de celui qui sur terre donna l'exemple de la résignation, au nom de celui qui traversa son désert sans regarder derrière lui, au nom de celui dont le courage ne fut abattu ni par les chutes, ni par les défaillances de la matière; au nom de celui qui se releva victorieux et sortit du combat plus grand et plus fort, je viens vous dire : Courage !

Pauvres esprits emprisonnés dans la matière, vous vous demandez tous les jours ce que vous avez pu faire pour mériter un pareil châtiment ! Pauvres amis exilés, vous demandez tous les jours la patrie !.... Exilés, la patrie, c'est la liberté spirituelle; malheureux, le bonheur, c'est la perfection !

Vous aurez tout, car tous les bonheurs doivent être votre partage, l'avenir étincelant de lumière et de joie vous attend, mais il faut y arriver, et ces rayonnements que vous ne faites qu'entrevoir, s'achètent bien cher !

Ils seront d'autant plus précieux qu'ils vous auront coûté davantage ! Ce n'est point en courbant la tête qu'il faut accepter les ennuis de l'existence; le lutteur, certain de remporter la victoire, sourit en jetant son défi à ses adversaires; vos adversaires sont vos passions et vous devez faire comme lui. Vous devez être non seulement résignés, la résignation ne suffit pas, c'est la vertu des commençants, mais joyeux de l'épreuve qui vous fait avancer plus vite dans la route du bonheur. L'oubli de soi et l'amour pour les autres, même pendant les jours les plus durs de l'épreuve, c'est la vertu des forts, et je veux, spirites, vous classer parmi ceux-là !

Courage, à ceux qui possèdent votre foi, tout est possible ! Courage, chacun de vous a besoin de lutter encore, mais si le jour présent vous paraît bien sombre, songez que demain sera calme et après-demain radieux !

Lacordaire.

AVRIL-74 (Vendredi-Saint.)

Là-bas dans l'immensité, dans ces régions heureuses où les esprits marchent sur les soleils comme vous marchez sur la poussière, dans ces mondes essentiellement spirituels où la matière n'existe plus, il y eut un jour une grande agitation.

L'un des heureux habitants de ces mondes, consentait à s'emprisonner pour un temps dans un corps de chair, et les autres bienheureux l'entouraient et faisaient en quelque sorte refluer sur lui leurs puissantes facultés.

Au moment prescrit un rayon de volonté divine arriva jusqu'au missionnaire, et le grand, le saint, le pur esprit devenu un homme faisait son apparition sur terre dans le corps d'un petit enfant.

Autour de ce pauvre berceau on vit des choses extraordinaires, on vit et l'on entendit les anges, les esprits supérieurs qui accompagnaient leur ami.

Ils étaient là aussi, lorsque Jésus prêchant aux populations émerveillées, leur disait ces paroles qui les touchaient et les transformaient: « Aimez-vous, vous êtes frères ! »

Ils étaient là, ces esprits modèles de la fraternité la plus absolue, ces esprits nombreux jusqu'à l'infini et *un* d'aspirations, de facultés !

Ils étaient là le jour où Christ réunissant l'humanité représentée par ses apôtres, voulut dans une pensée d'amour immense lui faire comprendre cette union intime des cœurs, cette fusion des âmes, dont le souvenir était encore présent dans son esprit ! « Je désire, leur disait-il, que ma mémoire
« vous réunisse toujours, que ma doctrine fasse de vous
« d'autres hommes; je désire que vous l'appreniez à tous, et
« que mon exemple vous aide à la pratique des vertus que
« j'ai posées en principe. Je désire que vos âmes n'en fassent
« qu'une! En vous donnant mes enseignements je vous donne

« plus que ma vie ! Enfants dans la vie spirituelle vous ne
« me comprenez pas encore, mais quand vous aurez grandi
« vous me retrouverez ! Je serai l'Esprit de Vérité soufflant
« sur les mondes ! *Je serai, nous serons ! Eux et moi c'est un !*
« Ainsi, mes bien-aimés, gardez mon souvenir et aimez-vous
« en mémoire de moi ! »

Mais lorsqu'il s'agit d'accomplir le sacrifice, lorsqu'il s'agit
de souffrir, de donner ce corps, matière cependant, lorsqu'il
s'agit de mourir entre deux malfaiteurs en posant sur le calvaire le drapeau de la sagesse et de la vérité, en y plantant
le premier et le plus grand des arbres de liberté ; lorsqu'il
s'agit de prouver à cette humanité son amour sans bornes,
Jésus se trouva seul ! Seul, au point de prier son père d'éloigner le calice; seul, au point de demander s'il est abandonné !..
Pourquoi cela !

— Pour vous montrer, humanité souffrante, que Dieu n'est
point injuste et que vous pouvez, hommes, suivre l'exemple
du modèle ; pour vous prouver que lorsqu'on accomplit un
sacrifice, la volonté de l'esprit doit lui suffire ; pour que vous
sachiez néanmoins que la prière est un soutien ; pour vous
enseigner, spirites que le Christ est votre maître et que vous
devez comme lui faire à la cause du progrès le sacrifice
de vous même et de ce que vous aimez, que vous devez vaincre sans compter toujours sur les appuis d'en haut !

La mort du Christ, cette mort après la souffrance fut le
bonheur parfait pour lui, pourquoi donc encore aujourd'hui
ces lamentations et ces larmes?.. Est-ce parcequ'un homme a
souffert sans maudire? A ce compte bien des grands hommes,
bien des martyrs qui ont leur page dans l'histoire du progrès
pourraient passer pour des Christs !

Spirites, soyez plus vrais, soyez plus grands et sachez apprécier à sa haute et juste valeur le sacrifice fait à l'humanité
terrestre par le Christ personnifiant cette myriade d'esprits

purs qui sont : la sagesse, la justice, la foi, là vérité et l'amour !

FÉNELON.

AVRIL-74 (même jour).

Mes enfants, je ne saurais passer près de vous sans vous apporter une parole d'encouragement et de paix ! Dans la voie que vous voulez suivre et qui est celle du dévouement et du sacrifice, l'âme a souvent besoin d'être soutenue, relevée ! Elevez donc vos regards vers la divinité près de laquelle se trouve le bonheur auquel vous aspirez; près d'Elle aussi vous trouverez le modèle !

Christ est grand, vous devez être grands !

Christ est bon, vous devez être bons !

Christ est puissant, vous serez puissants lorsque vous saurez vouloir !

Quand vous vous serez complètement *donnés*, les forces viendront à vous ! Puisez-les d'abord dans la pratique de la charité, aimez-vous !

Soyez profondément bons et vous trouverez la puissance spirituelle à l'aide de laquelle nous pourrons vous dire : Marchez ! »

MÉLANCHTHON.

AVRIL-74

« Il y a plusieurs demeures dans la maison de mon Père ! »

Je reprends cette citation, et je demande: pourquoi et quelles sont ces différentes demeures?... Vous avez dû vous l'expliquer, spirites, par les différents passages de l'étincelle animique et par les différents degrés de l'élévation des âmes !

Dans les premières demeures, sur cette route de progrès qui mène à la perfection, les petites vertus suffisent.. N'être point mauvais, être inoffensif, voilà la première étape.

Etre bon, voilà la seconde.

A la troisième, l'esprit commence à entrevoir la possibilité des grandes vertus. Il sait que le mot foi ne veut pas dire : crédulité, il sait que le mot charité ne veut pas seulement dire : aumône, et ses aspirations lui montrent sous le mot foi : vérité et science, sous le mot charité : dévouement et fraternité !

C'est déjà quelque chose, mais il y a mieux encore ! Il y a le moment béni où, après avoir senti l'influence des rayons divins, l'âme inondée de clarté achève sa route de progrès et entre pour n'en plus sortir *jamais* dans celle de la perfection!

C'est le moment choisi par l'esprit pour mettre en pratique les vertus comprises.

C'est le moment de Dieu ! C'est l'heure où, ayant dépouillé toute attache matérielle l'esprit sait ce qu'il doit faire.

Il acceptera alors dix, vingt, trente incarnations s'il le faut pour être à chacune d'elles l'un des martyrs, l'un des propagateurs, l'un des soutiens de la vérité !

Il multipliera son dévouement jusqu'à l'abnégation la plus complète, ne comptant même plus une incarnation triste et sans attraits ; travaillant, donnant sa pensée à toute minute, à toute heure, tous les jours ; répandant l'idée régénératrice par toutes ses paroles et par tous ses actes ; semant autour de lui la pensée vraie, et plus tard, fondant l'avenir par des œuvres de génie !

Humble, petit, se mêlant à la foule, mais la dominant par la grandeur du sentiment. Voilà pour la terre la dernière étape, et cela n'est que l'aurore, le petit commencement des grandes vertus.

Ne vous plaignez donc point, spirites, si pour entrer dans cette voie vous souffrez quelquefois, les abords en sont diffielles, c'est vrai, mais lorsque l'âme y est entrée elle se trouve à l'aise, et plus on va, plus le chemin devient large !

Amour universel, voilà votre mot d'ordre ! Il vous donnera accès dans les autres demeures dont je ne vous parle pas aujourd'hui et qui sont les mondes de science presque parfaite, de bonheur et de liberté !

EGMONT.

AVRIL-74

« In scha Allah ! » Si Dieu le veut.

Remarquez, mes chers amis, combien sont fatalistes les religions à l'état d'enfance.

« Si Dieu veut, je partirai demain » dit l'arabe, « Brahma, « fais que mon champ prospère, » dit l'indou prosterné aux pieds d'une horrible statue qui lui représente son Dieu !

Dieu ! mot qui n'a de traduction dans aucune langue ! Dieu ! Qui signifie bonté, indulgence, beauté, perfection ! Dieu, invoqué par les uns pour attirer la foudre sur la tête d'un ennemi, par les autres pour conduire aux obscurités de l'ignorance une nation entière qu'ils appellent troupeau.

Dieu, Créateur et Père, invoqué comme bourreau, comme tourmenteur, et tout cela parceque les idées sont trop peu avancées pour permettre à l'esprit de s'élever assez pour comprendre la divinité dans tout son rayonnement.

Plus une croyance se détache de la matérialité pour entrer dans la région spirituelle, plus elle montre à l'homme étonné qu'il est esprit, libre dans son essence, et possédant pour premier apanage le libre exercice de ses facultés et de sa foi.

Le libre arbitre, la conscience, premier guide de l'esprit, l'amenant à mériter, à gagner la récompense la plus enviable : le pouvoir ou plutôt la possibilité du dévouement !

Spirites, laissons au temps le soin de couvrir le passé de ses voiles, et élançons-nous vers l'avenir portés sur les ailes de la foi solide et de la radieuse espérance ! Appuyés que nous sommes sur les piliers de la raison, nous ne craindrons pas comme Icare de passer le détroit.

Passons-le donc ce détroit ! — C'est le vieux préjugé, le fatalisme abrutissant qui malgré nous a laissé quelques racines au fond de notre âme. Ces racines seront extirpées sans trop de peine avec la volonté ferme de monter à la source de tout bonheur, de toute liberté, à Dieu !

Merci à la Cause de notre dégagement, à ce Dieu juste et bon qui nous fait forts aujourd'hui, qui nous fera grands demain ! Nous avons notre libre conscience qui nous cuirasse contre les nombreuses morsures du vulgaire s'agitant autour de nous, notre conscience calme nous disant: « Tout est bien ! » lorsque nous avons donné de grand cœur une part de nous mêmes à ce qui souffre, à ce qui prie, à ce qui attend !

Spirites, lorsque par la volonté spirituelle vous vous éléverez bien haut, vous verrez se développer à vos yeux comme un vaste panorama. Vous verrez non plus la terre matérielle, mais l'humanité spiritualisée.

Vous verrez ce qui est fait par elle et ce qui lui reste à faire. Vous verrez avec joie que si beaucoup de travail, beauconp de dévouement vous sont demandés, c'est qu'il doit en résulter un jour beaucoup de bonheur et la prospérité complète !

Les premiers pionniers qui vont porter dans les contrées sauvages la civilisation et l'industrie, deviennent un jour les saints vénérés du nouveau monde qu'ils ont fondé !

Pionniers, persévérance et courage, vous aurez, c'est vrai, les durs commencements, vous aurez le travail fatiguant de la journée, mais, vous aurez après, le doux repos et les fruits délicieux de vos œuvres.

Vous n'avez plus à dire : « Dieu le veut ! » à propos des minimes événements de votre existence. Vous avez à vous écrier sans cesse : « Je veux bien faire, je veux donner pour « le bonheur général, pour l'émancipation du monde et « l'affranchissement des consciences, les forces que Dieu me « confie ! » Vous.avez à vouloir ardemment le progrès, vous avez surtout à vouloir assez pour réussir !

EGMONT.

AVRIL-74

Chers amis, chers spirites, je serais tenté de vous plaindre si je ne voyais au bout de toutes vos douleurs une grande satisfaction.

Voyons, secouez vos manteaux, laissez sur terre toutes vos dépouilles de misères, de contrariétés, de soucis ! Revêtez le vêtement fluidique, et venez avec moi, partons !

Cherchons, si vous voulez, dans l'espace un point où nous soyions bien calmes, bien à l'abri de toute passion humaine, suivez-moi sans crainte, je vous mène en bonne compagnie.

Nous trouvons un petit monde peuplé d'habitants qui vous ressemblent beaucoup, et même en cherchant bien, si nous pouvions écarter quelques voiles, nous retrouverions là des figures qui ne nous seraient point inconnues.

C'est un monde d'étude, un monde de jouissances, car l'étude en est une des meilleures. La pomme de la science n'est aigre que tant qu'elle est verte, mais elle est délicieuse quand on la mange mûre !

En cherchant bien, comme je vous le disais tout à l'heure, nous retrouverions de la terre quelques illustrations. Dans ce petit monde, plus de rivalités, chacun est là avec son bagage d'intelligence, de mérite ou de moralité; c'est le modèle d'une république dont la démocratie serait excellente et l'aristocratie parfaite.

Là, les travailleurs sont heureux d'apprendre et les professeurs plus heureux encore de pouvoir démontrer. Là, chacun lisant mutuellement dans la pensée on ne s'éblouït plus, on ne se jette plus, comme on dit vulgairement ici bàs, de la poudre aux yeux.

Là, comparativement à votre monde, les petits sont grands; on y possède, vous le voyez, la jouissance du travail paisible et on y fait quelques pas vers le paradis spirituel que nous appelons amour !

Mes amis, c'est là que je vous donne rendez-vous?... Pour y arriver vous avez une chose bien simple à faire, c'est de vous dépouiller à peu près complètement de ce petit « vous-mêmes » qui est l'entrave à laquelle vous trébuchez si souvent; vous n'avez qu'à vous donner, esprit et cœur, à la cause générale humaine.

Heureux ceux qui comprennent et qui comprendront la grande et idéale pensée du progrès. Heureux ceux qui renversent les barrières, ils arriveront les premiers !

H. Heine.

MAI-74

Que vous apporterai-je ?... Quels sentiments heureux pourrai-je vous laisser ?... Paix à tous ceux qui sont de bonne volonté !

Quand on vient de si loin il semble qu'on a beaucoup à dire ; je voudrais vous faire le tableau de tout ce que j'ai vu depuis un si court espace de temps. Je voudrais vous dépeindre la terre, l'humanité comme elles seront dans quelques siècles.

Il est bon de jeter les yeux sur le passé, il est bon de se souvenir, mais il est plus enchanteur de plonger son regard dans l'avenir !

Dans le passé sombre, triste, dur, que voyons-nous?... Deux bourreaux, l'ignorance et l'intolérance, acharnées sur la société leur victime, nous entendons des sanglots !.... Non ! — Laissons-le, ce passé, il était nécessaire, il a fait son temps, mais dans l'avenir, cherchons !

Que voyons-nous ?.. Le grand libérateur, le seul sauveur : l'amour !

De quelque coté que nous nous tournions dans l'espace nous entendons ce mot, ce mot qui dit tout, qui renferme tout, les plus sublimes aspirations et les sentiments les plus doux !

Ce mot, nous essayons par tous les moyens dont nous pouvons disposer de le faire bien comprendre à la terre afin qu'il en sorte un jour l'étincelle qui l'illuminera et la transformera !

Avenir que nous dis-tu ?..— Tu nous dis : devoir compris et rempli; tu nous dis justice, tu nous dis intelligence et mérite, par conséquent: égalité ! Tu nous dis travail, harmonie, union, par conséquent: fraternité; tu nous dis paix, tu nous dis dévouement par conséquent : liberté !

O spirites, vous qui pouvez prévoir avec certitude, vous qui passez sans trembler par dessus le précipice qu'on appelle la tombe, vous qui êtes sur terre pour montrer ce que peut accomplir la foi raisonnée, l'esprit maître de lui, la conscience libérée, la libre pensée ; vous qui devez faire accepter, faire aimer cette sûre doctrine, aussi ancienne que le monde, reposant sur des faits renouvelés sans cesse, s'appuyant sur d'incontestables preuves, vous spirites, donnez donc l'exemple, ne laissez pas votre doctrine passer seulement pour un idéal, une rêverie, montrez que lorsqu'on veut, on peut ! Unissez-

vous étroitement, aimez-vous comme Dieu veut qu'on s'aime :
Saintement !

Attirez, entrainez, amenez vers ces horizons splendides et
vous aurez fait votre devoir !

C. Dombre.

MAI-74

Une pensée vous réunit ici : apprendre ; la contre partie de
cette pensée nous amène : enseigner.

Le jour de la mort du Christ, à l'instant où, retourné dans
les mondes heureux, il reprit ses facultés et la possession de
lui-même, à cet instant, dit la bible, le voile du temple fut
déchiré.

Avez-vous cherché, chrétiens, à vous rendre compte de la
signification de ce voile partagé ?..

Aux yeux voilés de matière des enfants de l'humanité, la
croix plantée au sommet du calvaire était sanglante, mais le
regard spirituel des esprits purs la voyait radieuse de lumière.
En effet, qu'apportait-elle à l'humanité cette journée douloureuse, mais glorieuse ?... Qu'était cette croix, sinon le premier des rayons de liberté éclairant la terre ?... Qu'était cet
homme, que les autres hommes appelaient imposteur, sinon
l'apôtre de la vérité, le précurseur du progrès ?— Cet homme,
esprit supérieur, cet homme parfait, ce fondateur d'une religion de paix, Christ, l'illuminé des rayons spirituels, le magné-
tiseur presque divin, l'incarné puissant, jouissant en partie de
ses droits d'esprit ?...

Eh bien, oui, tous les voiles furent déchirés, car un homme
avait osé, bravant toutes les puissances terrestres, dire la
vérité ; parcequ'un homme était mort pour affirmer sa croyance
et soutenir sa pensée ; parcequ'un homme s'élevant au-des-

sus de l'humanité avait osé enseigner les doctrines qui font l'homme parfait !

Les Israélites, dit la bible, se prosternèrent et eurent de la crainte, mais beaucoup d'entre eux reconnurent la supériorité de celui que leur lois barbares venaient d'immoler.

Se prosterner et admirer ne suffisent pas, ce qui est avant tout nécessaire, c'est le travail et la pratique.

Pour vous, spirites, le voile n'est-il pas également tombé, et ne pouvez-vous pas, incarnés, lire presque constamment les pages de l'autre vie ?

Pourquoi venons-nous à vous ?... — Ce n'est pas, croyez-le bien, pour vous montrer de l'extraordinaire, mais pour vous forcer à vous instruire et à chercher, à trouver par la science la cause des phénomènes qui vous étonnent.

Nous venons vous apporter à vous, nos frères, le produit de l'expérience acquise à nos dépens. Nous venons vous dire qu'après le passage terrestre seulement vous aurez la vie réelle; nous venons vous encourager à relever vos forces, nous venons vous indiquer la marche à suivre pour devenir meilleurs.

Ouvrez donc les yeux de votre âme, derrière ce voile déchiré de l'ignorance, de l'indolence spirituelle, vous apercevrez le Dieu vrai, le Dieu père, le Dieu d'amour, d'intelligence, de liberté, et non le maître dur, sévère, impitoyable, le Dieu vengeur, le Dieu jaloux !

Laissez la lumière envahir tout votre être, laissez le bonheur vous envelopper, car le bonheur c'est le progrès, c'est le travail accompli qui porte en soi toutes les jouissances ! Venez, amis, suivez-nous et vous trouverez la paix et votre esprit s'affermira dans l'accomplissement du devoir !

LACORDAIRE.

MAI-74

« Il lui sera beaucoup pardonné parcequ'elle a beaucoup aimé ! »

Amour, source de vie, de paix, de pardon, étends tes ailes sur cette terre et laisse tomber des rayons qui transforment la méchanceté, la désunion, la haine en concorde, en pitié, en charité !

Vous tous, amis, qui entendez les voix lointaines, vous tous, qui croyez malgré tout, conservez en vos cœurs nos enseignements et n'oubliez jamais que la source de la félicité éternelle, c'est l'amour !

Elle était là, la pécheresse, agenouillée aux pieds du sauveur, grande d'humilité dans son repentir, sublime d'abaissement ! Elle était là, cherchant à attirer à elle les fluides qui devaient la transformer ! Elle était là, changeant la passion en vertu ! Elle était là, achetant la spiritualité par le plus pur amour.

Et que devint à partir d'alors cette femme aux passions matérielles ? Qu'en fit ce court moment de contemplation presque divine ?... — Une âme, un modèle, un flambeau !

Que devint, à partir de cette heure, cette nature nonchalante ne vivant que de plaisir ?... — Une créature dévouée jusqu'au martyre, renonçant à tout, à sa beauté, à ses joies, à son bien-être et se donnant tout entière à la propagation des doctrines apportées par le maître !

Jusqu'à l'heure de sa mort la pauvre Marie-Madeleine aima Jésus, mais elle avait compris qu'aimer Jésus c'était aimer l'humanité à laquelle il s'était consacré.

Aussi cet amour pur et saint a-t-il lavé toutes ses fautes, et lorsque l'esprit retrouva son maître et son idole, il fut bien vite initié aux grandes œuvres et prêt aux grands travaux !

Ceci est pour vous dire, ô mes amis, que l'œil du Tout-puissant retrouve sur terre la moindre parcelle d'amour. Tous les actes de charité sont des rayons remontant sans cesse vers le soleil qui est leur source !

Aimez, mes frères, sachez vous dévouer et toutes vos fautes seront pardonnées. Sachez faire sans plainte et sans regret un utile sacrifice à votre cause et les satisfactions vous arriveront.

Heureux, bienheureux les incarnés auxquels il est demandé comme à Marie-Madeleine la complète abnégation, le sacrifice entier ! Plus heureux encore ceux qui accomplissent joyeusement ce rude devoir !

Comme une douce chaleur de printemps, comme un parfum suave, répandez autour de vous la charité ! Ne vous contentez pas de promesses faites à Dieu et à vous-mêmes, que les actes suivent le désir de bien faire, car seulement dans le devoir se trouve la jouissance !

† Darboy.

JUIN-74 (Fête-Dieu.)

Un jour viendra où les esprits plus éclairés et plus sérieux comprendront la haute valeur d'une foi sincère et d'un culte digne de Dieu !

Ce jour là, les prêtres et les enfants n'auront plus besoin de se promener costumés pour attirer, pour éveiller les curiosités de la foule. Ce jour là, au moment de la prière l'œil spirituel pourra voir toutes les âmes s'élever et monter vers le créateur de toute chose !

Ce jour là, la foi sera pure, la conscience éclairée, l'esprit sage ; On adorera le créateur et chacun l'aimera en aimant la création.

Ce jour là, il n'y aura qu'un temple qui sera pour les petits et les faibles, car le vrai temple de la prière, c'est un cœur pur et dévoué, le plus beau des édifices, c'est le firmament du créateur !

A vous par'avance, spirites, mes frères, celle religion bénie, celle religion d'unité et d'harmonie ! A vous, les premières jouissances de ce culte unique, grand dans sa simplicité !

A vous qui avez le premier travail, les premières récompenses ! Fêtez Dieu, mes frères, en pratiquant les vertus qui font l'homme parfait !

Fêtez Dieu en vous rapprochant de Lui ! Fêtez Dieu en répandant autour de vous sur les cœurs affligés les saintes douceurs qui s'appellent : Consolation, pitié, amour, espérance et foi !

Monod.

JUIN-74.

Mes enfants, marchez, Dieu est avec vous !

Marchez sans vous inquiéter des haines qui grondent comme un orage autour de vous, sans vous inquiéter des railleries, vain bruit que le vent emporte !

Tenez-vous droits et fermes appuyés sur le devoir et la raison.

Devant vous s'est ouvert le large chemin de l'avenir, entrez-y, marchez-y, élaguant et déracinant les herbes empoisonnées, ramassant les pierres qui pourraient blesser ceux qui vous suivront, tendant la main aux faibles, secourant les pauvres, relevant les abattus, faisant entrevoir à ceux qui pourraient faiblir l'aurore du bonheur et de la liberté !

Courage ! Courage ! Plus la route est épineuse, rocailleuse, pénible, plus sera délicieuse l'heure de la délivrance !

Courage ! Vous n'êtes plus rien que des travailleurs à la grande œuvre, aucune tempête ne doit plus vous faire perdre vos forces !

Vous êtes là pour écarter les nuages noirs et sombres, vous êtes là pour faire rayonner la vérité, vous êtes là pour adoucir, pour semer le calme et la sérénité ! Vous êtes là, spirites, pour apporter la paix et pour apprendre aux hommes à bégayer ce premier mot du langage de la patrie : Amour univer-sel !

Dieu est avec vous, soyez bénis et marchez !

MÉLANCHTON.

JUIN-74.

Spiritisme et spiritualisme, deux branches du même arbre, l'arbre protecteur de la terre ! Deux branches de nées à s'en-lacer et à n'en plus former qu'une seule !

Dieu est unité et perfection, ses œuvres doivent être unes et parfaites !

La réincarnation est une conséquence inévitable et en quel-que sorte fatale du passage de l'esprit par la matière humaine dans un monde ou dans un autre ; c'est l'œuvre de justice, de progrès, de perfectionnement ; c'est l'application des théories apprises par l'esprit dans l'erraticité.

Le progrès, me direz-vous, peut être accompli partout ailleurs que sur le même monde ; — sans doute, – mais l'œuvre de justice reste alors incomplète et il la faut parfaite aussi.

Votre doctrine, amis, entre à peine dans la vie, et il lui faut passer encore par toutes les crises de l'enfance et de la jeu-nesse pour arriver à la virilité ; il faut donc que ceux qui se dévouent à elle fassent une ample provision de patience, de persévérance, de résolution afin de la faire sortir victorieuse et saine des nombreuses controverses, critiques ou railleries dont elle sera l'objet.

Chers travailleurs, ce n'est point à l'aurore qu'on peut toujours juger de la journée ! Qu'importent pendant cette journée les tempêtes et les bourrasques si la soirée calme, majestueuse et sereine vous annonce pour le lendemain le radieux soleil et pour vos moissons l'abondance ?...

Tout passe sur cette terre, tout autour de vous peut se rompre ou se perdre, mais ce qui restera toujours, ce qui doit tenir à vos esprits d'une manière inébranlable, c'est votre foi en l'avenir et votre constant dévouement à la cause du bonheur général.

EGMONT.

JUIN-74.

Le chemin que doit parcourir l'esprit pour arriver à son but est bien long ! Esprit ici signifie âme, car si nous prenions le mot esprit dans son sens absolu nous vous parlerions un langage que vous ne pouvez comprendre.

Qui dit esprit dit un rayon sorti du divin soleil ! Esprit, atôme de perfection les contenant toutes en germe ; esprit substance indéfinissable.

Si nous étudions l'âme à son principe et dès son commencement, je ne crains pas de m'avancer trop en vous disant qu'elle a subi, comme tout ce qui est créé, tous les genres de transformations. Chaos, poussière, minéral, plante, etc, tout, mes frères, elle a passé par tout ; eh bien, malgré cela, j'ose le dire, l'esprit humain ne fait que commencer ses pérégrinations spirituelles, car il est bien plus facile d'assembler, de dissoudre, de refaire, de perfectionner ce que vous appelez matière que de parfaire ce que vous appelez esprit.

Que d'ascensions plus ou moins longues, que de voyages pénibles pour intelligenter cette parcelle spirituelle ! Que de chutes, que de pas, que de souffrances avant d'avoir gravi seulement cette perfection terrestre, symbolisée par le calvaire que le modèle a sanctifié et pour ainsi dire déifié !

Sont-ils bien nombreux sur votre terre les esprits qui marchent délibérément en portant courageusement leur croix, ou même en la supportant avec résignation?... — Non ! Il en est peu et pourtant tous devront le faire ! Aussi faut-il que le peu d'aujourd'hui entraine la masse, il faut que cette humanité trouve le bonheur en accomplissant le progrès !

Spirites, puisque vous voulez vous dévouer, modelez-vous vous-mêmes, faites vos esprits si beaux, si bons qu'ils exercent une attraction irrésistible. Le secret du progrès c'est l'harmonie, c'est l'union qui rend invincibles et forts ! Un seul fluide, une seule prière, une pensée montant à Dieu, voilà le moyen de la puissance !

Vous avez la foi, la certitude, la conviction entière d'être dans le vrai, que vous faut-il de plus?.. — Une chose : vous aimer !

AUGUSTIN.

JUIN-74.

Jésus lui dit : « Prenez cette eau, elle vous donnera la vie éternelle ! »

Mes frères, la Samaritaine était tombée plusieurs fois ! J'explique ces paroles. Cette Samaritaine c'est votre âme avec ses passages successifs par l'existence matérielle, et ses chutes. Depuis combien de temps vivez-vous ? Quel est le nombre de vos incarnations terrestres?.. A quelle époque avez-vous rencontré le Messie appuyé sur les bords du puits de Jacob et vous offrant l'eau de l'éternelle vie ?..

Mes frères, Christ c'est la vérité, depuis quand la cherchez-vous?...

L'existence actuelle n'est pas votre premier voyage, et déjà vous avez goûté cette eau pure et merveilleuse. Déjà le regard divin vous a transformés, ébranlés, mais comme la pauvre Samaritaine, doutant encore, vous avez hésité avant d'entrer dans cette voie rude et difficile à ses commencements, mais qui pourtant mène au bonheur parfait.

Cette eau rendue divine et miraculeuse par un seul acte de la volonté du maître, cette eau, dis-je, c'est la facilité du dégagement ; (ici dégagement ne veut pas dire faculté médianimique,) mais dépouillement de tout attrait matériel, il veut dire travail, douleur même et dévouement pour arriver à trouver par tous les moyens, à chercher par toutes les voies cette vérité absolument pure et simple.

Aujourd'hui, bien mieux qu'autrefois, vous appréciez le don qui vous fut fait ; aujourd'hui vous vous affermissez dans vos convictions, vous dissipez les nuages autour de vous et vous préparez le grand travail de l'avenir.

Ce qui vous le rendra facile, o mes frères, ce qui vous aplanira les difficultés, ce qui vous sera la force, c'est le grand amour incompris encore et pourtant déjà prêché par le Christ ; le remède efficace et puissant destiné à soulager toutes les souffrances, c'est cet amour fraternel qu'il indiquait aux faibles représentés par la Samaritaine pour les aider à se relever de leurs chutes.

Aimant vous aurez tout et vous pourrez tout ; vous dévouant vous aurez la force attractive et vous servirez de guides !

Lacordaire.

JUIN-74.

Messieurs, je fais comme vous, j'étudie, je cherche dans le passé les leçons pour l'avenir !.. — Dans le moyen-âge vaincu par nous je trouve la compression, l'absolutisme trônant, je trouve l'abus de la force, le devoir effacé par ce que l'on croyait le droit !

Il nous faut considérer l'abus comme un bienfait puisqu'il a forcément amené la réforme.

Au temps moderne en se rapprochant des époques actuelles, je trouve encore l'abus mais sous une forme moins grossière ; je trouve en examinant bien, une partie du peuple assise et l'autre à genoux.

Il est vrai de dire que le talon de botte ne se repose plus tout à fait sur la tête du serf, mais je trouve néanmoins deux castes bien tranchées et encore bien éloignées l'une de l'autre.

Un jour un ouragan terrible nivela toutes les positions sociales couchant l'arbre généalogique à côté du brin d'herbe ; réforme sociale aussi utile que la réformation religieuse, mais réforme insuffisante et inachevée, pourquoi donc ?.... Voilà, mes amis, la question que je veux étudier avec vous.

Il ne s'agit pas seulement de dire à un peuple en brisant ses entraves : « Tu vas être libre ! » Avant de faire sortir le lion de la forêt vierge, ne faut-il pas qu'il soit dompté, calmé par une espèce d'éducation ?.... Ne faudrait il pas d'abord dire à ce peuple abruti par des siècles de servitude : « Elève-
« toi, travaille, dépasse en intelligence et en génie ce qui
« veut t'écraser, empêche ton abaissement par la hauteur de
« tes vertus et puis, fais un pas, marche à la liberté !!! »

Hélas, il faut le reconnaître, nous avons été téméraires, nous avons été orgueilleux ; nous nous sommes cru des Titans et nous n'étions que des pygmées ! Nous avons parlé de la fraternité, que nous ne comprenions pas, avant d'avoir retranché la haine ! Nous avons fait de cette fraternité un mot et non une vertu civique ! Aussi notre édifice mal construit n'a conservé que ses fondations qui sont divines !

Mieux instruits par l'expérience, nous sommes aujourd'hui moins fougueux qu'alors ; nous comprenons bien que ce n'est que par un travail pénible et lent qu'une nation se transforme.

Avec des discours on électrise les peuples, c'est vrai, on pousse les armées à la victoire, c'est vrai encore, mais cela ne suffit pas pour faire des citoyens !

A cette place que nous avons orgueilleusement occupée, à la tête de cette nation intelligente jusque dans ses moindres fibres et destinée à servir d'étoile, il aurait fallu des modèles, et à part quelques rares exceptions nous n'avons été que des orgueilleux, des ambitieux, des fanatiques ou des trembleurs !

Les jugements de l'histoire tout sévères qu'ils soient ne le sont pas encore assez, car lorsqu'on se croit assez fort pour tenir un drapeau on doit laisser complétement de côté son *soi-même* et ses passions !

Je rends justice et honneur aux institutions que nous avons fondées, quoiqu'imparfaites encore elles étaient un pas immense vers le progrès, c'est la base dont je parlais et qui durera éternellement. Malheureusement, l'édifice n'a pas été agrandi !

A ces intelligences alourdies par la compression, engourdies par la main glacée du préjugé nous n'avons pas su donner le réconfortant et le réchauffant : *la foi !* Nous leur avons bien dit : « Ne croyez plus aux absurdités d'un autre âge, mais nous ne leur avons pas donné en échange l'appui solide de la vérité ! Nous avons pris ces esprits enfants, et au milieu de la nuit nous leur avons dit : « Marchez seuls ! » Sans leur avoir donné le moyen de sortir de l'obscurité, le flambeau qui leur était indispensable pour se bien conduire.

Nous leur avons dit : « Vous êtes frères, tous les hommes le sont ! » Et nous avons proscrit de leur pensée le nom même de celui qui fut le premier apôtre de la fraternité et de la liberté !

Nous leur avons enseigné le culte de l'Être suprême, mais nous n'avons pas su, mieux que ceux qui avaient passé avant nous à leur tête, leur montrer l'exemple de la concorde, de l'austérité, du devoir ! Nous avons hélas beaucoup parlé et très-peu agi.

Cependant, tous les principes qui se fondent, toutes les réformes qui s'opèrent, toutes les philosophies qui s'implantent, ont besoin pour germer, grandir et fleurir d'être soutenus par la foi.

La leçon du passé ne sera point perdue, et après nous être suffisamment modifiés nous reviendrons montrer la pratique des théories que nous avons enseignées. Sans restreindre en aucune manière mon point de vue, si je veux ce soir vous faire l'application de ces quelques paroles, je vous dirai, spirites, que vous aussi vous êtes placés en tête, que vous devez complètement oublier que vous êtes des hommes pour vous dire sans cesse que vous êtes l'incarnation de votre doctrine. Que vous ne devez pas vous inquiéter de l'éclat plus ou moins grand que vous projetez autour de vous, mais bien plutôt du rayon doux et timide qui doit ranimer, réchauffer et attirer à vous !

Mirabeau.

JUIN-74.

« Pierre, m'aimez-vous? — Oui, Seigneur, je vous aime ! — « Paissez mes agneaux !

« Pierre, m'aimez-vous? — Oui, Seigneur, je vous aime ! — « Paissez mes agneaux !

« Pierre, m'aimez-vous? Oui, Seigneur, vous savez que je « vous aime ! — Paissez mes brebis !!! »

Triple affirmation de foi, triple devoir enseigné, triple engagement pris !

Examinez-vous bien, mes frères, cherchez au fond de votre conscience, où en êtes-vous?... A la première, à la seconde, à la troisième promesse ? Avez-vous, traversant les épreuves, gagné votre troisième étape ? Qui êtes-vous ?... que faites-vous ?...

Parmi le bourdonnement humain nous entendons toutes les sectes, je dirai presque tous les individus affirmer hautement et hardiment le bien qu'ils font.

Et, si à l'heure présente, le maître apparaissant, adressait'à chacun d'entre vous la question qu'il posa trois fois à Pierre, votre réponse, je n'en doute pas, serait trois fois la même ; mais que dirait celui qui juge ?... Vous répondrait-il : « Paissez mes agneaux, pratiquez les petites vertus du monde, suivez une religion commode et toute faite, reposez-vous sur le moëlleux oreiller de la foi aveugle, couvrez-vous de l'épais manteau de la religion mondaine, marchez doucement dans le chemin facile laissant écarter les pierres par d'autres mains, arrivez portés par la quiétude, sans péril, sans fatigue.... sans mérite ! »

Ou bien, Christ, vous jugeant dignes de comprendre sa pensée, vous voyant désormais grands et forts ajouterait-il à votre troisième serment la grande parole : « Paissez mes brebis ! » Paissez mes brebis, c'est-à-dire : enseignez, c'est-à-dire : élevez le drapeau ; c'est-à-dire : voici grande ouverte la route spirituelle, entrez-y ! Paissez mes brebis, en suivant les pieds sanglants comme moi le calvaire que j'ai monté ! Paissez mes brebis, c'est-à-dire : fatiguez-vous à la poursuite de cette vérité dont les rayonnements sont cachés jusqu'à présent par d'épais nuages ! Paissez mes brebis, c'est-à-dire : travaillez comme j'ai travaillé, travaillez avec moi ? »

Si le maître vous disait cette parole, ô mes frères, vous seriez bien heureux, car vous seriez jugés dignes de continuer son œuvre ! Vous seriez à lui en tout et toujours, à lui par le remplacement de la matière en fluides spirituels ! A lui par le dégagement de tout ce qui n'est pas pur et par le rapprochement vers l'idéal ! A lui, par les grandes et fortes vertus, par l'abnégation qui s'immole sans plainte, par le travail qui se fait sans hésiter, par le devoir qui s'accomplit sans trembler;

Continuerai-je ma comparaison?....

Combien de fois Pierre renia-t-il son maître?... Hélas! l'histoire le dit! Et puisque, malgré tout, Pierre est devenu un des soutiens du christianisme, puisque ce maître indulgent oublie la faute, lavée par l'amour et le dévouement, il y a lieu d'espérer que les fautes de ceux qui l'ont suivi pourront être rachetées de même?

Quelqu'indignes que vous vous en sentiez, allez à Dieu, mes frères; que votre volonté vous sorte pour un instant de ce monde misérable et puni! Allez; montez, absorbez les fluides purs, saturez en votre être, et alors pour vous les difficultés disparaitront, pour vous il n'y aura plus de blessures, car vous serez cuirassés par la paix intérieure. Alors vous gravirez la montagne, non plus courbés, mais droits et le regard fixé vers le but étincelant de lumière!

Donnez, oh! donnez sans compter, votre peine, votre travail, votre dévouement! Tâchez d'être placés à la tête du troupeau et reposez-vous sur Celui qui ne trompe jamais! Donnez beaucoup, mes frères, et il vous sera rendu beaucoup!

LACORDAIRE.

JUILLET-74

Jésus se tournant vers eux leur dit : « Que celui d'entre-vous qui est sans péché lui jette la première pierre! »

Quel est l'homme qui peut affirmer n'avoir jamais failli?...

Spirites, depuis le commencement de vos nombreuses existences, avez-vous toujours rempli la mission qui vous était imposée sans hésitation, sans faiblesse?... — Du fond de votre conscience, répondez à ma question !

Celui qui seul fut parfait comprenait les faiblesses humaines, celui qui était saint d'esprit et de corps soulageait, guérissait, consolait !

Vous êtes ici-bas pour suivre cette trace lumineuse, vous devez non-seulement admirer, mais imiter. Si donc vous voyez autour de vous des faiblesses, si vous êtes appelés à juger la conduite de votre prochain, que ce soit toujours avec indulgence. Comme le modèle, ne repoussez pas le coupable, mais relevez-le et aimez-le d'autant plus que sa faute est plus grande.

Enfants, qu'est-ce que le mal, qu'est-ce que la faute sinon un état transitoire, un passage obscur? Le mal, nous vous l'avons dit une fois, c'est la statue informe, travaillée par le sculpteur, c'est le bloc des passions tourmenté par le ciseau de la douleur !

Enfants, élevez-vous vers les sphères spirituelles, venez puiser là le germe de la vertu, et vous reviendrez sur terre le cœur ouvert, l'âme attendrie, embrassant dans un même et saint amour l'être malfaisant et l'esprit élevé ; tous sont voués aux mêmes destinées et le plus obscur, le plus pauvre, le plus laid est celui qui a le plus besoin d'être soutenu par ce sentiment divin, l'éclairant, le réchauffant, l'embellissant : l'amour éternel et universel !

BERNARD.

JUILLET-74.

Libre foi, libre conscience, libre travail, voilà la vie spirituelle, voilà le ciel ! Car enfin qu'est-ce que le ciel, dont on parle si souvent, et comment vous le figurez-vous?...

Est-ce le repos complet, le repos absolu, le repos abrutissant ; est-ce la contemplation continuelle, la béatitude fatiguante ? Est-ce la satisfaction de désirs bien souvent vulgaires ?... — Oh ! non, le ciel c'est le bonheur, et le bonheur c'est le travail, le travail incessant, la faculté d'agir sans cesse, de donner toujours avec la possibilité de reprendre ailleurs l'équivalent.

Le bonheur, c'est le pouvoir de plonger dans l'océan des fluides spirituels, d'en saturer son être et de venir donner aux pauvres, donner aux affligés, donner aux ignorants ce qui manque sur la terre et que l'on trouve dans la patrie !

Amis, je vous engage à chercher ce bonheur, à l'acheter par tous les moyens possibles. Vous en avez l'avant-goût sur la terre avec le désintéressement complet, avec le dévouement, avec le travail assidu à la recherche de la vérité. Quand la terre aura conquis toute la somme de bonheur qu'elle peut recevoir elle aura la liberté et tous ses priviléges, elle aura la science, elle aura la paix, elle aura, complète, la faculté d'aimer !

EGMONT.

JUILLET-74.

Le dévouement est, dites-vous, chose difficile, pourtant, c'est la condition indispensable de l'avancement de l'esprit. Un dévouement fait des miracles que ne feront pas tous les dévouements réunis des adeptes à une cause, des travailleurs à une œuvre sérieuse ?...

Oui, enfants, le dévouement ! ce dévouement simple et grand qui s'oublie, et s'ignore lui-même !

Oui, le travail ! Oui, la peine avec l'épreuve, mais la réussite, mais les résultats, les fruits, doux à cueillir un jour !

Je dis que le moment approche où votre chère doctrine aura besoin d'être vigoureusement soutenue, hautement affirmée, et saintement aimée! Spirites, élevez donc vos cœurs, et apprêtez-vous comme Christ votre modèle à résister aux tentations qui viendront vous environner.

Les richesses de la terre ne sont que fumée, elles passent, mais le trésor précieux que rien n'entamera jamais, c'est votre mérite!

Vous croyez peut-être que nous vous demandons beaucoup? O mes enfants, quand vous serez dégagés et clairvoyants, vous vous trouverez tout honteux d'avoir si peu fait et vous remercierez le maître miséricordieux qui souvent ne récompense que pour la bonne volonté!

Le Guide du Médium.

JUILLET-74.

Quand on s'est imposé une tâche, coûte que coûte on doit la finir:

Si pour résoudre une question scientifique, un homme est capable de supporter des années de fatigues, de misères et de souffrances, quels ne doivent pas être votre énergie, votre courage à vous, spirites, qui marchez au devant de la vérité?

Quand on travaille on ne doit avoir qu'un désir: Finir sa tâche!

Quand on voyage, on ne doit avoir qu'une pensée: s'instruire en faisant la route! Quand on cherche, on ne doit avoir qu'un but: trouver!

Travailleurs, voyageurs, chercheurs vous êtes! Que serez-vous dans l'avenir, que voulez-vous être? — Des propagateurs, des apôtres de la vérité?... Eh bien, moi je vous dis aujourd'hui qu'on n'obtient rien sans peine et qu'il faut la plupart du temps payer une jouissance, une satisfaction, un résultat par dix souffrances !

Faites votre compte, et voyez où vous êtes!

Je viens ici poussé par ce sentiment de solidarité qui unit tous les travailleurs à la même œuvre : le progrès ; ce progrès qui n'est pas une utopie et qui doit être poursuivi par tous ceux qui sont assez heureux pour en comprendre l'importance ; ce progrès qui est toujours la même grande et divine idée, qu'il s'applique à la moralisation des peuples ou à leur instruction par le développement de la science. L'espoir de soutenir vos courages qui se penchent quelquefois comme certaines fleurs de contrées étrangères m'amène aussi vers vous, car je puis vous dire : « J'ai fait, j'ai travaillé, j'ai souffert ; mais je tiens la récompense, je tiens la certitude ! » Vous ferez comme moi et vous arriverez comme moi !

Docteur Livingstone.

JUILLET 74.

Enfants, réglez tous vos actes, toutes vos paroles, toutes vos pensées de manière à vous savoir constamment sous l'œil de Dieu ! De Dieu parfait qui ne doit point voir l'imperfection ! Vous avez pour mission sur terre de donner l'exemple du dévouement vrai, simple et grand dans toutes les positions. La famille spirite doit servir de modèle par tous ses nombreux enfants ; depuis Christ, le parfait spirite, se donnant, se dévouant au rachat des humanités, jusqu'à l'humble et pauvre homme, bon de cœur, simple de pensée et comprenant assez Dieu pour aimer jusqu'à l'insecte !

Spirites, les premiers adeptes de votre doctrine sont bien près de Dieu, car ce n'est pas de l'époque présente que vous datez : vos croyances rayonnent dans tous les mondes et vous n'êtes ici-bas qu'une petite partie de ce vaste chœur qui produit la divine harmonie.

Qu'êtes-vous ?.. — Des enfants, mais les enfants deviennent hommes, c'est-à-dire forts, et les hommes vieillards c'est-à-dire sages !... — Des germes, le germe devient plante et la plante porte le fruit ! Incarnés aujourd'hui, esprits demain, voilà votre destinée !

Enfants, vous serez bons quand vous saurez aimer ! Vous serez parfaits quand le dévouement ne sera plus pour vous un devoir, mais un bonheur !

Le vrai bonheur n'est pas au dehors de l'être, il est avec lui et il en possède le germe. Hâtez donc l'éclosion de ce germe, le développement de cette plante et vous en aurez plus tôt le fruit !

Un Esprit Protecteur.

JUILLET--74.

Œuvre de dévouement parfait, œuvre d'aplanissement, œuvre de lumière, œuvre de guérison, voilà ce qu'il faut faire du spiritisme.

Vous, qui voulez entrer dans cet étroit sentier, souvenez-vous toujours qu'il faut laisser à l'entrée tout amour de soi-même. Seulement, sachez aussi que sous cette rude tâche la force est cachée, car tout être qui embrasse avec ardeur la cause de la vérité trouve en lui les rayons et les forces vives.

Oui, mes enfants, oui, vous souffrirez encore, mais vous saurez vous élever assez pour mettre votre pensée au-dessus des assauts de la matière ; oui, vous pleurerez quelquefois mais vous serez, je l'espère, assez détachés pour que vos larmes soient séchées par le feu du fraternel amour.

Le dernier mot de la perfection c'est le dévouement, et

toujours, jusqu'à ce qu'elles soient comprises et pratiquées, nous vous répéterons ces paroles. Sur cette terre qu'entend-on généralement par ce mot perfection ? — Une bonté souvent très-relative, un dévouement très-restreint, qui consiste surtout à bien faire pour *se* sauver, pour être heureux *soi*. Une religion facile à pratiquer qui évite le travail de la pensée et empêche l'exercice de la raison, qui endort, qui paralyse un grand nombre d'aspirations hautes et nobles, une religion d'usage et, trop souvent hélas, un vernis dont on se couvre pour éviter la réprobation générale.

Mais telle n'est point la perfection, tel n'est point même le devoir d'un esprit éclairé. Suivant nous, tout sentiment grand pur et saint doit se montrer, toute aspiration sublime doit être mise au jour, tout progrès doit être accompli, toute lumière doit être élevée !

S'aimer, se pardonner toujours, se soutenir mutuellement sans cesse, donner en tout l'exemple de la sagesse, de la justice, de la bonté, voilà quelle doit être la règle de conduite du vrai spirite ; voilà la vie après laquelle il trouvera toutes les satisfactions qui sont la conséquence du devoir rigoureusement et saintement rempli ; voilà la vie qui ouvrira à l'exilé les portes de la patrie, voilà comment sera opéré l'affranchissement complet de son esprit..

Quoiqu'il vous en coûte, il faut arriver là, marchez donc !

LAMENNAIS.

JUILLET—74.

Je me demande pourquoi vous vous plaignez constamment de la vie, ô gens de peu de foi et de peu de courage !

Comment, vous vous plaignez de souffrir, mais la souffrance n'est-elle pas l'avant-coureur de la jouissance et son complément obligé ?... La jouissance qui n'a été précédée d'aucune souffrance est comme un beau fruit qui n'aurait aucune saveur, comme une très-belle fleur qui n'aurait aucun parfum !

Pour jouir véritablement, il faut que les sensations aient été éveillées par la privation. Ne vous hâtez donc pas trop de désirer la fin d'une vie qui n'est après tout que la préparation au bonheur, car les mille petites souffrances dont elle est émaillée seront pour vous, dans la vie qui suivra, le sujet de mille comparaisons et par conséquent de mille jouissances exquises !

Je ne viens point cependant vous exhorter à couvrir vos aspirations, vos passions même, de ce manteau de glace qui éteint le sentiment et amène l'indifférence. Au contraire, je vous dis : « aiguisez vos passions en les dirigeant bien ; ravivez, épurez vos sentiments, dussiez-vous même pour un moment rouvrir un peu vos blessures ; mais je vous dirai aussi : » exaltez-les de manière à ce que la boue ne les atteigne pas ! Vous vous plaignez, et je vous trouve heureux... Pour la terre, le bonheur consiste encore à désirer beaucoup ; or, soyez francs, que ne désirez-vous pas ?...

Les jours de la vie passent vite, le jour de l'éternité ne finit pas ; désirez donc beaucoup pendant les courtes journées, travaillez ferme, poussés par cette ambition, afin d'être exaucés et d'avoir la possession, la réalisation de vos désirs pendant la journée éternelle !

Amis, je vous fais mes adieux, je vais bientôt venir désirer avec vous ! Ne me plaignez pas, mais aimez-moi un peu et pensez quelquefois à celui qui fut, de l'autre côté de la tombe, votre ami.

H. HEINE.

AOUT-1874

Nous avons devant nous un panorama splendide, élevons-nous, planons comme l'aigle et voyons ce qui s'offre à nos regards !

C'est d'abord un terrain vague, triste, inculte ; une pauvre terre qui réclame le défrichement, les labours, l'engrais !

Voici de jeunes forêts, des arbustes frêles encore et que balancent à leur gré tous les vents ; là les oiseaux construisent déjà leur nid, les fleurettes poussent à l'ombre des jeunes cimes ; là les rayons du soleil passent à travers les feuilles et répandent la gaîté ! A part quelques arbrisseaux chétifs, rabougris, déviés, tout est promesse, tout est sourire...... illusion peut-être !

Le paysage se découvre, la perspective s'élargit et nous voici à des champs bien cultivés, nous voici à la beauté du travail ! Ce sont des épis dorés qui se balancent, entrelacés aux folles fleurs de l'été ! Ce sont les vignes luxuriantes, portant avec peine le poids des grappes vermeilles ! Ce sont les arbres aux épais ombrages et les arbres aux fruits délicieux ! C'est l'abondance, c'est le travail, c'est le progrès ! Cependant de loin en loin et séparant les uns des autres ces fertiles vallons, nous trouvons, soit une forêt noire, épaisse et sombre, remplie d'épines, une forêt qu'il faut traverser les pieds dans la boue car les rayons n'y pénètrent pas, et en se frayant un chemin parmi cette végétation échevelée ; soit une arête de rochers gris et dénudés du haut desquels le regard plonge au fond du gouffre ; soit un cours d'eau qu'il faut traverser ; soit une montagne qu'il faut gravir ; soit un impétueux torrent qu'il faut franchir.

Loin, bien loin, après avoir retrouvé plusieurs fois toutes les choses que je viens de vous décrire, on découvre enfin la cité enchanteresse qui offre au voyageur après son long parcours toutes les joies qu'il a si longtemps désirées ; mais il ne peut y arriver qu'après avoir travaillé dans les terrains vagues et élagué la jeune forêt, après avoir fécondé par son travail les champs et les jardins, après avoir dans la forêt sombre, tracé un chemin pour lui et ceux qui le suivent, après avoir, sans vertige, suivi la crête des rochers, après avoir jeté sur le cours d'eau un pont facile et commode, après avoir, sans indolence, gravi les hautes montagnes et sans hésitation, sans peur, franchi l'impétueux torrent! Seulement alors, il arrivera à cette belle et large route ombragée et plane, tapissée par les mousses les plus élégantes, et si droite qu'elle lui permet d'apercevoir au loin le pays si longtemps désiré, sa chère et splendide patrie!

Il verra aux rayons empourprés du soleil couchant se dorer les flèches des temples et les dômes des palais! Il entendra au loin des échos harmonieux, il pressentira et goûtera par avance les joies attendues!

Homme, voilà ta vie, voilà l'histoire de ton voyage depuis l'éclosion de ton âme jusqu'à son perfectionnement; voilà les dangers, les travaux, les fatigues qui t'attendent, mais console-toi, ta lassitude sera la preuve des lourds travaux accomplis, des passages pénibles, des difficultés franchies!

Homme, souviens-toi qu'après avoir épuisé la coupe des douleurs, l'esprit saisit la coupe des jouissances, que la première s'achève toujours, mais que la deuxième ne se finit jamais! Seulement, souviens-toi, qu'il faut que la première soit vide pour que la seconde renferme tous les parfums, toutes les douceurs, toutes les forces qui donnent la vie spirituelle et la liberté!

E. Poë.

---

24 AOUT·74.

Chaque fois qu'une pensée sympathique nous appelle, nous

acçourons, et pourtant, que pouvons-nous vous dire ?... Vous citer notre exemple, nous attendrir sur vos douleurs, vous offrir l'appui de notre âme ?...

Oui, oui, nous avons la liberté, la liberté de pensée, la liberté d'action, la liberté d'affection surtout, mais nous avons aussi le souvenir !

Le souvenir d'incarnations pareilles aux vôtres, le souvenir d'épreuves plus ou moins bien supportées, le souvenir de nos bonnes actions et le souvenir de nos fautes !

Pour aller à Dieu, vite, pour avoir le bonheur, pur, il n'y a que le droit chemin du devoir, souffrir n'est rien !

Le travail, l'énergie dans la lutte pour la vérité et le droit. Tenir à ses convictions sans caprices, sans faiblesses, et quand on les croit justes, quand on les sait vraies, les soutenir avec la solidité du roc que les fureurs de la mer ne font point trembler. Faire de cette conviction sa vie aux dépens même de la vie du corps, aux dépens du bien-être, aux dépens de tout, voilà le chemin qui mène à la liberté !

J'aurais pu venir à vous avec ma rude écorce d'autrefois, je ne l'ai point voulu, je reste ce que je suis actuellement, vous exhortant à tenir votre drapeau haut et ferme.

Vous aurez besoin de forces, vous en aurez parceque vous les attirerez à vous par votre grand désir de bien faire !

COLIGNY.

AOUT-74

« De l'audace, encore de l'audace, et toujours de l'audace ?.. »

Quoique cette parole m'ait entraîné à bien des erreurs, je viens cependant la redire, mais je remplacerai le mot audace, par le mot courage.

Il vous étonne peut-être, Messieurs, que j'ose m'introduire

parmi vous et vous demander un conseil. Hélas ! il est des tortures telles, que lorsqu'elles étreignent un être, elles expriment de lui tout ce qu'il renfermait de mauvais ! Ces tortures, je les ai subies, et Dieu a eu pitié de sa créature !...

Aujourd'hui pardonné, mais non libéré encore, je veux entreprendre une tâche qui est seulement une œuvre de suprême justice. J'ai promis, je dois racheter autant d'âmes que par la faute de mon ambitieux orgueil il y a eu de vies sacrifiées.

J'ai à faire pour effacer en moi jusqu'au souvenir du Jacobin, mais Dieu, et je le lui demande sans cesse, me permettra une existence pénible bien certainement, mais fructueuse, et pendant laquelle je pourrai travailler plus que pendant l'erraticité.

Jusque là cependant, je puis faire quelque chose, aussi vous accomplirez, Messieurs, une œuvre charitable en permettant que je vous dise ma pensée et en me promettant de la répandre. Je me servirai donc de votre intermédiaire pour crier aux hommes égarés par l'ambition, aux orgueilleux, aux fougueux : « Charité, indulgence, fraternité, instruc« tion répandue sur les peuples avant de parler de liberté ! »

Messieurs, pour oser vous demander un avis, il faut bien un titre à votre bienveillance. Ce titre que j'invoque et qui toujours inspire la compassion, quelquefois l'amitié, c'est une grande douleur !... Et il faut bien que cette douleur soit profonde puisqu'elle a éteint les rugissements du lion et qu'ils se sont depuis longtemps changés en prière, puisqu'elle a modifié mon être au point de me faire quelquefois timide et... peut-être doux !

Ce mot *audace* que j'ai tant répété, cette *audace* qui m'a été si fatale, je voudrais la faire servir à l'œuvre de réparation que j'entreprends. Suivez ma pensée, je vous prie, je crois que bien comprise elle deviendrait un instrument de progrès aussi bien qu'elle a pu être dans maintes circonstances un levier de mal.

Vous, adeptes dévoués, d'une croyance si pure, ne croyez-vous pas qu'il serait temps de la prêcher au grand soleil, à la clarté des siècles ?

Ah ! messieurs, des écoles, des chaires d'instruction, de bons livres, où les hommes apprendront à *aimer* Dieu, à comprendre sa justice suprême et le but de leur existence, leur commencement et leur progrès successif ; où on leur dira la vérité !

Des écoles de fraternité, d'amour mutuel, des journaux que le peuple puisse acheter, qu'il puisse comprendre surtout, des livres à la portée de son dégré d'instruction et de sa bourse, des ouvrages pour la famille où chacun apprendra ses devoirs.

Ah ! l'orateur spirite serait, n'en doutez pas, le médium inspiré par la voix duquel se feraient jour les sérieuses et saintes pensées ? L'instituteur spirite serait soutenu, fortifié, secondé par nous tous.

Vous êtes peu nombreux, c'est vrai, peu encouragés par les hommes qui vous entourent ; vous subissez les difficultés inévitables à toute grande œuvre qui se fonde, mais vous avez l'*idée !* Cette idée grande et vraie qui sera un jour la souveraine de l'univers !

Vous avez la foi dans le progrès, cette foi qui traverse les siècles toujours intacte et toujours sereine, cette foi qui ne connaît d'obstacles que pour les renverser sur son passage !

Enfin vous avez ce qui est votre plus grande force et vous soutiendra dans toutes les épreuves, vous avez le dévouement à l'humanité !

Ah ! mettez-vous à l'œuvre, guidés que vous êtes par la plus grande, la plus belle, la plus pure des ambitions ! Beaucoup d'incarnés sont prêts à recevoir vos doctrines quand vous en aurez fait surtout une chose tellement sérieuse, tellement transparente, qu'elle ne pourra plus être atteinte par le ridicule.

Oui, travaillez, et mettez-moi à même de commencer ma tâche en venant vous aider, au moins de mes forces fluidiques.

Avant de me retirer, permettez-moi, messieurs, de vous remercier de l'attention que vous avez bien voulu me prêter, c'est croyez-le bien, une de mes premières joies depuis que j'ai quitté la terre !

Danton.

AOUT-74

« Cette fille n'est pas morte, elle n'est qu'endormie ! » (St-Luc).

Humanité, c'est à toi que j'adresse ces paroles ! A toi, que disent perdue ceux qui essayent de lire dans ton avenir ! A toi, anéantie par l'incrédulité, glacée par le sceptique égoïsme, engourdie par le doute ! A toi, pauvre fille de Jaïre de laquelle chacun crie : « Il n'est plus temps d'appeler, cette fille est morte !!! »

« Mais le maître entre dans la maison et s'approchant il dit : « Non, cette fille n'est pas morte, elle n'est qu'endormie! »

Humanité, près de ce lit de mort où te retiennent les passions, le maître a daigné s'approcher, et suivi de quelques-uns des siens, il a étendu vers toi sa main divine en te disant : « Ma fille, lève-toi et marche! Sors de cette léthargie, de cette torpeur que tous prennent pour la mort, lève-toi et marche ! »

« Lève-toi, humanité, et laisse sur ce lit d'agonie les causes « de ta souffrance ! Laisse l'égoïsme qui t'étreint et étouffe « tes nobles aspirations ; laisse l'orgueil, la soif de l'or qui « éteignent les palpitations généreuses de ton cœur ! Rejette « la haine, l'envie qui te tiennent ; lève-toi ! Secoue le suaire

« qui te retient captive, c'est l'ignorance, c'est le manque de
« foi !

« Lève-toi, je t'ai éveillée par un souffle puissant, un souffle
« divin et te voilà vivifiée, te voilà réchauffée, te voilà sauvée.
« Loin de toi maintenant la seule vie matérielle, car c'est
« une âme, c'est une intelligence que je viens de rendre à
« la vie?

« En effet, tu es surprise des aspirations que tu sens au
« dedans de toi-même et ton regard étonné cherche un appui
« et un chemin.

« Voici ma fille, voici la voie nouvelle pour toi, la voie
« d'amour, d'espoir et de foi ! Marche, la vérité sera ton
« guide, la science ton flambeau, la charité ton soutien, la
« perfection ton but !

« Marche vers cette lumière, rayon du soleil de la patrie,
« qui arrive aujourd'hui jusqu'à toi, elle te reconduira vers
« cette même patrie où l'on vit d'amour, de travail et de
« justice !

« Marche, l'étincelle qui doit te transformer vient de tom-
« ber sur toi, ô fille de Jaïre, pauvre humanité, et faire de ce
« monde obscur un soleil de vérité, de vie et d'amour !

« Ton jour est venu ! C'est en vain que les passions luttent
« avec la rage du désespoir pour te retenir, en étendant la
« main vers toi j'ai neutralisé leur effet mortel et dès mainte-
« nant tu pourras secouer le joug ! »

Ce souffle divin, cette étincelle de vie, cette main puissante étendue sur le monde terrestre, vous l'avez compris, ô
mes amis, c'est le spiritisme ! C'est cette jeune greffe saine et
vigoureuse, sortant du vieux tronc dévié, c'est cette croyance
sublime, cette philosophie éclairée et sage qui donnera aux
forts le dévouement, aux faibles l'appui, à tous le bonheur et
la paix !

U. GRANDIER.

AOUT-74

On a dit ; « à demain les études sérieuses ! » Causons donc !

Me voici au milieu de vous, tout heureux, tout joyeux ! Qui êtes-vous, allez-vous dire, vous, esprit ami, qui venez nous apporter la joie ?

Oui, très chers amis, j'apporte à chacun de vous de quoi le rendre heureux pendant toute sa vie, j'apporte à chacun une paire de lunettes !... — « Les lunettes de la raison ! » — je vous entends d'ici ! — Eh bien non, non, mes amis, car je suis certain que vous les possédez depuis fort longtemps?... Non, pas celles-là, mais les lunettes roses qui font aimer la vie et les vivants?

Je vous entends souvent vous plaindre, je vous entends même crier famine, vous qui êtes en plein travail, en pleine moisson, vous qui pouvez si facilement avoir la paix et l'abondance. — Que faut-il faire,... dites-vous ? — Il faut, chers moissonneurs, vous répéter souvent, que si le dos vous fait mal, que si vous prenez quelquefois les épines avec les épis, vos greniers se remplissent, ces immenses greniers éternels où tous les mérites trouvent de la place ! Il faut vous dire que si la vie a des aspérités quelquefois très dures, elle vous fait faire de grands pas sur cette route de la patrie où vous sont gardés tous les bonheurs !

Oui, croyez-moi, mettez mes lunettes roses et vous verrez tout s'éclairer et s'embellir autour de vous ! Mettez-les, et avec les yeux du cœur vous admirerez cette vie qui vous fait riches pour l'éternité et ces vivants qui par leur contact vous polissent et vous rendent bons ! Oui, mettez-les, et au lieu de travailler en pleurant, vous travaillerez en chantant, car avec elles vous verrez au-delà de la vie terrestre le doux avenir de repos et de liberté qui vous attend.

Et maintenant qui va dire mon nom, le nom du joyeux

compagnon qui voudrait vous voir tous heureux, en paix et marchant vite ?...

Un petit effort, médium, et dites à ceux qui sont là que celui qui les salue ce soir c'est l'ami :

JOBARD.

AOUT-74.

Heureux ceux qui auront marché jusqu'à la fin, heureux ceux qni auront persévéré, ils trouveront le secret que la science ne découvre que petit à petit à ceux qui travaillent sans cesse !

Chers disciples, combien de fois encore êtes-vous assaillis par le doute, combien de combats intérieurs ne vous faut-il pas soutenir avec le préjugé, avec l'erreur terrestre? Combien de fois encore vous demandez-vous avec angoisse si vous êtes dans le vrai ?... Cependant vous êtes spirites, convaincus, dévoués, sincères !

Ceci vous prouve que rien sur terre n'est absolument et définitivement résolu, cela vous prouve qu'il faut continuer le travail commencé par d'autres, épurer encore, apprendre mieux votre doctrine afin de la voir un jour sereine et triomphante.

Ne vous le dissimulez pas, amis, le travail n'est qu'ébauché, et c'est à vous d'abord, c'est à ceux qui vous suivront, de le continuer et de le perfectionner. Pour que les traces du travail résistent, il faut qu'elles aient été arrosées de sueurs; spirites, souvenez-vous de cela.

Comme les navigateurs dans les mers polaires, vous vous sentirez plus d'une fois encore environnés de ce froid, de ces glaces qu'on appelle l'incertitude et le doute, vous vous croirez trompés, vous vous demanderez la vérité ; mais alors, mes amis, vous prierez, et le petit rayon viendra dissoudre la glace et faire disparaître l'obstacle ; vous travaillerez, et victorieux vous sortirez de la lutte ; vous aimerez, et votre cher navire rentrera dans les eaux calmes et attiédies par le soleil !

Courage donc, spirites, si pour quelques uns d'entre vous, il semble de temps à autre que le jour soit brumeux, qu'ils se tranquillisent, la lumière, la foi, l'espoir ne tarderont pas à se montrer de nouveau pour réconforter et réjouir le travailleur persévérant !

En vérité, je vous le dis, repliez-vous souvent sur vous-mêmes, écoutez la voix intérieure, élevez votre âme, priez, pratiquez les vertus enseignées par vos croyances et le reste vous sera donné par surcroit !

Bien comprendre la vie à venir est une récompense, elle sera le partage des persévérants et des forts !

Allan kardec.

AOUT-74.

Par la pensée nous transportons notre médium dans une maison d'aliénés afin de lui faire examiner les causes qui ont amené ces malheureux dans l'état où ils se trouvent.

Nous voyons des cas de folie produits par une cause accidentelle, la peur. Nous voyons des fous amenés là par une colère trop vive, par une jalousie trop grande, d'autres ont été anéantis par une douleur trop lourde, par un désespoir qui a brisé leur organisation cérébrale. Mais le plus grand nombre de ces folies prend sa cause dans un orgueil si grand qu'il n'a pu être contenu et a fait éclater l'instrument.

Il y a des hommes insatiables et qui veulent pousser les études au-delà des limites posées par la raison pour l'humanité.

Une des plaies de cette terre, c'est cet orgueil qui veut remonter jusqu'à Dieu et prétend en chercher l'origine. Dieu qui, après les avoir créés, a tracé pour les mondes une route de laquelle ils ne s'écartent jamais ! Dieu qui connaît tout et maintient de sa main puissante les univers innombrables! Dieu qui toujours subsiste et jamais ne change !

Dieu en douant les organes du cerveau humain d'une extrême délicatesse a voulu faire comprendre à l'homme qu'en les poussant hors des limites imposées par la raison ils seraient facilement faussés. L'homme est sur terre pour apprendre, c'est vrai, mais pour apprendre d'abord à s'étudier lui-même, pour chercher son origine et le but de ses existences afin de parvenir à vaincre ses passions et à se réformer.

L'homme est là pour travailler avec ses frères au perfectionnement général. Il est là pour marcher au bien et aider les autres à y marcher.

Dès l'instant qu'il veut, enfant imprudent, forcer ses organes et chercher à remonter aux grandes causes que Dieu lui tient encore cachées, il est immédiatement arrêté par la suspension de ses facultés.

Spirites, travail, mais prudence et raison ! Persévérance dans l'œuvre du salut général, mais modestie et simplicité.

ÉRASTE.

AOUT-74.

« Pardonnez comme nous pardonnons ! »

Pour arriver à la patrie, il faut être exempt de tout mauvais sentiment; pour fonder sur la terre le règne de la justice, il faut être justes et bons, et avoir compris parfaitement la citation que je viens de faire.

Si c'est une gloire, un bonheur de souffrir pour le progrès, il faut l'acheter par une modification complète de son être.

Pour compatir aux misères de tout ce qui vous environne,
il faut les avoir comprises, et pour les bien comprendre, il
faut que l'impression en soit gravée d'une manière ineffaçable
après les avoir soi-même endurées.

Voilà comment l'on peut expliquer à l'aide de votre doctrine
certains dévouements profonds à la cause humaine.

Utopie que ce dévouement et ce travail disent les insouciants
et les égoïstes ! Révolte, disent ceux qui se sont habitués à se
servir de leurs semblables comme de marchepieds et qui les
considèrent comme un troupeau à conduire, comme une terre
à fouler ! Pourquoi en effet troubler la paix publique en disant
qu'à côté des palais il y a des mansardes où l'on meurt de
faim ?... De quoi se mêlent-ils, ces gens dévoués, en deman-
dant pour l'ouvrier un salaire suffisant, n'y a-t-il pas des
fortunes colossales à côté des privations trop dures ?..

Pourquoi demander une juste répartition d'instruction,
de satisfaction intellectuelle et un peu de bien-être pour
tous ?...

Pourquoi ?.. — Parcequ'il y a au-dessus des mondes un
Dieu juste et bon qui a établi pour tous la loi de Progrès et de
fraternité.

Pour qui ?.. — Mais pour ces hommes, les heureux du jour
et qui seront peut-être demain les malheureux à leur tour !
Pour ces puissants d'aujourd'hui qui seront peut-être les
ouvriers demain !

Aveugles qui ne voient que le présent et ne cherchent pas
dans une loi de justice absolue les inégalités de positions.
Pauvres fous, qui en veulent à ceux qui leur préparent un
avenir plus doux !

Oui, il faut des dévouements, il y en a eu, il y en aura tant
qu'il sera besoin pour un monde de pousser la roue du progrès. Le mérite des dévouements, c'est la persécution, —
soit !... Celui qui est monté au calvaire nous a montré le
chemin nous sommes prêts à le suivre ! Mais les dévouements

germent dans la persécution même ; aussi, pauvre et chère humanité ce n'est pas une, c'est mille vies que je voudrais pouvoir mettre à ton service, dussent-elles être une suite de souffrances, si ces souffrances pouvaient enlever une partie des tiennes !

A toi toujours tout mon travail, toute ma puissance de volonté, toute mon intelligence, tout mon dévouement, et je voudrais les centupler toutes ces facultés pour pouvoir te donner davantage !

Je parle ici à des spirites, convaincus de la justice de la loi de réincarnation et je leur dis que bientôt il me sera donné de reprendre un travail sur cette terre ; je leur demande d'unir à la mienne leurs volontés, afin que je sorte plus vite des premiers troubles, que je ne perde pas un seul des instants qui me sont accordés pour la mission que je dois remplir et que je puisse aussi vite que possible donner à mes frères tout ce que je leur apporte d'amour !

MANIN.

SEPTEMBRE-1874.

Patience, persévérance et foi en l'avenir de la terre !

Par le rude chemin de la douleur l'humanité monte au Golgotha, mais elle trouvera planté sur le haut de cette douloureuse montagne l'arbre de vie et de liberté !

Elle ira jusqu'au pied de cette arbre lumineux dépouiller sa grossière matérialité et elle revêtira là le vêtement fluidique qui plus diaphane que l'autre et plus pénétrable aux fluides purs lui permettra de mieux voir, de mieux comprendre et donnera libre essor à son développement spirituel.

Humanité terrestre, tu es un enfant, avec tous les défauts et la courte vue de l'enfance, il te faut pour atteindre ta vigoureuse jeunesse, et ta splendide vérilité subir encore bien des crises plus ou moins pénibles ! Enfant, la souffrance est la voie directe qui mène sûrement et vite à ce qu'on appelle perfection, à ce qui est le bonheur ! La douleur, c'est ta meilleure amie, elle assouplit ta nature rebelle, elle aiguise et multiplie tes facultés, elle donne à tes aspirations cette haute direction qui conduit ton âme vers sa patrie.

Qu'est-ce que cette patrie des âmes dont nous vous parlons sans cesse, sinon la possibilité d'un travail continuel sans fatigue, d'un travail et d'un dévouement qui portent pour fruits la science, la moralité, la paix et par conséquent la libération du monde ?...

Homme, à Dieu vos aspirations, vers Dieu les désirs de vos âmes ! A l'humanité ce que vous avez de meilleur, votre amour, votre travail, votre dévouement !

Fénelon.

SEPTEMBRE-74.

Progrès quand même, progrès lent mais sûr, car tout a droit à la perfection.

Votre terre subit à cette époque une crise dont il est facile de prévoir l'issue. Le progrès qui doit amener l'homme à l'amour parfait, commence par l'amour de soi, amour matériel d'abord et se spiritualisant, se sanctifiant avec le développement de l'être spirituel et finissant par l'amour universel !

Il faut donc que les croyances qui sont destinées à diriger, les croyances qui sont le mentor de l'humanité soient de plus en plus pures et en rapport avec le progrès qui s'opère chaque jour.

Il faut qu'une religion enseigne les vertus qui ne sont pas

encore pratiquées, il faut qu'elle apprenne aux hommes à s'élever davantage.

Dans ce siècle tout d'égoïsme, tout consacré au bien-être matériel, il faut apporter les premiers principes de la religion spirituelle de l'avenir et tâcher d'effacer le mot égoïsme avec le mot dévouement. J'ai dit *religion*, religion spirituelle dont le temple sera la pensée, dont la vérité et l'amour seront les soutiens.

Cette religion a besoin de fondateurs et de propagateurs qui devront dire aux hommes : « Vous êtes Esprit et l'avenir « spirituel vous attend ! »

Spirites, telle est votre tâche, mais dire ne suffit pas, il faut prouver. Vous prouverez de deux manières, d'abord par vos relations avec ceux qui sont en possession de cette vie spiri- tuelle et qui déjà avancés peuvent donner les conseils de leur propre expérience ; mais vous prouverez peut-être encore mieux par le travail de perfectionnement que vous accom- plirez sur vous-mêmes.

Toute religion, toute croyance vraie, tout progrès ont eu leurs martyrs dans les premiers adeptes qu'ils ont fait, cepen- dant je ne viens pas vous offrir une palme, car aujourd'hui la destruction de la chair n'est plus nécessaire pour affirmer une conviction. Je viens tout simplement, ou plutôt nous venons, vous acheminer doucement sur cette voie du sacrifice qui s'accomplit presque sans y prendre garde et sans s'occuper de soi tant doit être grand le renoncement et le dévouement. Je viens vous dire : spirites, vous centuplerez vos forces en vous perfectionnant, car vous servirez de flambeaux lorsque vous serez lumineux.

Spirites, comprenez cette parole du Christ si souvent com- mentée si peu pratiquée : « Aime le Seigneur ton Dieu et ton « prochain comme toi-même ! » Soyez unis, aimez-vous, et votre drapeau sera toujours droit, et vous verrez se ranger à l'ombre de ses plis une armée, armée de travailleurs et de frères !

CARITA.

SEPTEMBRE-74.

Ce que vous avez à faire ici-bas, spirites, c'est moins de forcer en quelque sorte les croyances à s'implanter autour de vous que d'éclairer prudemment, de répandre doucement sur la nuit de la terre les lumineux rayons de la vérité.

De quelque côté que se dirigent vos pas, vous rencontrerez des incrédules et des sceptiques, incrédules et sceptiques que vous ne ramènerez pas, quand vous leur offririez les preuves les plus évidentes, quand vous les prendriez eux-mêmes pour preuve à l'appui de ce que vous avancez ; mais dans la grande légion du travail ces réfractaires auront leur jour et je vous le répète, vous avez moins à vous inquiéter d'eux que des âmes de bonne volonté auxquelles vous avez mission de porter la bonne nouvelle.

Il y a des esprits qui se condamnent pour une existence à ce scepticisme qui les fait souffrir et retarde leur avancement, comme il y a des enfants qui font l'école buissonnière et qui passent un an de plus à chaque classe ; c'est la raison qui les ramène les uns et les autres au devoir et leur fait rattraper le temps perdu.

Mais il ne manque pas dans votre entourage d'esprits sommeillant encore et qu'une parole viendra réveiller pour toujours ; d'esprits arrêtés par quelque barrière que vous ferez aisément tomber ; d'esprits irrésolus mais simples et francs et auxquels un léger coup d'épaule donnera une bonne impulsion.

Je vous engage à vous occuper de ceux-là, ils sont assez nombreux et vous n'avez pour les trouver qu'à chercher un peu.

Jamais de zèle intempestif ; la nourriture morale, comme l'autre, est toujours plus appréciée lorsqu'elle a été désirée; la deuxième doit être distribuée avec ménagement et sagesse aux estomacs des enfants, et la première doit être donnée également en raison des forces qui la reçoivent.

De l'ardeur, oui, si vous voulez, mais de l'ardeur intelligente et raisonnée. Du zèle, soit, mais jamais de fanatisme, d'exagération.

Souvenez-vous que chaque chose doit être faite à son heure.

LAMENNAIS.

OCTOBRE-74.

« Ils n'avaient qu'un cœur et qu'une âme! » Vous allez dire que nous vous répétons souvent les mêmes choses, car vous me comprenez déjà, n'est-ce pas, mes enfants, bien-aimés?...

Ces hommes à la foi solide, ces chrétiens des premiers âges, changèrent la face du monde; ils effacèrent les teintes les plus grossières de la matérialité et tracèrent à la place l'esquisse sublime et sainte de la religion universelle : Le christianisme!

A ce grand, à cet immense tableau, vous êtes appelés à votre tour à venir travailler; l'esquisse est restée la même quant au fond, mais le temps, l'abus, en ont altéré les détails.

Connaissance de la vie de l'âme après la mort du corps, libération de la conscience, pratique des vertus enseignées, raisonnement sage et sain, voilà ce que vous devez apporter à l'œuvre et ce qu'il vous sera donné de bien comprendre si vous savez vous élever.

Vous êtes appelés à marcher dans une voie quelquefois pénible ; il importe peu qu'il en soit ainsi si vous réussissez à faire le travail.

En acceptant la doctrine spirite, vous avez, vous le savez tous, accepté un grand devoir, vous avez accepté une lutte avec les passions, avec cette grossière matérialité qui tiennent captive l'humanité ; mais vous avez avant tout accepté la lutte avec vous-mêmes.

Qu'est-ce, après tout, et qu'y a-t-il de si pénible à se bouffer, à modifier les penchants imparfaits quand on entrevoit cette perspective immense du perfectionnement des mondes accomplis?...

Qu'est-ce que ce premier petit pas?.. — rien de bien difficile ; chose accomplie le jour où vous serez sérieusement convaincus de la nécessité du travail.

Habituez-vous donc, mes enfants, à vous servir du regard de l'âme, ce regard à longue portée qui vous éclaircira les profondeurs de l'avenir.

Modelez-vous sur le maître et vous ne vous tromperez jamais !

Je ne vous dirai pas : « Soyez bons » vous l'êtes généralement et cela ne suffit pas encore ; je vous dirai, spirites : « Soyez meilleurs, soyez parfaits ! Devenez sans reproches, que votre âme soit un miroir ! »

Quand vous venez à nous pleins de confiance chercher ce qui vous manque, enfants, ne faites plus qu'*un*, animés du même esprit, puisez dans les fluides que nous vous apportons et vous sortirez d'ici consolés, rassérénés, calmés, fortifiés, vous remporterez avec vous la paix et une étincelle de bonheur !

MÉLANCHTHON.

OCTOBRE-74.

La liberté c'est le trésor incomparable qui ne peut être possédé qu'après l'acquisition de toutes les vertus, car elle en est la consécration et la récompense !

La liberté ne marche pas seule, il lui faut le brillant cortège des mérites du travail et du dévouement !

La liberté, si on savait ce qu'elle est, ne serait pas sans cesse appelée par les hommes, comme une justification de ce qu'ils croient leurs droits. Ils sauraient que le devoir doit précéder le droit et non le suivre ; ils sauraient, pour conquérir cette liberté qu'ils appellent de tous leurs vœux, lui frayer le chemin, car la liberté est une reine, elle ne sait marcher que sur une route aplanie et sans dangers.

La liberté est une reine, ai-je dit, elle est aussi une mère, et elle ne peut vivre qu'au milieu d'enfants respectueux et bons !

La liberté, comme on la comprend au-delà de la tombe, c'est la sanctification et la fin d'un immense travail de perfectionnement. C'est la satisfaction, c'est la jouissance, c'est la possibilité de tout après avoir tout préparé et tout appris ! Ayant donc d'appeler la liberté, il serait sage d'élaguer de la route qu'elle doit suivre tous les obstacles qui entravent sa marche.

La liberté est un fruit de l'arbre divin, mais on ne peut le cueillir qu'à l'automne, c'est-à-dire après le travail, la persévérance et la complète bonté !

BERRYER.

OCTOBRE-74.

Pour vous exprimer toutes les belles pensées qui me viennent, je voudrais être bien éloquent, et je le suis si peu !....

Enfin, je vais faire de mon mieux et vous serez indulgents.

Chers prisonniers, je voudrais vous éclairer la prison ; pauvres oiseaux, aspirant au vol rapide et libre, je voudrais vous dorer les barreaux de la cage, vous les cacher en quelque sorte sous la verdure et les fleurs !

Mes enfants, ne maudissez pas l'existence terrestre, n'enfoncez pas davantage sur votre tête fatiguée la douloureuse couronne d'épines en murmurant sans cesse contre les épreuves que vous avez choisies pendant les jours heureux de l'erraticité !

Vous êtes encore peu expérimentés, car vous ne savez pas vous alléger le fardeau en le portant avec courage et espoir d'arriver vite ; vous retournez sans cesse l'aiguillon dans la blessure, en vous arrêtant à chaque instant ; vous doublez votre fatigue en vous retournant souvent pour vous dire que vous avez fait peu de chemin ; vous ne voyez de votre prison que les murs sombres et les lourdes portes, mais vous ne vous dites pas que cette prison est pourtant réchauffée par le soleil du créateur, vous n'essayez pas de franchir ces portes et de sortir jusqu'à la limite de votre domaine. Or, ce domaine ne sera plus un exil, cette prison tombera, le jour où votre terre perfectionnée par les soins de l'humanité sera un asile de repos et de joie. Vous ne vous dites pas que si vous souffrez aujourd'hui c'est pour arriver à cette conquête. Vous ne voyez pas que vous souffririez moins si vous portiez courageusement votre croix, vous ne comprenez pas que la victoire vous semblerait plus facile si vous montiez joyeusement à l'assaut.

Allons, allons, courage ; puisque dans la vie spirituelle vous êtes des enfants, gardez-vous au moins les bénéfices de l'enfance, les douces et radieuses illusions qui font regarder l'avenir avec un prisme enchanteur, avec ses horizons empourprés et magnifiques.

Ces illusions de l'enfance, sont peut-être la vérité, et... qui sait ?... tout simplement un souvenir qui reste à l'esprit des réalités admirables dont il a pu jouir pendant le repos spirituel qu'il vient de quitter ?... Vous voyez que je vous traite en enfants gâtés et que je vous berce doucement tout en vous disant la vérité !

Puisque vous avez le travail, puisque vous êtes en train d'acheter, chèrement, je le confesse, l'expérience et les vertus, puisque vous subissez la chaleur et le poids du jour, acceptez avec bonheur la brise rafraîchissante que nous faisons arriver jusqu'à vous et qui vous porte un mot bien consolant et bien doux : Espérance !

JOBARD.

OCTOBRE-74.

Quand nous venons ici vous apporter toujours les consolations et les espérances ; quand nous faisons pleuvoir sur vous les fluides qui rendent les hommes bons et forts; quand, sans cesse occupés de vous, nous vous tendons la main pour vous éviter les chutes ; quand, penchés sur vos intelligences nous les éclairons et les transformons afin de les rendre aptes aux travaux de l'avenir; quand nous essayons tous les moyens de vous attirer et de vous conduire, nous n'avons pas d'autre motif que celui de faire de vous des hommes supérieurs, capables de nous aider avec fruit, et prêts à le faire.

J'appelle ce soir votre attention sur ce point, et je vous dis que vous devez faire avec nous tout ce que vous pouvez afin de sortir de nos mains parfaits. Parfaits, je le répète, parfaits en ce sens que vos pensées, que vos actions doivent être dirigées vers le même but, but de travail et de perfectionnement général.

Je ne viens point ici m'appesantir sur vos faiblesses, sur

ces petites fautes journalières inhérentes à l'incarné et dont je serais presque tenté de dire qu'il est irresponsable; car ces mille petits nuages dans votre existence doivent se dissiper complétement lorsqu'apparait à l'horizon le grand soleil régénérateur qui s'appelle : amour !

Si vous étiez esprits ces imperfections ne vous atteindraient plus et vous pourriez travailler sans fatigue avec la satisfaction constante de celui qui voit diminuer sa tâche ; vous pourriez vous dévouer avec le bonheur de celui qui voit que son dévouement profite ; mais vous êtes incarnés, vous n'avez point toutes ces jouissances, nous devons nous contenter de ce que votre bonne volonté nous donne, et vous exhorter à tomber aussi peu que possible.

L'homme parfait, vous le savez, est celui qui sait le mieux mettre en pratique la maxime fraternelle : *Tout pour tous !* Qui aime son prochain sincèrement, saintement, sans faiblesse et sans passion. C'est celui qui accepte l'épreuve sans contestation et sans orgueil; c'est celui qui travaille courageusement en comprenant ce qu'il fait.

Je l'espère pour vous et je le crois, vous êtes sur ce chemin ; ne vous inquiétez donc point des moments sombres de votre vie, ne vous inquiétez de ce que vous appelez des défauts que pour effacer petit à petit ces ombres qui vous cachent l'avenir.

L'avenir, réalité et non rêve ! L'avenir que vous avez déjà engagé, que vous préparez, avec lequel vous comptez dès maintenant. L'avenir de travail sérieux avec la possession complète de vos facultés, la liberté de vos pensées et de vos actes, l'avenir radieux que vous achetez dans le présent sombre.

Point de faiblesses, plus de doutes ; les doutes sont des entraves, les faiblesses des fatigues inutiles; encore quelques pas sur la route épineuse et vous sentirez les éblouissantes clartés de cet avenir heureux vous pénétrer et renouveler vos forces. Union, foi, persévérance !

† DARBOY.

OCTOBRE-74.

Qu'est-ce que c'est que le ciel ?.. — D'après toutes les religions qui le promettent à leurs adeptes, le ciel doit être le séjour de tous les bonheurs et le rendez-vous de toutes les jouissances. Par la description de son ciel vous pouvez juger de la hauteur d'une religion.

En recherchant dans les doctrines des religions anciennes, nous trouvons que le ciel promet à ses parfaits une somme très-grande de jouissances uniquement matérielles.

La religion catholique promet un ciel qui est le repos absolu, la cessation du travail de la pensée, l'oubli du passé, la contemplation constante de Dieu, l'amortissement de tous les désirs.

Est-ce bien là, la récompense qui doit être recherchée par l'esprit ? Lui faut-il pour être heureux cette béatitude sans fin, ce bonheur à lui seul, cette espèce d'indolence où le plonge sa propre satisfaction, et, après le perfectionnement de son être a-t-il fini sa tâche ?..

Oh non ! Non, mes frères, et vos aspirations vous le disent, le ciel est autre chose ! Que vous promet la religion de la raison et de la charité après le développement de votre être ?.... — Travail, travail encore! Absorption de l'être, non dans sa propre jouissance, mais dans ce sentiment sublime du dévouement à tous !

Et après ce premier dévouement que vous promet-elle encore ? — Le dévouement plus grand l'amour presque infini qui aide à la création !

Spirites, voilà le ciel que vous promet votre foi, voilà la vraie, la seule récompense digne de l'esprit. — Travailler pour tous en même temps que pour lui, et une fois parfait, aider les autres à le devenir !

Voilà la réalisation du bonheur immense que l'on pourrait, presque appeler divin s'il n'y avait la barrière infranchissable qui sépare le créateur de la créature !

Pouvoir donner sans que le trésor s'épuise ! Faire le bonheur d'un monde aussi facilement que celui d'un être ! Pouvoir aimer sans que rien vienne borner ce sentiment, voilà le ciel !

Paix, liberté, bonheur tout est là, et voilà pourtant, grâce au créateur dont la bonté nous confond sans cesse, l'avenir de l'esprit !!!

Joseph Meunier.

---

2 NOVEMBRE-74.

Vous rendez-vous compte bien exactement, humains, mes frères, des jugements qui sont portés sur vous lorsque par la mort on vous croit hors de portée de la voix ?

S'il me fallait ce soir vous faire l'analyse de ce qui a été dit aujourd'hui, seulement des morts de cette année, je ne vous dis pas que vous seriez étonnés, mais j'affirme que je vous ferais une telle peur que bien vite vous me prieriez de me taire.

C'est que l'homme, pour son semblable, est un juge sévère; l'égalité suivant le mérite, la réelle justice, n'existent que devant Dieu; à ses pieds seulement, les épis fauchés sont jugés à leur véritable valeur.

Du reste, si l'esprit acquiert par la mort une connaissance plus grande de ce qui l'entoure, il ne se débarrasse pas par le fait même de son passage à une autre vie de tous les sentiments humains ; aussi, cette confraternité de la tombe dont il est tant parlé ne s'établit-elle pas toujours de suite. La tombe hélas, ne donne pas les vertus ; et ce n'est que l'esprit relativement avancé qui possède la jouissance de ce sentiment si doux qui fait l'homme grand en même temps que bon. Aussi, ne vous étonnez donc pas trop, si je vous dis que souvent dans vos cimetières nous voyons des esprits, ayant possédé sur terre la fortune, regarder d'un œil complaisant leurs caveaux sculptés et passer en se détournant près de la fosse commune!

Ceci vous prouve que la vie de l'esprit n'est point interrompue par la mort du corps, puisqu'il ne se modifie, même dans l'erraticité, qu'après un long travail sur lui-même.

L'amour fraternel est une vertu encore rare à trouver sur la terre et le dégagement de la matière ne suffit pas pour le comprendre, aussi voyons-nous ici souvent les rôles intervertis ; tel homme dont les vertus sont inscrites en lettres dorées sur le marbre d'un mausolée peut avoir bien besoin de prières ; tel misérable, au contraire, jeté dans un coin de cimetière, oublié, délaissé, inconnu, pourait offrir un solide appui, l'appui du mérite, à son brillant voisin.

Pour vous, spirites, tâchez, si vous voulez vous éviter dans l'autre vie bien des sujets de peine, si vous voulez trouver autour de vous beaucoup d'amis, de pratiquer cette charité ardente que nous vous prêchons tous les jours ; envoyez à toute douleur une pensée d'affection, à toute blessure un baume, embrassez dans le même sentiment fraternel, *tout*! Tout ce qui pleure, tout ce qui souffre, tout ce qui cherche et poussez-le à Dieu! Dieu lui donnera ce qui lui manque : la foi, la paix, l'apaisement, la lumière, la force, la douceur et l'espoir!

BALZAC.

MÊME-JOUR.

Donnez, donnez votre aumône de compassion, la compassion conduit à l'attendrissement; de l'attendrissement à la charité le pas est court.

Donnez, donnez le sentiment si doux qui s'appelle miséricorde, la miséricorde amène l'amour, et l'amour est le plus riche diamant de l'écrin du créateur.

Donnez, aujourd'hui comme toujours et toujours comme aujourd'hui, car tous les jours les larmes coulent, les cœurs saignent, les âmes souffrent et souvent désespèrent !

Donnez, donnez sans regret et puisez à pleines mains dans le trésor spirituel; dans ce trésor inépuisable qui s'augmente lorsqu'on y prend.

Donnez, ô mes frères, donnez des deux mains et de toutes manières ; donnez le bon conseil, donnez la protection quand vous pouvez, donnez l'appui, donnez l'instruction spirituelle, donnez cette aumône morale qui vaut toutes les autres, celle du cœur, celle de la pensée !

Donnez, sans trop vous demander si celui qui reçoit est digne de votre aumône ; souvenez-vous que les fruits de la charité sont quelquefois tardifs, que le vrai dévouement ne compte pas sur le fruit quand il plante le noyau ou qu'il greffe l'arbrisseau.

Donnez et aimez véritablement, c'est-à-dire avec l'âme ! Elevez votre pensée au-dessus du niveau ordinaire de la vie, c'est-à-dire aimez en Dieu, comme lui et avec lui !

Sanctifiez votre aumône en l'unissant à l'amour qui vous transporte au créateur ! Toute la création est votre patrie, toute l'humanité terrestre est votre famille, généralisez et agrandissez donc le sentiment dont je vous parle en le répandant sur tous !

Donnez, donnez beaucoup, et beaucoup vous sera rendu en lumière, en intelligence, en bonheur !

CARITA.

NOVEMBRE-74.

La pensée ayant secoué les lourdes chaînes du pouvoir absolu, son esclavage est fini. L'esprit humain sorti des entraves et des préjugés qui l'asservissaient, il lui reste encore un pas à faire, ce pas consiste à s'affranchir des passions parmi lesquelles je range en première ligne l'orgueil. L'orgueil qui absorbe à lui seul toutes les bonnes tendances.

Admettons cependant que cet orgueil soit dompté ; le gros arbre déraciné ne laisse-t-il pas autour de lui quelque petit rejeton qui ne demanderait pas mieux que de reprendre vie ?

Ce rejeton, mes enfants, c'est l'amour propre, c'est cet amour de soi qui peut, s'il n'est dominé, ôter à l'esprit toute clairvoyance.

Spirites, je vous signale le danger, souvenez-vous que le maître dit un jour : « Si vous n'avez la simplicité de ces enfants, vous n'entrerez point dans le royaume des cieux ! »

Simplicité ne veut pas dire sotte et aveugle crédulité, simplicité ne veut pas dire ignorance, simplicité veut dire : droiture et modestie.

La simplicité loin de rejeter l'étude et l'examen, les sollicite au contraire, mais elle ne repousse rien de prime abord, elle n'a pas d'esprit de parti et d'entêtement personnel ; elle n'accepte pas aveuglément, mais elle ne commence jamais par nier ce qu'elle ne connaît pas ou ce qu'elle ne comprend pas.

La simplicité aime les recherches parcequ'elle est vraie et que tout sentiment vrai attire à soi la vérité et l'éclaircissement.

La simplicité est un bon guide, parcequ'elle exclut tout sentiment qui ne serait pas le pur amour de ce qui est vrai.

La simplicité dans l'étude, sans le désir des satisfactions de l'orgueil, la simplicité accompagnée du dévouement, voilà ce qui amène les résultats inespérés.

Le sentiment absolu n'est jamais exempt d'un peu d'orgueil et d'un peu d'égoïsme. Ce sentiment absolu, cette manière de voir entêtée, pourrai-je dire, qui empêche de rien admettre de bon et de vrai en dehors de soi, voilà la pierre d'achoppement qui retarde la marche de l'humanité.

Personne ne veut se tromper, personne ne veut reconnaître la possibilité d'une erreur venant de soi, et le jour où le rayon lumineux paraît, il est malheureusement obscurci par le sentiment égoïste.

J'aime à donner ici cette petite leçon qui aura, je le sais, sa répercussion plus loin.

GRATIOLET.

NOVEMBRE-74.

Mes enfants, votre médium a été attiré vers un monde tout pétri d'amour! Là tout brille sans fausse gloire, tout est suave et doux, tout plaît, tout charme !

Que faudrait-il donc pour que sur la terre les larmes devinssent des perles?.. Que lui faut-il pour que les jours soient ensoleillés et les nuits toujours étoilées, pour que tout s'apaise et pour que les grandes vertus surgissent de l'excès même des passions ? Que lui faut-il à cette humanité, enfant prodigue de la création !

—Rien et tout !

Rien, car ni les renversements, ni les bouleversements ne lui sont nécessaires ; rien, car tous les résultats doivent être obtenus par des moyens pacifiques; rien, c'est-à-dire: point de tempêtes, point de ces ouragans terribles qui enlèvent tout espoir, point de ces raffales épouvantables qui déracinent les vieux chênes et brisent la tige des fleurs !

Rien, car c'est doucement, petit à petit, que le bonheur doit remplacer la douleur ; c'est sans colère que le flot doit descendre, c'est avec calme que les grand arbres doivent relever leurs branches !

Rien, par conséquent, point de fureurs, point de cris, point de blasphèmes, point de crimes contre la loi d'harmonie et de fraternité !

Tout !.. c'est-à-dire la lumière d'abord ! Non la lumière foudroyante, non l'éclair, mais le doux foyer, mais la lampe sage et modérée du travailleur !

Tout, c'est-à-dire la foi ! Non la foi qui courbe, mais la foi qui relève ; tout, avec la raison, avec la volonté, non avec la raison orgueilleuse ou la volonté égoïste, mais avec la raison simple et studieuse, avec la volonté franche, droite, ferme et dévouée.

Tout, c'est-à-dire le sentiment qui fait la vie, le sentiment plus fort que toutes les résistances, le sentiment qui crée les univers, et perfectionne les humanités, tout, c'est-à-dire l'amour ! Non l'amour qui abaisse, non l'amour terre à terre, mais cette émanation de la divine perfection, de cette beauté, de cette bonté sans égale qui en créant l'esprit lui donne la possibilité de tout comprendre et de tout conquérir !

A votre humanité dégénérée ou que vous croyez telle, à votre monde envahi par le flot tumultueux, il faut un vainqueur, il faut un sauveur. Ce sauveur se nommera *fraternité* et ce qui vous l'amènera, c'est la foi libérale, tolérante, c'est la conscience délivrée et la libre pensée.

Le sentiment d'une commune souffrance rapprochera tous les êtres, l'union dans la douleur amènera la communion de pensées ; la solidarité, le dévouement suivront, et après eux la fraternité et la paix !

Vous, qui avez la certitude de l'avenir et du bonheur futur, soutenez la foi qui chancelle, ramenez au droit sentier les

— 258 —

raisons qui s'égarent, ranimez, réchauffez au contact du foyer qui est en vous; aimez, oh! aimez, mes enfants, le secret du bonheur est là !

FÉNELON.

DÉCEMBRE-74.

Il faudrait ôter de vos yeux cette espèce de prisme noir qui vous fait constamment voir le mal. Le mal, nous vous l'avons déjà dit, n'est qu'un état transitoire où l'esprit se trouve.

Vous ne pouvez pas aimer Dieu, dites-vous, est-ce donc par crainte que vous le priez?... Vous ne pouvez pas aimer Celui qui, parfait, vous veut parfaits ?

Vos douleurs ! Comment pouvez-vous parler de vos douleurs, hommes à courte vue?... La chrysalide se plaint-elle de cet état pénible qui transforme l'animal immonde en gracieux papillon ? La graine se plaint-elle lorsqu'enfouie sous le sol sa forme charmante s'atrophie ?

Quelle est la créature qui ne passe pas par toutes les douleurs, toutes les lenteurs de la transformation et quelle est celle qui se plaint, quelle est celle qui se révolte contre la loi immuable ?...

Ne pas pouvoir, ne pas savoir aimer Dieu, oh ! qu'avez-vous dit ?

Dieu qui, par son divin rayonnement, ses attractions irrésistibles, amène l'esprit à ses destinées?..

Ne pas aimer Dieu quand on peut contempler une de ses œuvres et presque entrevoir le parfait chef-d'œuvre de la création, quant à chaque instant et de toute part vous arrivent les échos de la grande harmonie, quand les rayons vous environnent, quand les voix de la patrie se font entendre à votre simple appel ?...

Oh ! vous avez mal exprimé votre pensée, car vous aimez Dieu, et non seulement vous l'aimez, mais vous commencez à comprendre cette infinité, cette réunion de perfections. Vous aimez Dieu, obéi par les mondes et répondant aussi à une pensée isolée ! Dieu maniant de sa main puissante la création toute entière et s'inclinant cependant pour recueillir dans cette même main, une larme de pitié, une larme de repentir rapportée près de Lui par un de ses anges !

Dieu, donnant au génie la pensée et à l'animal l'instinct ! Dieu possédant tout et donnant toujours !

Oh ! oui, vous aimez Dieu qui vous éclaire, vous aimez Dieu qui fait rayonner sur vous les idées généreuses qui vous transportent ! Vous aimez Dieu, et vous, petits, vous vous abîmez dans sa grandeur !

Si malheureuse que soit une créature, si désespérée que soit une âme, le jour où elle trouve Dieu, elle est sauvée !

Après l'effervescence des passions, après les cris de haine et les jours de douleur, *Dieu* refuge et soutien !

Avec les premiers rayons, aurore de science, lueurs des vertus, précurseurs des libertés, Dieu encore ; Dieu toujours !

A l'esprit qui commence sa gravitation, Dieu, perspective sublime ; à l'esprit qui la termine, Dieu, récompense éternelle !

BERNARD.

DÉCEMBRE-74.

Sur une place de la ville de Constance, un homme est sur le bûcher ; la foule furieuse lui jette des malédictions et des injures, la foule stupide, aveugle, qui crie au scandale parce-qu'un homme lui a tendu la main.

L'homme sur le bûcher regarde cette foule avec pitié, commisération, mansuétude, ce n'est pas lui-même qu'il plaint, c'est elle !

La foule c'est l'enfant dans l'humanité, elle a l'ingratitude de l'enfance, son ignorance et son peu d'expérience ; aussi, quel est le réformateur, quel est l'homme venant sur terre avec la mission d'amoindrir la misère ou d'apporter le bonheur, quel est l'homme donnant à la cause humanitaire son travail et son dévouement, qui n'a pas subi les outrages de cet enfant ingrat qui s'appelle le peuple, et pour lequel il travaille ? Quel est, parmi ceux-là, celui qui n'a pas reçu cet espèce de baptême indispensable aux esprits dévoués ?

A l'époque dont je vous parle et autour du bûcher de Jean Huss, c'était la boue, les pierres, les injures qui pleuvaient sur le martyr. Passons s'il vous plaît sur quelques siècles.

Dans un petit appartement de la rue Sainte-Anne, un homme est courbé sous une avalanche de lettres, de brochures ; il n'est plus sur un bûcher, c'est vrai, mais abîmé par la calomnie, assailli par la critique, et surtout par la critique de sacristie, cette critique nauséabonde qui monte au gosier et essaie de vous étouffer, couvert de ces pierres morales, jetées par l'envie et qui se nomment le ridicule, blessé par la raillerie injuste, ignorante, cet homme pourrait presque regretter l'ancien bûcher de Constance, où la foule qui l'environnait, sauvage, mais franche dans sa haine, lui inspirait miséricorde et pitié.

Ces quelques mots de retour vers le passé d'un homme que vous avez connu et que tous les spirites doivent bénir, vous sont adressés pour vous prévenir contre les attaques qui pourraient bien un jour ou l'autre vous arriver du dehors.

Je ne viens pas cette fois vous proposer pour modèle le Christ, esprit supérieur, mais un esprit de votre époque, ayant vécu dans les mêmes conditions que vous, et étant arrivé grâce à sa volonté patiente, persévérante, grâce à son dévouement absolu à la grande cause, grâce à sa douceur ferme, grâce à son jugement sain et éclairé par une étude approfondie, étant arrivé, dis-je, à construire pour vous, spirites, le temple désormais inébranlable de vos croyances.

Cet esprit, très bon, toujours dévoué, s'occupe déjà du moment où il reviendra pour la troisième fois apporter une pierre au jeune édifice de la religion universelle à venir. Il compte pour l'aider dans cette troisième tâche, sur les voies que vous, ses disciples, vous êtes chargés de préparer à son œuvre.

Sa devise, vous le savez, spirites, c'était : « Travail et « dévouement » à vous donc de l'adopter aussi, et d'aplanir pour l'avenir les difficultés du présent. A vous à apporter à cette œuvre sainte tout ce que vous aurez de foi, de volonté ; à vous à établir, à cimenter entre vous tous l'union la plus compacte, cette union qui centuple les forces ; à vous à aimer malgré ses torts, malgré ses fureurs, malgré ses injustices, cette humanité qui est vous-mêmes.

Cette humanité, c'est le malade criant sans cesse et injuriant le chirurgien qui le panse, plus ses plaies sont vives, profondes, plus l'instrument lui semble dur !

Vous irez donc, vous confiant dans la bonté et la grandeur de votre cause, montrant à tous ce que peut faire un homme convaincu de la nécessité du travail sur lui-même, convaincu de la marche constante du progrès, convaincu de l'immortalité et de la perfectibilité de l'âme. Vous irez, donnant à tous l'amour de votre cœur, et à l'exemple de celui qui vous a précédés, le travail de votre pensée. Vous irez, quoiqu'on dise autour de vous, vous aimerez parceque l'amour est la vie spirituelle.

De l'amour mutuel naîtra la lumière, de la lumière sortira la vérité, de la vérité l'union des peuples, de l'union des peuples la liberté, et de la liberté la paix et l'éternel bonheur.

LAVATER.

DÉCEMBRE-74.

Toutes les créatures de Dieu sont appelées aux mêmes destinées ; tous, petits ou grands, depuis l'être supérieur jusqu'à l'être à peine sorti de l'enfance morale, tous sont appelés à s'asseoir au banquet de vérité.

Dieu donne à chaque époque la nourriture spirituelle qui lui est suffisante, aux premiers âges la vérité rendue sensible aux esprits grossiers encore, sous des formes matérielles, aux âges suivants la vérité dans la simplicité, aux âges à venir, l'idéal qui est la vérité parfaite.

Cette nourriture spirituelle, symbolisée par des fluides, par des parfums, est pour l'âme la substance de vie, elle lui est aussi nécessaire que les aliments au corps, que l'air aux poumons, et, aussitôt que l'âme en est privée, nous la voyons se replier sur elle-même et souvent défaillir. Vous-mêmes, vous qui êtes transplantés comme des fleurs aimées dans cette terre spirituelle où nous vous avons amenés, vous-mêmes, lorsque pendant quelques temps nous cessons de vous prodiguer nos conseils, nos encouragements, nos paroles d'affection, ne vous sentez-vous pas tristes, un peu affaiblis, moins ardents à bien faire, et n'avez-vous pas encore besoin qu'une main paternelle vienne sans cesse vous soutenir ?

Cela prouve que vous êtes encore des enfants, aussi de temps en temps, l'un de nous se détache et vient à vous avec une provision de cette nourriture spirituelle. Il vient, répandant sur vous la paix, vous mettant au cœur les forces qui vous font dévoués, il vient renouveler en vous l'amour du sacrifice, et stimuler ce profond désir d'avancement, il vient soutenir vos pas pendant quelques instants, et vous donner un élan nouveau vers le progrès. Mais il vient aussi avec le pouvoir de vous montrer au loin toutes les beautés, tous les rayonnements de l'avenir, il vient vous faire lire presque couramment dans ce grand livre encore si bien fermé, il vient vous faire contempler cet idéal tableau du vrai, du beau, du juste, il vient, jetant un voile sur les laideurs de la terre, emporter vos âmes dans les régions bénies qu'elles doivent habiter un jour. Il y a temps pour tout, après les jours du travail, les douces heures de repos, après le jeune, la joyeuse fête, après la sécheresse, la fraîche et abondante rosée. C'est vous dire que nous entrons avec vous dans une période de joies spirituelles, c'est vous dire : à bientôt !

— MÉLANCHTHON.

DÉCEMBRE-74.

« Rendez à César ce qui est à César ! » Qu'est-ce que César ?... — Chaque ambitieux vous répondra : — C'est moi ! Et pourtant, il n'y a qu'un César, et dans la pensée du Christ, César veut dire le droit.

Qui a droit?... Est-ce l'enfant de tel ou tel prince?... — Je ne le crois pas, le droit, c'est le progrès !

Jésus, républicain austère, plus même, républicain sévère, Jésus ne prêchait jamais que le vrai, ne pouvait dans sa pensée reconnaître d'autre souverain que ce droit donné par Dieu à l'homme pour avancer vers Lui librement.

L'homme enfant, l'homme petit avait eu besoin d'un maître, l'homme jeune a besoin d'un guide, l'homme viril marchera librement, soutenu par sa raison et sa conscience.

Vous l'avez compris, ce maître, c'étaient les dynasties, ce soutien, ce guide, c'est le culte extérieur, la religion connue, mais dans l'avenir, l'homme éclairé saura son chemin, il marchera les yeux fixés sur l'étoile qui lui représente la divinité en s'appuyant sur sa conscience.

Ayant fini d'apprendre il n'aura plus besoin de maîtres, Assez fort, il n'aura plus besoin de soutiens extérieurs, il aura

en lui ce qu'il faut, il s'élèvera assez haut pour n'avoir plus
à craindre les chutes, il se dégagera de la matière et atteindra
la liberté spirituelle.

Fénelon.

DÉCEMBRE-74.

« Que celui d'entre-vous, qui est sans péché, lui jette la pre-
« mière pierre ! » Je m'adresse à ceux qui sur la terre s'appellent les grands, et je leur demande : Vous qui avez en main la
force, le pouvoir, la loi que vous assouplissez à votre fan-
taisie ; vous, qui d'un mot pouvez faire répandre des torrents
de sang et de larmes ; vous, qui tenez en main la balance que
vous faites souvent pencher à votre volonté ; vous, qui depuis
des siècles avez manié les hommes comme un enfant manie
ses jouets ; vous qui avez fait des peuples, des enfants méchants
par la mauvaise direction que vous leur avez imprimée, de
quel droit venez-vous poser le pied sur eux lorsqu'ils sont
vaincus et les accabler de reproches et de malédictions ?....

Qui donc a donné à ces peuples le droit de secouer leurs
entraves, sinon le maître inflexible qui voudrait les tenir
enchaînés et les empêcher de grandir ?... De quoi vous plai-
gnez-vous, vous qui ne les avez pas laissé apprendre et savoir ?..
Pourquoi vous étonnez-vous de folies qui sont causées par
un manque d'éducation que vous avez voulu ? Pourquoi vous
plaindre des cruautés qu'ils commettent, quand ils rompent
leurs chaînes, lorsque c'est vous qui leur en avez donné les
premières leçons ?...

Une malheureuse femme ignorante, asservie, était tombée !
Pauvre femme, comment ne serait-elle pas tombée, elle, dont
on tenait la tête violemment penchée vers la terre ?... Tout
aussitôt, les grands, les forts, les instruits l'accablent de

pierres, d'injures, de cris. — Qu'elle meure !... disent ces indulgents.... Mais une voix grave s'élève à côté d'eux, un regard doux, puissant et ferme les enveloppe, un homme, non pas un des grands, un homme se baisse et sur la terre écrit une sentence....

Quand chacun eut lu les quelques paroles gravées sur le sable, aucune pierre ne tomba plus sur la pauvre femme, et elle fut sauvée !

En faveur des peuples, que je personnifie dans cette femme ignorante et coupable, j'invoque les mêmes droits et je dis : Que celui qui est pur de tout crime, que celui qui a toujours bien fait, que celui-là seul ne soit pas indulgent.

En trouverai-je ?.. — Peut-être, mais si j'en trouve, celui-là tendra la main à la pauvre femme et la relèvera aussitôt !

L'ami du peuple, l'ami de cette quantité d'individus que personne ne regarde, l'ami et le consolateur de toute souffrance, celui qui doit améliorer, relever et guérir c'est le spiritisme.

C'est le spiritisme qui d'abord amènera par l'union des pensées la fraternité, l'égalité, la paix.

C'est le spiritisme, qui sans larmes, sans blessures, sans malheurs plantera son pacifique drapeau. D'un côté de ce drapeau on pourra lire : développement intellectuel et de l'autre : affranchissement moral !

MASSILLON.

DÉCEMBRE-74.

« Et Jacob eut un songe, il vit une échelle dont la base était sur la terre et dont le sommet touchait aux cieux, il vit des Anges montant et descendant sur cette échelle. »

Qu'est-ce que c'est, ô mes frères, que cette échelle mystérieuse de Jacob? Qu'est-ce que cette échelle de vie dont la base est dans la boue et le sommet dans l'azur ? Qu'est-ce que ce songe, sinon une des premières révélations faite à l'esprit humain de ce que nous nommons la réincarnation?

En effet, ces anges que Jacob voyait monter et descendre figuraient cette ascension perpétuelle des esprits vers la vie spirituelle et leurs retours momentanés à la vie dans la matière.

Les premiers partis, les plus élevés tendant la main aux derniers montés, gravissant avec peine, les uns dissimulant leur mal, les autres faisant entendre leurs plaintes, mais chacun faisant appel aux forces supérieures.

Cette échelle spirituelle, cette échelle des mondes, c'est le chemin que vous avez à faire, c'est la voie étroite, mais droite et sûre; tâchez donc d'affermir vos cœurs, tâchez de monter vite, et, pour éviter le vertige, ne regardez pas en bas. Elevez vos âmes au contraire, et, avec ce clair regard de l'esprit, voyez combien sont lumineux ceux qui sont arrivés aux plus hauts échelons. Voyez, et les yeux fixés vers le but, montez toujours, montez sans crainte puisque vous êtes certains de trouver le bonheur !

LACORDAIRE.

DÉCEMBRE-74.

Si, vous promenant au milieu des vignes à la fin du mois de juin, vous essayez de goûter le raisin, vous aurez du verjus ; mais si vous attendez le mois de septembre vous trouverez la grappe veloutée, noire ou dorée. Ceci revient à dire que pour juger la qualité d'un fruit, il faut savoir attendre sa maturité complète.

Il est certain que si aujourd'hui l'un des esprits supérieurs

qui veillent au perfectionnement des mondes voulait cueillir
ce fruit de la création qu'on appelle l'humanité terrestre, il le
trouverait bien âpre et bien mauvais. Ce serait le fruit cueilli
avant l'arrivée du puissant rayon d'été, ce serait le fruit vert
et sans parfum.

Aujourd'hui encore le mauvais prime le bon ici-bas, il faut
à cette terre la conquête et l'essai des libertés qui rendent les
hommes bons et sages.

Il lui faut, comme aux plantes, l'air pur et le soleil et non la
compression, le froid, l'air insalubre.

Ceux qui sont à la tête se figurent généralement qu'à l'aide
de la domination suprême on atteindra tous les résultats, mais
ils oublient que tout ce qui est comprimé dévie, ils ne voient
pas que la docilité, que la soumission dégénèrent souvent en
hypocrisie et font naître la révolte.

Comme tout ce qui est imparfait, la terre a son ignorante
enfance et sa folle jeunesse, elle aura aussi son âge de travail
et ses jours d'espérance, de calme et de bonté.

Adoucir autant que possible cette époque d'aigreur, d'amertume, neutraliser les haines, empêcher les chocs trop violents,
apporter partout les sentiments de paix, de bienveillance, de
fraternité réelle, voilà qu'elle doit être l'œuvre de tous les
esprits dévoués qui aiment l'humanité pour elle-même et remplissent leur devoir par conviction, par conscience et sans
souci de leur satisfaction propre.

Ce doit être l'œuvre des adeptes du spiritisme.

MARIE CAPELLE.

DÉCEMBRE-74.

J'espérais bien être reconnue ; oui, c'est elle, c'est cette
femme trop bien jugée par les uns, trop sévèrement par les

autres, c'est cette femme qui à certains moments et lorsqu'elle le voulait, tenait enchaînée une salle toute entière avec une parole, un geste, un regard !..

C'est cette femme autant spiritualiste alors que vous l'êtes aujourd'hui, car elle savait, elle sentait que la vie de ce monde n'est qu'une écorce dont se couvre le fruit pour devenir bon.... C'est cette pauvre femme qui payait si cher ses courts moments de triomphe, qui, je vous l'affirme, achetait sa renommée !... C'est cette femme qui vivait constamment dans les hautes régions de la pensée qu'elle interprétait, cette femme dont vous pouvez vous figurer les tristesses lorsque descendant de l'idéal elle était forcée de s'enfoncer dans la réalité.

Aujourd'hui, cette femme n'existe plus, l'artiste n'est qu'un souvenir, mais l'esprit a subsisté, et cet esprit après avoir bien cherché a trouvé la vérité. Cet esprit a trouvé un Dieu bon, grand, miséricordieux et doux pour les faibles, un Dieu clément, qui bénit toujours, un Dieu généreux qui donne sans cesse et ne reprend jamais !

Cet esprit reviendra sur la terre et même il reviendra dans les mêmes conditions qu'autrefois, pourquoi ? Parcequ'il continue à apprendre, à donner aux sublimes pensées une magnifique et sublime interprétation ! Parceque pour communiquer le feu sacré, il faut non seulement la voix, mais le cœur, mais cette espèce de magnétisme qui électrise et qui entraîne ; il faut l'âme pour dominer la matière et pour embraser ces mille étincelles qui rayonnent sur la foule !

Amis, ne maudissez pas, ne méprisez jamais les esprits qui se consacrent à cette tâche ingrate du théâtre, leurs couronnes ont bien des épines, leur piédestal est bien dur à gravir !

Un jour viendra où les sentiments plus épurés feront aux artistes une noble tâche ; en attendant, souhaitez que le goût sorte de la boue actuelle, souhaitez que le beau soit compris, que le bon soit aimé, alors nos couronnes seront de vraies couronnes et notre travail un bonheur.

RACHEL.

---

24 DÉCEMBRE-74.

Chacun accourt dans le salon bien chauffé et chacun y porte son tribut de bonne humeur et de gaîté. Les petits enfants ouvrent leurs grands yeux interrogateurs et demandent ce qui donne à la maison cet air de fête. Ils aspirent des parfums inaccoutumés, et à leurs nombreuses questions on répond toujours: « C'est Jésus qui naît cette nuit ! » Ils voudraient bien veiller et attendre les événements, mais leurs paupières se closent à l'heure habituelle et, dans les bras de l'heureux sommeil de leur âge, ils trouvent toutes les merveilles, toutes les splendeurs rêvées par leur jeune imagination.

Arrêtons-nous plus loin, voici des enfants encore. Ceux là, pauvre petits deshérités, ne voient dans leur intérieur rien qui indique l'approche d'une fête. Le froid est le même que les jours précédents, l'isolement tout pareil à celui de la veille, la mère courbée sur son travail soupire comme d'habitude et plus encore que d'habitude !...

Cependant, pauvre enfant, quelque chose le tient éveillé... C'est le son joyeux de la cloche, c'est le carillon de la fête qu'on célèbre à l'église.

N'ira-t-il pas voir les cierges allumés, admirer les fleurs de l'autel, entendre avec ravissement la grande voix des orgues et les chants ? Non, non, pauvre enfant, il fait froid et ton désir fait monter une larme de regret aux yeux de la mère !... Non, mais pour toi aussi viendra le bon sommeil, il emportera la petite âme vers ces fleurs, vers ces lumières, vers ces chants qui l'appellent ! Pauvre enfant, sois heureux, toi aussi tu vas rêver du petit Jésus !

Cherchons encore autour de nous, voici d'autres familles où cette soirée a été longuement attendue et tendrement préparée ; ici l'enfant heureux contemple des merveilles ! Jésus, le bon ange du ciel a passé sur la maison et il a laissé sur ces pas les traces du bonheur !

Les rayons sont pour tous, mais les uns s'en rapprochent davantage. Mes petits enfants, soyez heureux, vous aurez ce soir la lumière et les bonbons !

Fénelon

MÊME DATE.

Quel est ce soir le pays où mon nom ne soit pas prononcé ? Partout où sont des cœurs sincères j'envoie un rayon, mais, comme autrefois, je ne vais point manifester ma présence au milieu de l'encens, de l'or et des fleurs ; comme autrefois, je ne choisis pas un palais, mais une humble crèche, un berceau de dévouement et d'amour, un asile de fidélité !

Enfants, à vous ma paix, à vous encore une fois l'affirmation du vrai ; au milieu de vous je plante mon drapeau de sincérité et de droiture, à vous à répandre sur la terre ma parole et ma pensée, à vous à dire que je ne suis point venu pour châtier, mais pour pardonner, à vous à dire que je ne suis point venu courber mais relever, que je ne suis point venu oppresser, mais affranchir, que je ne suis point venu emprisonner, mais délivrer l'âme ! A vous à dire que j'ai été l'apôtre du libre développement de l'esprit, à vous à dire que je veux la clarté partout !

A vous, spirites, à dire et à prouver que les hommes trouveront toujours dans l'union et dans l'amour mutuel la force de résister à toutes les tempêtes ! Courage, marchez jusqu'au bout, votre mission est loin d'être terminée, elle commence à peine et je compte sur vous pour enseigner dans la vérité la pensée de l'Évangile.

Allez donc et, au nom de Dieu notre Père, je vous bénis !

Esprit de Vérité.

MÊME DATE.

Je vous avais bien dit que vous auriez des rayons !... Je reprends maintenant ma petite allégorie.

Il y a sur terre des esprits, qui, à l'approche de la vérité et de la lumière, s'étonnent et tressaillent, ils sentent que quelque chose d'heureux leur arrive, mais ils ne savent pas, ils ne comprennent pas encore ce que c'est.... Ce sont mes enfants de tout-à-l'heure, les premiers, ceux à qui on répond que Jésus est né, mais qui ne savent pas ce que c'est que Jésus !....

A ces enfants, riches du côté matériel, heureux des jouissances de la vie, ne faudrait-il pas montrer l'enfant divin naissant et vivant pauvre afin d'apprendre aux hommes que l'égalité n'est pas seulement un mot ?... Ne faudrait-il pas profiter de la fête pour leur enseigner le devoir, le grand devoir de solidarité et de fraternité universelle ?...

Les seconds, mes petits enfants pauvres, ne représentent-ils pas ces esprits dont les facultés aiguisées par la douleur ont entendu vibrer au loin les mots si attrayants de bonheur et de liberté, et cherchent dans l'avenir le suprême refuge ?... A ceux-là qui n'ont rien, qui ne sont rien, mais qui sentent en dedans d'eux les aspirations hautes, et autour d'eux la vérité, pourquoi ne montrerait-on pas Jésus, pauvre comme eux, abandonné comme eux, mais escorté dans son isolement par les perfections apportées avec lui, mais entraînant dans l'ombre de sa pauvreté, toutes les richesses, toutes les consolations, toutes les espérances, tous les bonheurs?...

Ne pourrait-on leur montrer Jésus, soumis à sa condition secondaire, acceptant l'épreuve avec foi, et apportant pour tous les éprouvés, ses frères, sa doctrine de libre-pensée, de libre travail et de fraternité?...

Les troisièmes enfants, chers spirites, c'est vous; c'est vous auxquels les vieux parents représentés par nous, apportent l'arbre de Noël avec toutes ses délices. C'est vous, illuminés par la vérité; c'est vous, apôtres, chargés d'en propager tous les rayonnements, d'en partager toutes les gâteries, toutes les joies; c'est vous que nous accoutumons à voir et à penser librement; c'est vous que nous acheminons doucement, paternellement vers cette vie spirituelle, objet de tous vos vœux, et qui est le prélude et en quelque sorte le stage de la liberté complète.

Mes enfants, fêtez Noël, c'est le jour de la naissance de l'amour et de la vérité, c'est le jour qui a délivré vos âmes et leur a montré que la souffrance est le chemin du bonheur !

FÉNELON.

---

25 DÉCEMBRE-74.

« Paix aux hommes de bonne volonté ! »

Quelles étaient ces voix qui annonçaient à la terre le jour de réveil et de vie?.. Quels étaient ces chants d'une harmonie inconnue et admirable ? Quelles étaient ces figures suaves qui apparaissaient aux bergers ? C'était le brillant cortége, la lumineuse escorte de ce pauvre petit enfant nu, couché sur la paille, sans autre abri qu'une étable, réchauffé par des animaux inintelligents et n'ayant pour calmer ses cris que l'abri du sein maternel ! C'étaient les habitants heureux d'un radieux univers ! C'étaient ceux qui déjà arrivés au bonheur venaient apporter sur cette terre brumeuse le germe des espérances et de la vérité.

Cet enfant naissant, ce petit enfant frêle répandait déjà les rayons du soleil qu'il portait avec lui !

Qu'a-t-il fait, cet enfant ?... A douze ans, son auréole éclairait déjà, et la sagesse de sa parole surprenait les savants et les sages. Plus tard, cette parole éloquente jusqu'à l'enchantement, cette parole magnétique, pourrait-on dire, retenait, attachées en quelque sorte à sa personne des populations avides d'entendre les premiers mots d'amour, de paix, de pardon qui eussent été dit jusqu'alors.

Ce n'étaient plus les lois inflexibles et dures, punissant toujours et désignant Dieu par une appellation barbare, non c'était la justice et la bonté appelant à elle les malheureux par le doux nom de frères et enseignant une seule et sainte prière commençant par ces mots : « Notre père ! »

C'était le prophète inspiré que la lettre de la loi n'embarrassait jamais parcequ'il savait, qu'il pouvait en expliquer la pensée ! C'était Christ, le guérisseur puissant se penchant sur tous les maux ; Christ, le consolateur que toutes les infortunes attiraient, Christ, indulgent à toutes les faiblesses et sévère seulement pour les menteurs, les hypocrites et les trompeurs. C'était Christ, affirmant ses enseignements par sa vie tout entière et les confirmant par sa mort.

C'était le christianisme d'abord, c'était cette seconde révélation que vous appelez spiritisme aujourd'hui, c'était cette religion, cette croyance universelle future que vous ne nommez pas encore mais que vous entrevoyez déjà et qui ne s'affermira que par les vertus et non par la violence.

Ce pauvre petit enfant apportait pour la terre le culte simple et vrai, l'hommage et l'amour au créateur. Cet enfant est le symbole de la pensée affranchie, de la conscience directrice, du travail vers le progrès, de la solidarité. — Ces animaux réchauffant l'enfant nu, ces bergers accourant à la crèche, ces rois agenouillés et apportant leurs présents, c'est la création tout entière du plus petit au plus grand venant adorer celui qui montre à tous l'aurore du progrès, de la paix, de la perfection !

Lacordaire.

---

31 DECEMBRE-74.

Mes enfants, c'est moi qui viendrai terminer avec vous cette parcelle de votre vie que vous appelez une année. C'est moi qui viendrai vous dire: Vous avez combattu, vous avez vaincu, vous avez travaillé, c'est bien, mais ce n'est pas encore assez. Vous êtes arrivés à un moment où les dévouements sont tellement rares qu'ils doivent se centupler eux-mêmes. Vous êtes à une époque où peu d'hommes savent jouir par l'intelligence, par l'esprit, par le cœur.

Vous ne serez guère compris quand vous direz que vous préférez l'esprit à la matière, la science à l'argent, le bonheur au bien-être, mais vous serez toujours heureux, parceque, vous mettant au-dessus des désirs vulgaires, vous saurez planer et respirer à pleins poumons l'air pur de la liberté spirituelle.

Vous serez heureux toujours, parceque mettant en Dieu votre foi vous irez droit à Lui ; vous serez heureux, parceque vous perfectionnant sans cesse, les mesquines misères de la vie ne vous atteindront plus.

Vous avez lutté, vous vous êtes réformés ; d'abord asservis par la matière, vous avez été vainqueurs par l'esprit ; aujourd'hui que vous êtes sur la terre pour y apporter l'initiation aux doctrines vraies, ne vous laissez pas amollir par ce que l'on appelle l'esprit du siècle, ne vous laissez pas entraîner par le torrent des idées égoïstes, mais restez sur la montagne et transfigurez-vous souvent !

Vous avez la consolation d'avoir terminé les luttes du passé, vous trouverez dans l'accomplissement du devoir présent les satisfactions et les joies, vous aurez les bienfaits de l'avenir et le progrès qu'il apporte.

Avec notre amour profond et la paix intérieure, je vous apporte ce soir la bénédiction de Dieu !

MÉLANCHTHON.

JANVIER–1875

Après les courtes journées d'hiver, quand, les glaces disparues, les neiges fondues, le calme se répand, quelque chose de doux, de pur, de tiède, un souffle bienfaisant anime la nature entière.

Qu'est-ce donc que ces effluves heureuses qui en même temps que la nature réveillent aussi les cœurs et les pensées?.. Qu'est-ce que cela ?..

Qu'est-ce que ce mot divin répété doucement d'abord par les échos timides!

Qu'est-ce que cette parole de vie que la brise apporte de tous les côtés ?..

Qu'est-ce que cette parole de feu jetée à tous les mondes par la grande voix du progrès ?... — Amour ! Fraternité ! —

Frères ! Vous êtes frères, du petit au grand, dirai-je plus?.. du grain de poussière au génie ! Plus encore, du démon à l'ange !... Vous êtes frères, vous tenez tous à cette vie puissante et sans fin qui est toute la création ! Vous êtes frères, passant par les mêmes douleurs, marchant au même but, appelés aux mêmes destinées. Vous êtes frères, vous avez des devoirs les uns envers les autres, et vous avez devant vous, tracés plus ou moins droits, les chemins que vous devez parcourir.

Fraternité, aurore de la journée, printemps de la vie spiri-tuelle, commencement du travail! Fraternité qui amène bonté, mérite et qui laisse après elle le bonheur !

Spirites, vous surtout soyez frères, vous surtout aimez-vous, vous surtout unissez-vous si vous voulez que votre œuvre profite, que votre monument grandisse, que le souffle de vos pensées jette sur votre terre d'exil les premiers germes de la félicité spirituelle !

Un Guide.

FÉVRIER-75.

Spirites, je viens vous apporter des forces, vous allez en avoir besoin. Vos croyances vont être attaquées, critiquées et quelques-uns d'entre vous sentiront leurs cœurs faiblir! Mais, par une prière à Dieu, par un acte puissant de volonté ils seront vainqueurs de cette faiblesse.

Il y aura lutte, car toute croyance a besoin d'épreuves pour acquérir son développement et sa force !

Il y a lutte déjà sur la terre et dans l'espace, et ce que nous faisons outre tombe, spirites, vous devez le faire sur cette terre !

Vaillamment et sans crainte vous devez soutenir vos croyances et les appuyer de l'exemple d'une vie sans repro-che.

Spirites, unissez-vous, c'est le moment de resserrer vos rangs, c'est le moment de tenir tête à l'orage ; unissez-vous, priez avec foi, soyez fermes et forts et avec l'aide de Dieu vous vaincrez !

Mélanchthon.

18

FÉVRIER-75.

Il y en a qui rient, il y en a qui pleurent ; l'air est impressionné, ici par les sons de joyeux instruments, là-bas par la voix sinistre de la tempête !

Ici, les lumières étincelantes, les fleurs, les sourires, les ravissements, les enchantements, la douce chaleur de l'atmosphère et la chaleur du cœur..... Quelquefois !

Là-bas les hurlements de la rafale, la voix discordante des vents, les cris désespérés de l'homme en danger, l'obscurité, le froid, les craquements épouvantables du navire, le mugissement des vagues !

Tout cela l'un près de l'autre, sur un même monde, au même instant !

Tout cela pour enseigner aux hommes que la vie n'est qu'un passage dont les heures joyeuses fuient trop vite pour laisser un souvenir durable.

Tout cela pour que celui qui se réjouit pense à celui qui souffre, pour que celui qui possède donne à celui qui n'a pas, car, rien n'est changeant comme les situations de ce monde, et tel qui possède aujourd'hui la plénitude des bonheurs terrestres, pourra demain être jeté par la tempête, brisé sur les rochers, sans qu'un mot de pitié soit venu adoucir sa chute; la vie est un océan paisible aujourd'hui, doux, souriant, tranquille, demain furieux et mortel!

Compassion, fraternité, pitié ; non des lèvres, mais du cœur !

Marie Capelle.

FÉVRIER-75.

Chacun où il le trouve prend son plaisir. Qu'est-ce que c'est que la terre sans l'illumination du flambeau artistique ?

Qu'est-ce que c'est que la jouissance matérielle sans le divin rayonnement du beau ?..

Hors de cette voie, en en exceptant la morale, qu'a-t-on fait de bien ou de bon ?...

Toute chose vraie, toute chose belle, toute chose juste et sainte est une religion, et toute religion a ses apôtres et ses martyrs.

L'art est comme les religions ses sœurs, l'art a aussi son char de Jaggernaut sous lequel se précipitent les fanatiques ; et pourtant, l'art est un bienfait, l'art est une suprême jouissance!

L'art est une étincelle qu'un souffle éteint quelquefois, mais qu'un souffle embrase aussi ! Malheureux, bien malheureux est celui qui ne porte pas en lui la divine pensée ! Triste est la vie dont l'intelligence n'est pas inclinée vers cette idéale rêverie que j'appelle l'art.

On vous l'a dit, on vous l'a répété souvent : heureux sont les martyrs ! Et moi je vous dis aujourd'hui : heureux les intrépides, heureux les cœurs forts qui savent souffrir pour le Dieu méconnu : pour l'art !

Ceux-là viennent de loin, mais ils iront plus loin encore, car le beau est destiné à faire aimer le bien!

Honneur aux courageux ! Il leur sera tenu compte de toutes leurs fatigues ; pour eux s'apprête dans l'avenir la coupe dorée des jouissances !

Van Dyck.

FEVRIER-75.

Toutes les religions, toutes les croyances, en prenant des âges les plus reculés jusqu'aujourd'hui, en les considérant depuis celles que vous nommez absurdes jusqu'à celles que vous nommez sublimes, toutes ces religions, toutes ces croyances ont apporté à l'humanité une parcelle de progrès ; toutes sont un jalon planté sur la route de l'avenir, toutes n'ont qu'un but, toujours le même, rendre l'homme bon d'abord, parfait ensuite.

Les considérant ainsi et passant l'éponge sur les absurdités inhérentes à la matière, vous entendrez, mes frères, ce concert sublime qui jamais ne doit finir; vous entendrez cette voix faible, timide et comme voilée à ses premiers accords; vous l'entendrez, craintive, ignorante de ce qu'elle est et de ce qu'elle doit être ; vous l'entendrez confiante, connaissant enfin son Dieu et lui adressant sa prière; puis vous l'entendrez puissante, renvoyant à son créateur tout ce qu'une humanité peut contenir de reconnaissance et d'amour !

Après, vous n'entendrez plus rien, mes frères, car cette voix sera confondue dans l'harmonie éternelle des univers !

Quelles sont nos destinées, vous dites-vous souvent tous; que sommes-nous, où allons-nous, entraînés par la vie ; où courons-nous, poussés par le progrès; où nous arrêterons-nous?..

Mes frères, vous étiez des atomes, vous êtes des âmes, vous deviendrez des esprits dans le sens pur du mot ! Vous deviendrez ce feu divin, image du créateur! Vous deviendrez d'abord le souffle du progrès, et ensuite l'agent du perfectionnement !

Mesurez mes paroles et voyez où elles vous conduisent ; voyez le point d'où vous êtes partis, celui que vous avez atteint et celui que vous devez atteindre ! Voyez, et que vos âmes forment un faisceau, faisceau d'amour et d'harmonie montant au créateur et rapportant sur votre terre tous les germes du perfectionnement attendu !

Mes frères, toutes les croyances sont bonnes, toutes portent en elles-mêmes de saints préceptes et de précieuses pensées ; ne soyez donc jamais absolus dans votre manière de voir, songez que l'échelle de Jacob est vaste et que ses échelons sont innombrables, rappelez-vous que toute pensée d'unité et d'amour, toute tendance libératrice et fraternelle mène à Dieu source de tout bonheur !

MASSILLON.

FEVRIER-75.

Je voudrais vous donner une pensée. J'en ai donné beaucoup autrefois, mais, de cette manière, pas souvent encore.

Je voudrais, puisque je suis ici, utiliser mon temps et le vôtre ; je voudrais, tout en vous nitiant aux secrets, aux grands bonheurs de la seconde vie ne pas trop vous faire détester la situation actuelle, car au dessus de cette fourmilière de passions qui s'agitent à la base, il y a une atmosphère sereine, l'atmosphère des pensées, l'atmosphère des rayons ! Hommes qui passez sur la terre, d'où vous viennent ces heureux moments d'attendrissement, de satisfaction intérieure, ces moments délicieux où la voix de votre cœur se fait entendre ?... D'où vous viennent ces jours où vous vous sentez franchement bons, où les doux mots d'amour, de progrès bourdonnent constamment à votre oreille comme les insectes dorés du printemps ? D'où vous viennent ces heures de ravissement où tout vous semble beau, où la nature vous paraît nouvelle, où toutes les fleurs ont des parfums, tous les arbres de frais ombrages, tous les oiseaux de joyeux chants?— De ces heures bénies où votre pensée calme, reposée, recueillie trouve son Dieu partout et surtout en elle?..

Cela vous vient de ce grand calme, de cette majestueuse harmonie que Dieu répand sur toute la création ; ces douces pensées, ces rayonnements intérieurs ne sont pas autre chose que la réflexion des grands rayonnements de l'univers ; ces harmonies sont les échos de l'universelle harmonie; ces élévations d'âme c'est le dégagement de la partie spirituelle de votre être qui va chercher à sa source même la force de continuer l'œuvre de sa vie.

Aimez donc, aimez votre monde tel qu'il est, aimez cette partie de la création faite pour vous. En attendant les splendeurs qui vous éblouiraient, aimez les douceurs qui vous enchantent !

Aimez votre printemps avec ses prairies en fleurs, avec ses forêts bourgeonnant, avec ses nids, avec ce qu'il promet de joie !

Aimez votre été qui donne à la terre la vie et la richesse ; aimez vos champs dorés, la verte solitude de vos bois, la source fraiche et pure.

Aimez votre automne empourpré, fécond, réjouissant !

Aimez votre hiver par le doux repos qu'il vous donne et surtout par les heureux que vous pouvez faire !

Aimez tout, vos fleuves, vos océans, vos pittoresques montagnes, vos lacs bleus et paisibles ! Aimez les neiges de vos climats du nord et les feux de vos climats du sud, tout est fait pour vous ; la nature est toujours belle et le monde vous appartient !

Théophile Gautier.

FEVRIER-75.

Spirites, vous vous étonnez de ne point voir la foule accourir sous vos drapeaux, vous vous impatientez de ne point moissonner aussitôt que vous avez semé. Ne voyez point les choses de l'avenir avec votre regard terrestre si restreint ; que vos esprits prennent leur vol, ouvrez à vos pensées les portes spirituelles, qu'elles sortent pour un instant du milieu étroit qui les enveloppe, laissez sortir de leur cage ces oiseaux si bien faits pour la liberté et venez du haut des sommets intellectuels contempler le passé et l'avenir !

Tous les esprits marqués du sceau de la spiritualité, tous les esprits qui ont apporté sur la terre une idée de progrès, tous les esprits rédempteurs enfin, ont-ils, après avoir semé, récolté eux-mêmes le fruit de leur travail ?.. — Jamais ! Ont-ils eu seulement la satisfaction de voir leur idée acceptée, leurs enseignements compris ?..—Rarement, je pourrais dire jamais ! Quels sont ceux d'entre-eux qui aient été appréciés par leurs contemporains ? Quels sont ceux auxquels la reconnaissance du monde ait fait une vie calme et heureuse ?... — Je réponds à une question par une autre. Quel est celui qui n'ait pas été persécuté ?...

Cependant, constatons un progrès ; les grands hommes du passé furent traités cruellement, ceux d'aujourd'hui ne sont que méconnus ou ridiculisés généralement parlant.

Vous n'avez pas la prétention, je suppose, d'être mieux traités que vos contemporains, et quand même un peu d'égoïsme humain le désirerait, vos esprits libres de leurs entraves matérielles refuseraient de suivre un autre chemin que celui de vos modèles.

Vous commencez votre apostolat sous les plus doux auspices, mais souvenez-vous que pour être appelés à donner votre vie pour l'humanité il faut être prêts à tout et vous habituer à donner votre dévouement sans la perspective de la récompense, sans l'espoir de la réussite.

Soyez rassurés, votre travail se fait quand même et vous en pourrez juger le jour où de petit ruisseau qu'il est aujourd'hui il sera devenu océan !

Ce qu'un esprit peut faire est immense ; il peut devenir l'astre scintillant qui envoie partout les rayons lumineux. Le jour où vous rayonnerez ainsi nous vous aiderons à

retrouver dans l'immensité les petits vers luisants d'aujour-
d'hui !

BERNARD.

FEVRIER-75.

Encore et toujours ! Toujours à vous par l'affection, encore
à vous ce soir par la pensée !

Il y a, mes enfants, analogie entre tout, analogie entre les
transformations d'un être, les transformations d'un monde
et les transformations fréquentes de la nature. Que se passe-t-
il à ce moment tant désiré des hommes où la nature s'épa-
nouissant tout se reconstitue et fleurit ?

Il y a travail ; il y a plus, il y a combat entre la glace qui
reste encore et le rayon transformateur qui parait !

Que se passe-t-il à cette heure solennelle où l'enfant devient
homme, à cette heure où laissant de côté les jeux et les
enfantines croyances, il attire à lui par toutes les aspirations
de son âme cette jeunesse qu'il désire tant ?.. — Il y a encore
travail et combat, il y a la lutte du passé et de l'avenir.

Mais au moment trois fois béni où l'intelligence entièrement développée se sent les ailes du génie, il n'y a plus combat, mes frères, il y a bonheur ! Cette intelligence fortifiée
par le travail ne doute plus et elle entre à pleines voiles
dans l'océan du progrès et des félicités !

Il n'y a pas combat, il n'y a pas brusque transition lorsque
l'été doré remplace le printemps verdoyant !

Il y a lutte, il y a combat, il y a doute et crainte tant que
l'être imparfait se débat dans la matière ; il y a bouleversements, il y a chaos tant qu'un monde n'a pas acquis son degré
de complète formation !

Reconnaissez avec moi, mes enfants bien-aimés, que votre

chère doctrine doit nécessairement, fatalement, dirai-je, passer par les mêmes phases que la création tout entière. Enfant, très-enfant encore, elle aspire déjà à la jeunesse, elle s'efforce d'y arriver au milieu de toutes les luttes.

Arrivera-t-elle? — Oh ! vous ne le demandez pas ?..—Oui, mes enfants, oui, mes frères, un jour viendra où vous ne saurez faire qu'une chose : vous aimer !

Aimez-la donc, cette enfant délicate que la matérialité meurtrit souvent, aidez-là des forces de votre dévouement, de la puissance d'une volonté que vous ferez divine en allant la puiser près de Dieu ! Aidez-la à s'implanter, à se répandre sur votre terre, souffle bienfaisant, souffle divin ! Aidez-la sans faiblesse, sans douter d'elle jamais ! Aidez-la car elle est le salut! Souvenez-vous, spirites, que si elle est à vous, vous lui appartenez aussi !

Fénelon.

FEVRIER-75.

Il est quelquefois désespérant, j'en conviens, de regarder une humanité pendant ses époques de crise. Il est désolant de la voir vicieuse, brutale, matérielle ; du haut des sommets atteints, on plaint sincèrement les êtres un peu plus purs, un peu plus grands que les autres et qui usent leur pouvoir et leurs forces à relever de la boue les malheureux qui s'y traînent. On serait tenté par moment de leur dire : à quoi bon ?.. si, de ce regard spirituel qui plonge au delà de la limite d'un monde, on n'apercevait le progrès incessant sous toutes les formes.

Le dévouement se gagne et au lieu d'une plante stérile, c'est une main amie et quelquefois puissante que l'on vient tendre à ceux dont le travail paraît si peu productif.

Vous trouvez votre humanité mauvaise, votre monde arriéré ; il l'est en effet pour vous surtout qui savez déjà vous détacher de la matière, il le paraît encore davantage pour nous qui sommes plus dégagés que vous, et cependant, nous qui en voyons en même temps un nombre incalculable de plus arriérés encore, nous sommes forcés de convenir que ce monde si pauvre qu'il soit est un monde en voie de progrès, un champ qui commence à verdir.

Hélas, spirites ou philosophes, vous avez à peine semé et nous vous entendons constamment parler de la récolte à faire comme si c'était une chose toute prochaine. Soyez dévoués jusqu'à l'impossible et sachez une chose, c'est que le vrai dévouement ne se compte pas, que ce n'est point pour vous que vous êtes sur la terre mais pour faire profiter autrui de vos douleurs et de vos travaux.

Le vrai levier du progrès c'est la solidarité et la récompense du travail accompli, c'est la liberté ! Vous y marchez, mais vous ne la tenez pas encore.

Proudhon.

MARS-75.

Loin d'ici, hélas ! Dans ces sphères sereines où l'on vit d'harmonie et de paix, dans ces mondes splendides où tout est beau, où tous sont bons, dans ces natures de printemps perpétuel, de beauté constante, dans ces domaines de l'idéal où la jouissance ne fait plus souffrir, où le chagrin n'existe plus, l'union, l'amitié, l'amour ne se trouvent plus jamais dissouts. Oh ! l'on peut s'aimer sans crainte, on doit s'aimer toujours !

Ce qui vous semble étonnant, presque surnaturel sur cette pauvre terre de séparation et de douleurs, cet état de transparence spirituelle : *la médiumnité*, est là chose toute ordinaire. Je dirai plus, c'est une position presque habituelle chez ces êtres privilégiés.

Puisque ceux-là sont arrivés à jouir sans crainte de perdre, pourquoi n'arriverions-nous pas aussi?.. Pourquoi ne pousserions-nous pas notre humanité dans cette voie harmonieuse, sainte et sublime de la fraternité?

Pourquoi pas?.. Les hommes sont nés pour s'aimer, le contraire est l'anomalie, je dirai plus, il le faut et nous le devons.

Spirites, à vous l'exemple ! A vous, et vous la posséderez quand vous voudrez, cette paix intérieure qui se reflète à l'extérieur par l'affabilité, la bonté, l'indulgence ; à vous quand vous l'aurez gagnée, cette force surhumaine qui ne connaît pas d'obstacles : la paix ! La paix ! Les douces choses de la fraternité, les grandeurs sublimes de la bonté et puis après : la conquête, l'affranchissement, le bonheur !

DELPHINE DE GIRARDIN.

MARS-75.

« Au terrassier la terre, à l'intelligence la tête ! » Vous a-t-il été dit autrefois, ce simple mot vous explique bien des choses.

Au terrassier la terre, à l'esprit commençant son ascension sur l'échelle du progrès, la manipulation de la matière; à l'esprit qui travaille, à l'esprit avancé en intelligence, la direction des fluides.

Eh bien, oui, le voilà encore écrit ce mot *fluide* qui agite tant de pensées, qui fait travailler tant de cerveaux, ce mot *fluide* encore si peu compris.

Dans un siècle ou deux, peut-être moins, mais pas plus, on trouvera dans ces fluides toutes les compositions matérielles, toutes les combinaisons chimiques.

. Trouver n'est pas tout, il faut profiter de la découverte ; il faudra donc que l'humanité apprenne à faire l'application d'un fluide ou d'un autre.

En appliquant ces quelques paroles à la science médicale, je dis que l'homœopathie est le premier pas fait dans cette voie ; la médication par le moyen des fluides en sera un plus grand encore, ce sera le second ; le troisième sera la médication purement spirituelle.

A cette époque, la souffrance sera vaincue et le moment de la mort sera le passage de la veille au sommeil sans secousse et sans fatigue.

Comme tous les progrès l'homœopathie est aujourd'hui l'objet de la haine et de la critique de la vieille allopathie. Mais lorsque, grâce à cette loi continuelle du progrès, les médecins allopathes auront encore fait un ou quelques pas, ils seront peut-être bien étonnés de se retrouver sur la terre médecins homœopathes ; mais aussi, nous qui leur aurons déblayé la route, nous serons là pour les devancer encore et faire l'essai de cette médication fluidique objet de nos études actuelles,

Tous les champs incultes donnent beaucoup de peine au laboureur qui entreprend leur défrichement, mais ils rendent quelquefois bien plus qu'on attendait. Courage donc et persévérance, la force sera toujours donnée aux esprits assez courageux pour ne pas craindre la lutte contre la routine, à ceux qui usent leur vie pour démontrer le mieux en tout.

HAHNEMANN, autrefois PARACELSE..

MARS-75.

« Aimez Dieu de tout votre cœur et votre prochain comme vous-mêmes, voilà la loi et les prophètes ! »

Spirites, si vous voulez tracer sur cette terre que vous habitez un sillon lumineux, si vous voulez que votre doctrine éclaire le monde de son auréole, vous commencerez, préchant d'exemple, à vous réformer vous-mêmes; vous serez bons, non de cette bonté affectée qui n'est qu'un vernis, mais vous serez bons toujours et toujours de même.

S'aimer les uns les autres ne consiste pas seulement à aimer ce qui plait; aimer son prochain, mes frères, c'est aimer généreusement, simplement, saintement tout ce qui est créé. Aimer le beau n'est pas difficile; mais, prendre en pitié la laideur et chercher à l'amoindrir, mais s'approcher de la plaie et mettre à la guérir tout son cœur, mais ouvrir son âme aux petits, aux timides, aux ridicules de la terre, tendre la main, une main vraiment fraternelle, aux rejetés, aux coupables et les relever vigoureusement en les mettant à sa propre hauteur, voilà ce que j'appelle aimer son prochain.

Aimer celui qui vous hait, celui qui vous bafoue et s'écrier avec le juste: « Ils ne savent pas ce qu'ils font ! » Aimer non pas stérilement et seulement en paroles mais de fait, mais avec des actes de bonté et de dévouement, voilà la vraie charité.

La charité, mes frères, est dans sa pratique absolue une vertu sublime, c'est le pas le plus difficile à faire pour arriver à la perfection; or, vous le savez, vous qui comprenez la vie universelle des êtres, vous le savez, vous vous devez à cette création qui vit, qui progresse constamment et qui doit devenir parfaite.

Vous, spirites, qui saluez avec joie l'avènement de la vérité, vous, qui voulez l'impatroniser ici-bas, vous, devenez d'abord parfaits et entrainez à votre suite vos frères plus jeunes que vous. Soyez cette étoile bienfaisante qui jette sur son passage chaleur, vie et lumière; soyez bons, soyez franchement et vraiment charitables, aimez votre prochain et comprenez enfin l'amour universel !

LAMENNAIS.

MARS-75.

Je viens, mes chers amis, vous parler, comme toujours, de vous et de la chère doctrine qui vous mène au bonheur les uns et les autres et les uns par les autres !

Y a-t-il beaucoup de vrais spirites ?... Y a-t-il dès maintenant beaucoup d'esprits foncièrement dévoués capables de mener à bien la grande question de réforme sociale qui occupe vos pensées ?.. — Il y a beaucoup de promesses à l'avenir, pas mal de bonnes volontés ; il y a une très-grande quantité d'admirateurs des doctrines que vous prêchez, mais peu bien peu de pratiquants. Il y a pour cette malade qu'on appelle l'humanité peu de vrais médecins qui aient compris son mal et qui bravement, loyalement aient entrepris sa guérison. Il est certain que les diagnostics ne manquent pas, tous plus ou moins sinistres, désolants, mais quels sont ceux qui cherchent le vrai remède après avoir découvert le mal ? Quels sont ceux qui commencent à en faire l'application sur eux-mêmes d'abord ?..

Il est vraiment fâcheux que les belles théories ne suffisent pas pour arriver au résultat et que toutes les victoires aient besoin d'être achetées par un combat !

Voilà bien des paroles pour envelopper une pensée que vous avez certainement déjà tous comprise, pour vous dire encore une fois cette maxime vieille comme le monde : « Médecins, guérissez-vous vous-mêmes ! » Spirites, vous qui prêchez la bonté, soyez meilleurs que les autres !

Ne vous contentez pas d'admirer votre doctrine, mais mettez en pratique les préceptes qu'elle vous apporte.

Amis, j'aurais bien voulu vous dire de nouvelles choses, mais il en est des vieilles maximes comme de la vieille musique qui n'est jamais trop appréciée.

BALZAC.

MARS-75

J'ai été appelé par une pensée secrète. je réponds; mais je ne puis plus répondre avec la plénitude de mes opinions passées, car les opinions de la terre se modifient avec le grand passage!

Qu'est-ce que cette vie dont l'humanité fait si grand cas?..— Des hauteurs de la vie spirituelle : fumée!

J'étais, j'allais dire: *je suis* légitimiste! J'ai soutenu toute ma vie les colonnes tremblantes de ce droit divin, parcequ'en mon âme et conscience je croyais, je crois encore, qu'une main, qu'une tête, qu'une âme doivent conduire et diriger les peuples!

Disons les choses comme on les dit sur la terre; si plusieurs mains veulent tenir les rênes, le char de l'Etat n'ira pas loin sans verser, pourtant je vous dis aujourd'hui: trouvez-moi un homme digne par son mérite, grand par ses vertus civiques, supérieur à tous par sa vie, et je vous répondrai en vous engageant à lui donner la couronne, quel qu'il soit.

Je ne crois pas la France, je ne crois pas même la terre assez mûre, assez sage, assez bonne, je ne crois pas les peuples assez intelligents, assez avancés pour leur confier cette foudre que vous appelez le pouvoir.

Cette manière de voir peut n'être pas générale; mais je m'autorise de ma liberté d'Esprit pour vous dire sans crainte aucune et fermement toute ma pensée.

J'admire la République, mais c'est une fleur qui n'est point encore acclimatée aux rigueurs terrestres!

BERRYER.

---

29 MARS-75.

Tout le monde a fait la fête, fête religieuse, fête de famille, et vous n'êtes point encore venus, vous, mes enfants, chercher près de nous avec la nourriture spirituelle la consolation et les forces; pourtant, n'êtes-vous pas nos disciples, et en retour de votre bonne volonté, en retour de votre foi constante ne vous devons-nous pas, nous, vos appuis, nous, vos meilleurs amis, ce bonheur très-grand symbolisé par la communion pascale ?

Je viens, comme toujours, répandant sur vous ces fluides qui dégagent une âme et l'élèvent vers Dieu !

Qu'est-ce que la communion pascale? Pour vous, spirites, c'est la réunion des forces en une même pensée fraternelle, c'est votre foi si simple, si grande, *une* toujours !

La communion pascale, mes enfants, c'est la satisfaction intime que nous allons donner à chacun de vous en lui disant: « marche, continue, tu connais ton devoir, tu es dans le vrai, tu vas vers Dieu ! »

Un Guide.

AVRIL-75.

« Quittez tout et suivez-moi ! » Lorsque Jésus adressait ces paroles aux humbles pêcheurs de la Galilée il ne s'adressait pas seulement à ceux-là, car les apôtres ne sont pas autre chose que la personnification de la famille humaine. Or, quelle était la pensée du Christ en leur adressant les paroles que je viens de citer?

Voulait-il leur dire : « Laissez-là vos travaux, laissez-là vos familles ?.. — Non, je ne crois pas !

Mais je suis certain que ce maître si doux s'adressant à ceux-là et à tous disait: « Quittez cette vie aux habitudes gros-« sières, jetez loin de vous votre égoïsme, votre matérialité, « rompez ces attaches passionnées qui obscurcissent votre vue

« spirituelle et suivez-moi! Suivez-moi vers la patrie des âmes
« où se trouve, avec la vérité, la connaissance de toute chose,
« où se trouve, avec la pratique des vertus, le bonheur, où se
« trouve, après l'accomplissement du devoir, la liberté ! Quit-
« tez, quittez tous ces sentiments fangeux couverts des boues
« terrestres ; quittez les idées étroites en développant votre
« intelligence, en augmentant votre savoir par le travail et
« l'étude ; dépouillez votre esprit de tout ce qui n'est pas pur,
« faites-le sortir de l'asservissement des vices et suivez-moi
« dans les mondes de la pensée, dans les temples de l'idéal
« où tout est grandeur, lumière et beauté ! Quittez votre
« esclavage, brisez vos chaînes et suivez-moi vers Dieu ! »

Voilà ce que disait Jésus à ses apôtres et voilà ce que je dis
en son nom à tous les hommes, mes frères !

LACORDAIRE.

AVRIL-75.

Un petit noyau d'hommes dévoués, d'esprits dégagés, de
cœurs forts ; un faisceau, une collectivité de volontés ; des âmes
prêtes à donner le meilleur d'elles-mêmes, leur pensée, leur
travail ; un groupe foyer d'où rayonnera la chaleur et la
lumière, un groupe où la mauvaise pensée n'aura jamais d'accès, un temple, voilà ce que nous vous demandons.

Quand vous entrerez ici, mes enfants bien-aimés, je vous
demande une chose, une seule ; c'est de ne point apporter avec
vous les milles pensées légères ou peu charitables qui pourraient vous assaillir dans le courant de la vie.

Je vous demande d'arriver ici pénétrés du devoir que vous
venez remplir, et je vous demande d'en repartir prêts à la
lutte, au combat de chaque jour ; prêts au travail pénible,
prêts à tout ce que doit faire un spirite convaincu ; car, le

spiritisme n'est point une chose frivole, ce n'est point pour vous distraire ou pour vous amuser que nous abandonnons pour un instant notre liberté spirituelle et venons nous enfermer en quelque sorte dans le corps du médium.

Le spiritisme, c'est, vous le savez tous, le germe du bonheur à venir, c'est cette croyance qui fait de l'esprit un roi, le roi de la matière, et du dévouement un devoir.

C'est cette croyance simple et claire que chacun peut approfondir quand il veut, c'est cette religion sans mystère, ce rayonnement infini promis aux hommes de bonne volonté.

Hommes, c'est votre bonheur que nous vous apportons, et ne devez-vous pas le recevoir comme on reçoit toute grande chose, avec le recueillement de la foi ?..

Cette seconde vie, cette vie de liberté qui doit être la vôtre, cette vie où la vérité apparait sans cesse à qui veut la chercher, cette vie où l'esprit s'éclairant se retrouve depuis son origine et peut s'étudier presque jusque dans ses fins, cette vie, cette possession de soi-même, vous en aurez toutes les jouissances, si vous voulez pendant les épreuves matérielles entrer à plein cœur dans la tâche qui vous est offerte. Le travail, le travail pour tous, le dévouement de tous les jours et l'union fraternelle !

FÉNELON

AVRIL-75.

« Omnis homo mendax ! » Tout homme est sujet à l'erreur. Tout homme non encore engagé dans la voie sainte de la vérité trompe ou cherche à tromper.

Avez-vous oublié toutes les recherches que vous avez faites, toutes les peines que vous avez eues jusqu'ici pour soulever un coin de ce voile qui vous cache l'avenir? Avez-vous oublié toutes les luttes, tous les faux pas, toutes les défaillances, tous les découragements, toutes les colères passées ?.. Avez-vous oublié que la possession de la vérité est la plus grande et la dernière des conquêtes de l'esprit ? Avez-vous oublié, spirites, que pas à pas seulement et avec la patience poussée à sa dernière limite, avec la force d'âme et une persévérance à toute épreuve vous arrivez à approcher les hauteurs sublimes du monde spirituel.

En montant au calvaire Jésus tomba trois fois. Pour arriver à être complétement comprise, complétement connue dans sa complète vérité, combien de fois votre chère doctrine sera-t-elle heurtée soit par la malveillance extérieure, soit par les Judas qui se disent ses adeptes ?..

Un homme se joue de votre bonne foi et vous trompe, écartez-le, ne le maudissez pas ; songez que cet homme sera assez puni lorsque dans la vie spirituelle il verra le mal dont il a été cause ; que, purifié par le repentir et l'épreuve, il deviendra à son tour franc, sincère et dévoué.

Que cette faute de lèse-vérité, de lèse-progrès ne jette en vos cœurs ni abattement, ni épouvante ; n'arrive-t-il pas chaque jour que des nuages viennent nous cacher le soleil, et le soleil en reparait-il moins pur, moins brillant, moins chaud quand il les a percés ?...

Un homme vous a trompés ; qu'importe cette chute, que sera-t-elle ?.. —

Rien pour les âmes vaillantes qui ne terminent le combat qu'après la victoire définitive ; un temps d'arrêt plus ou moins douloureux pour les timides et les tièdes ; un nouveau sujet d'étude pour les sérieux. Je vous compte parmi ces derniers et je vous dis: Restez calme et forts, souvenez-vous que plus lourdement la croix du devoir pèsera sur vos épaules, plus profond sera le sillon qu'elle aura tracé !

Je vous dis : courage, comme le soleil auquel je la comparais plus haut, votre doctrine n'en est pas moins toujours *elle-même*, toujours sainte, toujours saine, toujours vraie !

Je vous dis : marchez encore, vous n'avez pas fini la tâche et vous ne faites que commencer la lutte.

Approfondissez, apprenez pour enseigner !

MÉLANCHTHON.

AVRIL-75.

Il y a des matinées qui sont rayonnantes ! Le ciel est pur, clair et doux !

Tout annonce une journée splendide ; pourtant, chose surprenante, les petits oiseaux se taisent et se cachent sous leur abri de feuillage, pressentent-ils?.. — Oui, car bientôt l'orage arrive, le tonnerre gronde, la pluie tombe, le vent courbe les plantes, tout devient noir.....

Il y a des matinées brumeuses, maussades, un brouillard sombre et épais voile toutes les perspectives ; pourtant la brise se lève et devant elle s'enfuient, comme un troupeau épouvanté, tous les nuages gris ; le brouillard se dissipe et, escorté de tous ses rayons, le soleil apparaît !

Vous avez pour votre doctrine qui est aussi un jour commençant à peine, vous avez, dis-je, une matinée brumeuse ; cependant, vous qui êtes comme les vieux pilotes habitués à deviner le temps, vous devez tout espérer, car le vent qui va souffler sur la terre est celui de la vérité et de la justice.

L'avenir tient en réserve, comme certaines aurores derrière leurs brouillards, l'accomplissement des promesses heureuses et les rayons bienfaisants.

Tournez-vous donc du côté de la brise ; c'est le progrès qui enlèvera l'ignorance, l'incrédulité, l'égoïsme, et ne laisséra à leur place que la paix, la concorde, le bonheur et la fraternité !

Pierre W.

AVRIL-75.

« Si vous ne renaissez de l'eau et de l'Esprit, vous n'entrerez point dans le royaume des cieux ! »

Combien de fois, mes frères, faut-il renaître de l'eau et de l'Esprit?.. —

Combien de fois faut-il pétrir cette matière ?.. Combien de fois faut-il dégager, améliorer, transformer cet esprit?.. Combien de fois faut-il tailler une facette à cet incomparable diamant qui s'appelle l'âme ?

Combien de fois s'enveloppant de cette matière terrestre qu'on appelle le corps, l'âme doit-elle revenir pour refaire son travail et parachever son œuvre?

Combien de fois?.. — Toujours, jusqu'à ce qu'elle soit parfaite !

Qu'est-ce qu'une incarnation?.. — Une heure de travail, pas davantage.

Dans la vie immortelle de l'âme, dans ce long voyage qu'elle entreprend, dans ce voyage qui commence à la matière et finit à l'esprit, qu'est-ce qu'une incarnation, qu'est-ce que dix, vingt, trente, cent incarnations?.. — Un atôme !!! Des molécules qui réunies un jour doivent former une seule existence !

Or, je vous le demande, s'il en est ainsi pour la vie d'un être, s'il en est de même pour le perfectionnement d'un monde qui ne s'opère que petit à petit et pour mieux dire jour par jour, que doit-il être de l'avènement, du progrès d'une philosophie qui amène par la connaissance de ses doctrines et la pratique des vertus une humanité au bonheur ?.. —

Vous remarquerez, mes frères, au sujet de l'implantation de cette philosophie dans un monde, le même travail pénible que pour le perfectionnement d'un être. Cette philosophie, cette religion, dirai-je même, puisque nous parlons du spiritisme, ne naîtra qu'après un laborieux enfantement, ne grandira qu'après de nombreuses transformations et des crises plus ou moins douloureuses ; car, souvenez-vous d'une chose, c'est que votre terre est un monde de douleur et de peine, c'est que pour votre terre le bonheur est une conquête précédée de plus d'un combat.

Oui, mes frères, ce n'est qu'après un long travail, ce n'est qu'après une lutte souvent désespérée que vous pourrez montrer au monde votre drapeau portant l'auréole de la vérité absolue. Jusque là, vous fortifierez vos cœurs dans une lutte journalière, et vous donnerez une preuve évidente de ce que peut faire malgré les obstacles un noyau de croyants, un faisceau de volontés marchant bravement vers la vérité, vers le progrès, vers la liberté !…

Vous renaîtrez, mes frères, et votre croyance recevra plus d'un baptême encore, mais, dès maintenant marchez sans crainte, vous êtes dans le vrai et vous allez à Dieu !

LACORDAIRE.

MAI 1875.

Une œuvre qui ne périt jamais, un monument qui s'éternise, c'est le livre.

C'est grâce au livre que nous connaissons toutes les conquêtes de l'esprit humain, c'est grâce au livre que ceux qui nous suivront pourront juger du travail fait par nous.

Le livre est le fondateur du progrès, c'est le sauveur de l'idée, le livre, c'est la richesse, c'est le plus pur trésor de l'humanité.

Beaucoup de livres et vous verrez la pensée se fortifier, s'agrandir et s'affranchir.

Beaucoup de bons livres et vous verrez les hommes s'intelligenter, s'améliorer, se perfectionner.

Beaucoup de bons livres spirites, et sous son drapeau de fraternité votre doctrine comptera tous les esprits d'élite.

A l'œuvre donc, un livre ne suffit pas, car il en faut beaucoup.

Beaucoup de généreuses pensées, beaucoup de travail, beaucoup de raisonnement pour faire beaucoup de prosélytes !

Nouvellement rendu à la liberté spirituelle, j'apprécie à sa valeur votre doctrine d'affranchissement intellectuel et de paix morale ; j'apprécie les travaux que vous avez déjà faits, et de cœur, de pensée, de volonté, je m'associe à ceux qui vous restent à accomplir. Notre pensée n'est-elle pas la même?...

— Donner à l'humanité le bonheur !...

E. Quinet.

FIN

TABLE

1re PARTIE (SCIENTIFIQUE.)

2e PARTIE (POÉSIE.)

3e PARTIE (MORALE.)

Marennes, imp. Florentin-Blanchard.